U0853570

高等职业教育文秘专业"十二五"规划教材

21世纪高职高专规划教材 ◆ 现代秘书系列

秘书口才与人际沟通

（第二版）

MISHU KOUCAI YU RENJI GOUTONG

主　编　柏　莹
副主编　崔　言　马思斯

中国人民大学出版社
·北京·

前　　言

本教材以党的二十大精神为引领，全面贯彻党的教育方针，落实立德树人根本任务，体现课程思政要求。同时立足于体现高职教育既“高”又“职”的特点，强调一手抓职业能力培养，一手抓学历素养教育。突出“以就业为导向，以技能为核心”的职业教育特点，帮助学习者学以致用，是本教材的重要任务之一。我们采用了项目引领、任务驱动、理论与实践一体化的编写方法，使读者能够通过学中做、做中学达到学会、做好的最佳效果——既了解必备知识又切实掌握操作技能。

在本教材的撰写中，我们突出以下几个特点：

1. 体例安排原则具有创新性

采用理论实践一体化的体例安排原则，将教学过程中理论与实训集于一体。一本教材既是理论知识传授的书本，也是课堂内外实践的手册，知识体系与实用价值并重，学做结合，有助于调动学习者的学习兴趣。

2. 可操作性强

围绕理论实践一体化的体例安排原则，构建全书框架：知识目标→任务描述→任务分析→成果示例→成果评析→必备知识→实训任务（能力目标、知识要求、任务描述→操作说明→操作提示→训练内容）。学习者可将本书作为操作手册使用，在操作过程中学习，在学习过程中操作。

3. 注重职业岗位情景性

项目、任务、能力训练都紧紧围绕秘书职业岗位的内容和要求来设计，有很强的针对性。本教材收集、展示了秘书工作的许多鲜活案例，使学习者对秘书职业有深刻的认知和实际的了解，充分体现了秘书职业化特征。

4. 适用范围广泛

在职业工作中，“沟通”是一件极其重要的事，沟通能力是现代社会对职业人的基本素质要求，拥有较高的口才水平与沟通技巧能够提高执行力和工作绩效。本书可作为高职高专院校文秘专业学生、社会文秘人员培训机构的教材，也可供一切有志于提高自身沟通水平与口才能力的读者使用。

本书由丛书总主编王瑞成策划，主编柏莹确定整体框架、负责全书的修改统稿，并撰写了第三单元和第八单元任务二至任务四；王晋建、陶莉分别撰写了第二单元、第四单元。第一、九单元由崔言执笔，高卫红撰写第五单元，王晞扬撰写第六单元，齐茵撰写第七单元，第八单元任务一由朱卉执笔，第十单元由徐国方撰写。本书第二版修订工作除上述原作者之外，崔言、马思斯参与了第三和第五至九单元的完善工作。

本书在编写过程中借鉴了国内外专家的大量科研成果，参考了必要的相关资料（详见参考文献），得到了生命人寿扬州分公司、扬州职业大学、苏州职业大学、中央民族大学文传学院、连云港职业技术学院、浙江丽水职业技术学院、江苏经贸职业技术学院、江苏城市职业学院、扬州工业职业技术学院等单位的领导和同志们的协助，在此一并向有关专家学者及单位表示衷心的感谢。本书在编写出版及修订再版过程中得到了教育部高职高专文秘类专业教学指导委员会的领导和专家、中国人民大学出版社的领导和工作人员的大力支持，在此表示诚挚的谢意。

由于作者水平有限，书中难免有偏颇、疏漏之处，诚请各位专家学者、从事秘书教育的同行、秘书工作者和广大读者批评指正。

编者

目　　录

第一单元 沟通概述

任务一　了解沟通的含义及分类

知识目标

1. 了解沟通概念的含义。
2. 理解沟通方式的分类。

任务描述

秦勉今天一上班就接到总经理的电话，他所供职的亨通公司需要参加一项商务洽谈活动，地点在海南。此次活动涉及的人、事较多，要预订机票、住处，安排司机接送，布置下属随行，通知对方接待等。秦秘书已经工作5年了，能力较强，办事效率高。他首先理清思路，在便条上把要做的事情一一列出，然后上网、打电话、发传真……迅捷而有效地完成了任务。秦勉选择了哪些方式完成沟通？

任务分析

为了完成出发到海南之前的信息传递，秦秘书要多方沟通——个人与群体，可选择的沟通方式有很多种，根据信息接收者分别是上级、下属、同事、票务处、客房前台等，可选择电话、传真、电子邮件、手机短信等恰当方式。

成果示例

秦勉按照自己在便条上列出的项目，开始工作。他首先上网查询了海口的航班时刻表和这次商务活动地点附近的酒店，然后选定班次和房型，接着使用电子邮件、电话布置同事购机票、订房间。

秦勉：小陈，你好！我是秦勉。

小陈：秦秘书，您好！

秦勉：下周三总经理要带队去海南参加商务洽谈，麻烦你买机票、订房间。你查看一下邮箱，具体的信息都在邮件里了，你办好了给我回复。

小陈：嗯，我正在网上呢，邮件已经过来了，票的具体时间和航班号、购买张数都有了吧，行，我马上预订，您放心！

秦勉：好的，我等你回音。

小陈按照秦勉邮件里的要求，在网上分别预订了机票和客房，随后通知财务处支付机票款。收到对方打来的确认电话之后，小陈给秦回复了邮件。秦收到邮件，先回复了小陈，然后去总经理室。

秦勉：总经理，您好！向您汇报一下。一是下周三到海南，下午4点50起飞，晚上7点25分到达海口。下榻海口鑫源温泉大酒店。二是下周三中午12点您有个餐会，然后司机接您去机场，下午2点50之前到达机场安检。其他几位我马上通知。总经理，您还有什么指示吗？哦，好的，那我先走了。

（回到自己的办公室，再给车队拨电话）

秦勉：王师傅，听得出我是谁吗？对对对！最近忙吗？呵呵……下周三辛苦一趟啊，送老总他们去机场，我马上给你发条短信，把出差名单和航班信息发给你，准时啊，拜托拜托。再见！

秦勉又给小傅发了邮件，告知出行的人员名单、航班和酒店等信息，让他到财务处借款，叫他提醒每位出行者带好身份证，叮嘱他出发时把人点齐并准时从公司动身。并打电话与小傅确认，交代其代理随行秘书的职责。

忙完这头，秦秘书赶紧给海南那边主办方的联络人打电话、发传真，通知对方亨通公司参会与行程信息，请他们安排接待事宜。传真包含这几个关键内容：（1）参加活动人员名单及手机号码（此处略）；（2）航班HU7090，2019年4月3日16:50—19:25；（3）入住海口鑫源温泉大酒店。

听着对方挂断电话的“嘟嘟”声，秦勉长舒了一口气……

■成果评析

这位秘书富有沟通和处理事务的经验。

1. 他在做事情之前，先书面列出要办理的事项。

2. 按照事情办理的时间先后，逐个沟通所涉及的人。

3. 充分使用了多种沟通手段，并且利用网络既能获得便捷的沟通效果，又能降低通信成本。

4. 区分信息接收者，选择合适的沟通方式；同时又保障信息准确。如邮件、传真、短信都具有书面形式，可确保不存在因电话的口头、间接沟通带来的失误。

5. 从这个案例可知：秘书工作的人际沟通绝大多数是双向沟通。秦秘书与上下、内外的沟通手段可以从多角度分类：既有直接的也有间接的；既有有声语言的口头汇报和电话沟通，又有邮件、传真等书面沟通。

必备知识

现代企业非常重视沟通。既重视企业内部各部门之间、同事之间、上下级之间的人际互动与沟通，也重视企业外部与客户之间、与社会公众之间的沟通。无论从事何种职业，都应掌握沟通技巧，以便在不同场合与内部、外部的交流中获得良好的效果。

一、沟通的内涵

(一) 沟通的定义

沟通是指在一定的社会环境下，人们借助共同的符号系统，如语言、文字、图像、记号、手势等，以直接或间接的方式彼此交流和传递各自的观点、思想、知识、爱好、情感、愿望等各种信息的过程。

心理学家弗洛姆从心理学的角度分析说，人类生来具有“关系需求”，每个人都会期待与他人产生情感上的关联，并借此确定自己的角色、地位与存在的价值。沟通便能满足这种需求，可解决彼此问题，使双方获得愉快的感觉，由此达到关系程度的加深。

所以我们也这样解释沟通：为了设定的目标，把信息、思想和情感在个人或群体间传递，并达成共同协议的过程。

(二) 良好沟通与不良沟通的效果

良好的沟通不仅能够给交际双方提供知识和信息，同时也能够很好地传达意见、态度和情感。一项权威的统计表明：除去睡眠时间，我们80%以上的时间都用在传递或接收信息上。

(1) 沟通是人与人之间意见传达的方法；

(2) 沟通是人与人之间思想联系的过程。

反之，不良的交流与沟通，则不管它以何种形式出现，都会带来时间和资源的浪费。如表1-1所示为不良沟通与良好沟通的比较。

表1-1　不良沟通与良好沟通的比较

不良沟通	良好沟通
不清楚下一步应该做什么——时间和资源的浪费	清楚自己该做什么
相互之间不进行意见的交流——事情进展缓慢，问题久拖不决	正确、高效地利用资源
公司不能及时收到客户的反馈信息以改善工作状况——失去大批业务	有各种渠道收集客户意见，能及时调整策略，取得更好的业绩
没有一个有效的途径来听取员工的建议，大多数员工也不屑提出建议	任何可以改进业绩的建议都会得到采纳并付诸实践
意见出现分歧，问题迟迟得不到解决	运用团队的集体智慧，问题很快得到解决

二、沟通的多元化分类

沟通的分类是多元的，如果从不同的角度去审视，可以把沟通划分为许多种类。由于划分的标准不同，所以沟通的一些“类”其实是交叉的，只是分类者的侧重点不同而已。此处着眼于转换不同的视角，了解沟通的多元化分类。

（一）语言沟通和非语言沟通

按照信息载体划分，沟通可以分为语言沟通和非语言沟通。语言是人类特有的、有效的沟通方式。秘书沟通技能中，最重要的就是语言沟通能力。

1. 语言沟通

语言沟通建立在语言文字的基础上，又可细分为有声语言/口头沟通和书面语言沟通两种形式。语言的沟通包括口头语言、书面语言、图片或者图形，如表 1－2 所示。

表 1－2　语言沟通的表现形式

口头	书面	图片
一对一（面对面） 小组会 讲话 电话（一对一/联网） 录像会议	信件 电报 出版物 传真 广告 报表 电子邮件	电影/电视/录像 投影 照片/图表/曲线图等

人们之间最常见的交流方式是交谈，也就是口头沟通。常见的口头沟通包括演说、一对一讨论或小组讨论、非正式的讨论及传闻或小道消息传播。书面沟通包括备忘录、信件、组织内发行的期刊、布告栏及其他任何传递书面文字或符号的手段。

2. 非语言沟通

非语言沟通就是用肢体语言表达意义，包括动作、表情、眼神。语音里也包含着肢体语言，如语调高低，语气好坏、强弱，声音的速度等，这些又被称作副语言，它们也是非语言沟通的一部分。非语言沟通的渠道非常丰富，如表 1－3 所示。

表 1－3　非语言沟通的渠道

表述形式	行为含义
手势	柔和的手势表示友好、商量，强硬的手势则意味着：“我是对的，你必须听我的”
脸部表情	微笑表示友善礼貌，皱眉表示怀疑和不满意
眼神	盯着看意味着不礼貌，但也可能表示兴趣，寻求支持
姿态	双臂环抱表示防御，开会时独坐一隅意味着傲慢或不感兴趣
声音	演说时抑扬顿挫表明热情，突然停顿是为了造成悬念，吸引注意力

（二）正式沟通与非正式沟通

按照沟通的组织系统划分，沟通可以分为正式沟通与非正式沟通。

1. 正式沟通

正式沟通是指通过组织明文规定的渠道进行的信息传递和交流，如企业的汇报制度、会议制度，按组织系统逐级进行的上级批示的下达或下级情况向上级反映等。正式沟通的优点在于沟通效果好，具有较强的约束力，一般较重要的信息通常都采用这种方式沟通，但它也有局限性，即沟通进度慢，不易沟通感情。

2. 非正式沟通

非正式沟通是在正式沟通渠道之外进行的信息传递和交流，如员工之间私下交谈，各抒己见，数人相聚议论某人某事以及传播小道消息或同事们举行非正式的群体娱乐活动等。正式沟通一般是官方化的、规范的，而非正式沟通则是非官方的、非规范的。非正式沟通中要注意甄别信息，不要被流言蜚语所干扰，以至于混淆视听，使信息失真。

（三）双向沟通和单向沟通

根据沟通时是否出现信息反馈，把沟通分为双向沟通和单向沟通。

1. 双向沟通

双向沟通是指信息发送者以协商、讨论或征求意见的方式面对接收者，信息发出以后需要及时听取反馈意见，必要时发送者与接收者还要进行多次的商议交流，直到双方共同明确和基本满意为止。如召开座谈会、听取情况汇报等都属于双向的信息沟通。

双向沟通的优点在于接收者和发送者之间有反馈机会，易于准确把握信息。同时，双向沟通比较灵活自由，信息接收者有表达自己观点、建议的机会，因此有利于双方互相理解，形成融洽的人际交往关系。但是双向沟通因为要听取反馈意见，有可能受到接收方的质询和挑剔，因此传递信息的速度较慢。

2. 单向沟通

单向沟通是指信息发送者以命令方式面向接收者，一方只发送信息，另一方只接收信息，双方无论在语言上还是在情感上都不存在信息反馈，如发指示、下达命令、电视授课、广播演讲与报告等都属于单向的信息沟通。

单向沟通的优点在于快捷、迅速。但是单向沟通在传播信息时，发送者和接收者之间没有讨论的余地，所以，单项沟通接收者得到的信息有些并不准确。另外，它比较严肃呆板，当接收者具有潜在的沟通障碍时，易产生抗拒对立情绪。

提 示

事实上，所有的沟通都是具有双向性的。沟通有以下几个特点：

1. 互动性

沟通是发送者和接收者之间的相互活动。就是说，沟通要有两人或两人以上的沟通主体参加，是发送者和接收者相互作用的活动，即参加沟通的一方都试图影响另一方；每一方都既是发送者又是接收者，各自不断发出信息，期待对方做出某种反应。

2. 动态性

沟通的双方是动态的，不断地受到来自他人信息的影响。在不断变化的同时，信息本身就具有流动的性质，它从事实本身转变为符号信息的传递过程，就是一个动态的过程。

3. 社会性

沟通的社会性就在于人类能够运用符号系统来沟通彼此的思想，调节各自的行为，结成一个有机的整体，去从事各种社会活动。

因此，沟通的一个非常重要的特征是：沟通一定是一个双向的过程（见图1-1）。

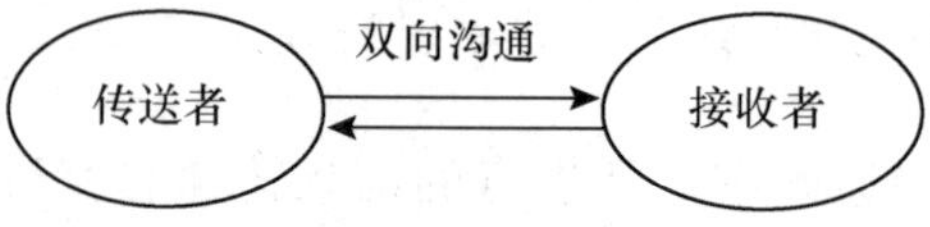

图1-1　沟通的双向过程

我们在工作和生活的过程中，常把单向的通知当成了沟通。在与别人沟通的过程中一方说而另一方听，这样的效果非常不好，换句话说，只有双向的才叫沟通，任何单向的都不叫沟通。双向还包括说与听的角色互相转换，即听者将自己摆放到说者的立场当中，及说者站到听者的立场上。

（四）浅层沟通和深层沟通

1. 浅层沟通

浅层沟通是指管理工作中必要的行为信息的传递和交换。如管理者将工作安排传达给部属，部属将工作建议告诉主管。企业的上情下达和下情上递都属于浅层沟通。

2. 深层沟通

深层沟通是指管理者和部属为了有更深的相互了解，在个人情感、态度、价值观等方面进行的较深入的相互交流。有价值的随便聊天或者交心谈心都属于深层沟通。深层沟通的作用主要是使管理者对下属有更多的认知和了解，便于满足他们的需要，激发员工的积极性。

（五）下行沟通、上行沟通和平行沟通

根据组织结构和信息流动的方向，将沟通分为下行沟通、上行沟通和平行沟通。

1. 下行沟通

下行沟通是一种自上而下的沟通，由上级向下级传递信息。如企业的上级领导向下级发布命令、指示、通知、通报等。下行沟通顺畅，能把管理者的意图很快传达给员工，使员工提高行动的自觉性，尽快把上级的意图转化为自己的行动，为实现管理者的决策和集体活动目标而努力工作。

2. 上行沟通

上行沟通是指由下级向上级传递信息。如员工向上级报告工作情况、提出自己的建议和意见、表述自己的态度等。但如果群体的组织结构不完善、组织层次过多，都会造成上行沟通的阻碍。因此，疏通沟通渠道是十分重要的，如民意测验、召开各种类型的座谈会、进行访问、设立“建议箱”“举报箱”、实行领导接待来访制度、开展抽样调查、鼓励弹劾等。上行沟通使领导者及时掌握各种情况，从而做出符合实际的决策。

3. 平行沟通

平行沟通是指同级之间传递信息，如员工之间的交流、同一层级不同部门的沟通等。平行组织之间的沟通，具有业务协调性质。它有助于加强相互间的了解，增强团结，强化协调，减少矛盾和冲突，改善人与人之间的关系。

如果平行沟通渠道不畅通，群体内各部门就会各自为政，容易产生部门之间的隔阂、矛盾和冲突，甚至形成独立王国，因此平行沟通是不容忽视的一种沟通方式。

（六）直接沟通和间接沟通

按照对媒介的依赖程度分类，人际沟通又可分为直接沟通和间接沟通。

1. 直接沟通

运用人类自身固有的手段，无须沟通媒介作居间的人际沟通，称为直接沟通，如谈话、演讲、上课等。它是人际沟通的主要方式。

2. 间接沟通

除了依靠传统的语言、文字外，还需信件、电话、传真等媒介作居间手段的沟通称为间接沟通。

信息时代的来临，改变了社会的生产方式和人们的生活方式与沟通方式，间接沟通延伸和拓展了人际沟通。地理位置远隔千万里的沟通双方，通过信件、电话、电子邮件、即时聊天工具,可以随时随地地交流信息。这一沟通方式因其大大拓宽了沟通的范围而日益增多。

（七）自我沟通、人际沟通、群体沟通、团队沟通、组织沟通和跨文化沟通

按照沟通主体的不同，把沟通分为自我沟通、人际沟通、群体沟通、团队沟通、组织沟通和跨文化沟通等类型。

1. 自我沟通

有时候，信息的发送和接收是由同一个人来完成的，这种在个人自身内部发生的信息传递的过程，就是自我沟通，属于个体内部的沟通，它是其他形式的人与人之间成功沟通的基础。这一层次的沟通也称为自我交谈、自我言语表现、自我指导、内心的思考及内心的对话等。

2. 人际沟通

人际沟通是指人与人之间的信息和情感相互传递的过程。它是人际交往的起点，是建立人际关系的基础。人际沟通是群体沟通、组织沟通乃至管理沟通的基础。

3. 群体沟通

当沟通发生在具有特定关系的人群中时，就是群体沟通。

4. 团队沟通

团队沟通也称小组沟通，是指特定环境中，两个或两个以上的人利用语言、非语言的手段进行协商谈判以达到一致意见的过程。

5. 组织沟通

组织沟通就是涉及组织的各种类型的沟通，它不同于人际沟通，但包括组织内的人际沟通，是以人际沟通为基础的。组织沟通分组织内部沟通和组织外部沟通。组织内部沟通又可细分为正式沟通和非正式沟通；组织外部沟通则可细分为组织与顾客、股东、上下游企业、社区、新闻媒体等之间的沟通。

6. 跨文化沟通

跨文化沟通通常是指不同文化背景的人之间发生的沟通行为。因为地域不同、种族不同等因素导致文化差异，因此，跨文化沟通可能发生在国际间，也能发生在不同的文化群

体之间。

动脑筋

（1）从沟通介质的角度考虑，与传统沟通模式不同的是哪种沟通？它有什么优缺点？

提示：电子沟通、网络沟通。常见的表现形式有电话、电子邮件、QQ、微信等。信息传播快，沟通效率高，交往主体平等，但社会性和规范性比较弱。

（2）从不同的分类标准、不同的视角看，电话沟通属于什么方式的沟通？

提示：有声语言沟通、网络沟通、电子媒介沟通、双向沟通……

（3）知道沟通究竟有多少种分类，掌握拟写书面通知、发送电子邮件等沟通手段的技能，二者相比，对于秘书而言，哪一个更重要？

三、沟通的三个行为

要形成一个双向的沟通，必须包含三个行为，包括说的行为、听的行为和问的行为。一个有效的沟通技巧就是由这三种行为组成的。

一家著名的公司在面试员工的过程中，经常会让 10 个应聘者在一个空荡的会议室里一起做一个小游戏，很多应聘者在这个时候都感到不知所措。做游戏的时候主考官在旁边看，他不在乎你说的是什么，也不在乎你说的是否正确，他是看你这三种行为是否都出现，并且这三种行为是否按一定比例出现。如果一个人要表现自己，他的话会非常多，始终在喋喋不休地说，可想而知，这个人将是第一个被淘汰的。如果你坐在那儿只是听，不说也不问，那么，也将很快被淘汰。只有在游戏的过程中你说你听，同时你会问，这样才意味着你具备一个良好的沟通技巧。

所以说当我们在沟通的时候，一定要养成一个良好的沟通技巧习惯：说、听、问三种行为都要出现，并且这三者之间的比例要协调。如果具备了这些，将是一个良好的沟通。

四、沟通的基本步骤

（1）事前准备；

（2）确认需求；

（3）阐述观点；

（4）处理异议；

（5）达成协议；

（6）共同实施。

五、沟通禁忌

（1）不良的口头禅；

（2）过多的专业术语；

（3）只顾表达自己的看法；

(4) 威胁的语言；
(5) 易受干扰的环境；
(6) 忽略了确认不了的信息；
(7) 只听自己想听的；
(8) 被第一印象及身份、地位所左右；
(9) 过度以自我为中心；
(10) 不信任对方。

六、沟通定律

(1) 沟通的黄金定律。你想怎样被对待，你就怎样对待别人。
(2) 沟通的白金定律。以别人喜欢的方式对待他们。

实训任务

- **能力目标：**

能理解沟通的概念。
熟知沟通的多角度分类。
能理解应根据不同的对象选择合适的沟通手段。
了解快捷、经济的沟通方法，并能实际操作一些简单的网络沟通。

- **知识要求：**

沟通概念及相关理论知识。
沟通的多元分类。

- **任务描述：**

商务中心承办一期秘书培训班，培训内容中有一项是秘书沟通，请你设计一些活动，让学员理解什么是沟通、沟通有哪些分类、常用的沟通方式有哪些。

- **操作说明：**

1. 分组：每小组 3～5 人。
2. 每组提交文字稿和 PPT。
3. 班内交流：每组由代表展示小组成果。
4. 评测。

- **注意事项：**

组内必须分工明确，组员各司其职，每名学生都有具体任务，都得到操练。

- **操作提示：**

1. 要完成好此项训练，教师应事先布置训练内容，学生课前完成作业，课堂时间用于展示成果。
2. 学校或院系为学生提供网络环境。
3. 作业提交形式均为电子版。

- **训练内容：**

1. 上网查询“沟通”概念的定义，答案尽可能多样。示例：

《大英百科全书》：沟通是“用任何方法，彼此交换信息，即指一个人与另一个人之间用视觉、符号、电话、电报、收音机、电视或其他工具为媒介，所从事之交换信息的方法”。

《韦氏大词典》：沟通是“文字、文句或消息之交通，思想或意见之交换”。

…………

2. 班主任临时更改了今天下午的培训地点，请拟出通知（含时间、地点），用 QQ、微信、手机短信、电子邮件、电话、书面文件、口头形式……告知本班同学。

3. 制作一张表格把你的小组用过的沟通手段进行分类（提示：这些分类都有交叉，例如用电子邮件发通知属于书面沟通，又是网络沟通。通过本项训练理解沟通类型的多元分类）。

4. 登录携程网/东航官网/南航官网/锦江之星官网……

（1）查询后天海口到南京的机票，看哪家的折扣最大，然后预订 2 张。

（2）查询下星期五酒店（四星级）客房标间的价格，比较之后，预订 2 间价格最便宜的。

5. 综合训练。

亨通公司参会人员三天后返回，秦勉临时被总经理派到珠海办事，请你替他打理一行人回程的事情。以下是你要办理事项的清单。

（1）（来时已经买了往返票）确认返程班机与座位。

（2）确认酒店送机。

（3）联系司机接机。

（4）通知本公司参会者从酒店出发的集合地点和时间。

（5）预约酒店前台结账，退房。

请按照上面的清单：

（1）逐项写出你要沟通的对象，你将采用什么形式与之沟通？

（2）想一想，回到公司，你是否有必要与秦勉沟通？（提示：把回程已完成的事情向他汇报，将未完成的事情移交给他，例如财务报账）。

（3）学习本练习清单，列出你将与秦勉沟通的内容（该训练可选做）。

任务二　认识沟通与秘书人际关系

知识目标

1. 认识沟通的积极意义。
2. 理解沟通与人际关系的联系。
3. 认识成功沟通给秘书工作带来的益处。

任务描述

秦勉遇到一件棘手的事。董事长要到厦门，登机前突然接到夫人的电话，说她老家明天要来十多个人；董事长叫秦秘书赶快联系酒店安顿他们。N 市是青奥会主办者，加之正值暑假旅游旺季，客房早已预订出去，家家酒店爆满，这个时候要安排十几个人住宿，真是难倒了秦勉，他能找谁帮忙解决这个难题呢？

任务分析

沟通形成人际关系，秦勉平时有意或无意结交的朋友、公司业务往来的对象，甚至他自己的亲戚，能够形成互惠互利的友谊圈子。办妥这件事，需要动用与酒店相关的人际关系，得到能临时应急的特别帮助。

成果示例

亨通公司的客户来本市会入住酒店，因此公司与酒店是常打交道的，但是秦勉打电话给酒店，都不能解决。亨通来入住的不是批量、规律性的客户，酒店不固定为亨通保留客房，而且目前是旺季，客房也不可能闲置。

秦勉高速运转大脑，搜索往日营建的“人脉”——远亲近邻好友，哎，想起一个人来，他的同学申远行！小申是旅行社副经理，酒店长期为旅行团提供客房房源，他应该有办法。秦勉和他一直来往甚密，秦秘书赶紧拿起电话就拨。

秦勉：小申，哥们儿，我是秦勉！我有急事儿找你！帮个忙！

小申：秦大秘书，不要跟我说你想跟团旅游，或者挤开幕式！

秦勉：不是。哎，你给我弄几个标间，12 个人，明天入住，行不？

小申：嗯？一小旅行团？你啥时候对旅游业感兴趣了？

秦勉：我老板娘家的亲戚，这个节骨眼挤到 N 市来看开幕式。

小申：早说呀，现在哪有？

秦勉：不行！你变也得给我变出来。你忍心看哥们儿被炒鱿鱼吗？好了，我在办公室呢，下班回家再给你电话发牢骚。你就牺牲个小团，让这 12 个人住吧。

小申：好吧，我联系一下，等会儿给你邮件。你把 12 个人、一共住几天的信息先发过来。

秦勉：好，明儿我请你喝酒！等你邮件！先挂了。

小申联系到了珠江路 7 天连锁酒店，经济实惠又干净舒适，紧靠地铁，便于出行去市中心，到奥体中心也方便。秦申二人通过电子邮件办妥了事情。最后，秦勉给董事长夫人打电话汇报安排住店事宜。

成果评析

1. 这件事的圆满处理和秦秘书平日里的积极的人际沟通密切相关。勤于与人沟通、保持联络，才能常常得到帮助，还能在关键时刻解决难题。

2. 秘书建立的人际关系不能仅限于自己单位的上下级与客户，沟通对象应广泛而众多。

3. 知识面广，秦勉能从人际关系中挑出可帮他解决酒店住宿的小申，说明他对旅行社业务有所了解。

4. 迅速调出小申的电话号码，说明秦有良好的职业习惯。

必备知识

一、沟通的功能

联合国教科文组织国际交流委员会综合了各国学者的意见，认定沟通在任何社会制度中都具有以下主要功能。

（一）获得消息情报

收集、储存、整理和沟通必要的新闻、数据、图片、事实、意见、评论，以便对周围环境的情况进行了解，并做出反应和决定。

（二）社会化

沟通能提供知识，使人们能在社会中从事活动，并增强社会联系和社会意识，积极参加社会活动。

（三）动力

促进各个社会的当前目标和最终目标的实现，激励人的意愿和理想，鼓励为实现共同商定的目的而进行个别活动和社会活动。

（四）教育

沟通知识以便促进智力的发展，培养人的品格，并使其在人生各个阶段获得各种技能和能力。

二、人际关系

（一）人际关系的内涵

1. 人际关系有广义和狭义之分

从广义上看，人际关系是指人与人之间的关系，包括社会中所有人与人之间的关系，以及人与人之间关系的所有方面，还包括个人对单位、单位对单位等更广泛的社会关系。

从狭义上看，是指个人与个人之间的关系。个体为了满足自身的发展及生存的需要，通过一定的交往媒介与他人建立及发展起来的、以心理关系为主的一种显在的社会关系。

人际关系是一种特殊的社会关系，它与其他社会关系的本质区别是，人际关系具有个人性。

2. 人际关系的普遍性与复杂性

(1) 人际关系客观存在。秘书的工作场所就是由各种人际关系形成的环境——上下级关系、同事关系、企业与客户关系等。

(2) 人际关系错综复杂。一个企业内部，各部门、各层次的人都具有个体差异，级别年龄、兴趣爱好、价值观念、性格等方面都不会千人一面。

（二）人际关系的社会功能

人际关系的社会功能，是指人际关系对社会的存在及发展所产生的影响或作用，主要体现在以下几个方面。

1. 净化社会心理气氛，创造良好的社会生活空间

社会群体中人与人之间的交往与联系形成一种重要的心理现象，即社会心理气氛。在

恶劣的社会心理气氛中，人会感到压抑、孤寂、苦闷，并可能会使个人的心理变态，对生活、人生及工作都有一种消极的态度，群体秩序也难以维持，甚至会产生群体或社会危机。在良好的社会心理气氛中，个人健康、合理的心理需要得到满足，从而产生开朗、乐观的情绪，使群体保持一种稳定而融洽的秩序。

良好的人际关系有利于建立良好的人际环境，而人际环境对人的生活、工作情绪、日常心境等具有较大的影响。和睦、融洽、友爱、团结的人际关系，能够使人与人之间互相尊重、互相关照、互相体贴、互相帮助，建立一个充满友情及温暖的人际环境。相反，在相互矛盾、猜测、摩擦、冲突的人际环境中，人与人之间会产生疏远及敌对，感到心理不安、情绪紧张。

2. 有利于提供信息，调节情绪，增进团结

人们通过相互交往，形成一定的社会关系，通过与他人的沟通，可以增进人们的相互了解，以建立及协调人际关系，促进相互之间的吸引及友谊关系的发展。

为了协调社会中人们共同活动的需要，使社会成员之间能有秩序地生活，避免各种矛盾及冲突，人们在团体交往中制定了一系列团体规范和社会行为准则。这些规范及准则作用的发挥，必须通过人际关系及沟通，将信息传达给社会中的各个成员，使人们的社会行为保持一致，使社会处于和谐、稳定、有秩序的状态之中。

3. 增强合力，优化群体的整体效应，提高效率

良好的人际关系有利于提高团体效率，这主要体现在两个方面：一方面良好的人际关系有利于团体内部形成比较融洽的群体气氛，增进群体的团结合作，有利于发挥群体的整体效能，提高工作效率；另一方面，良好的人际关系可以使每个人在需要的时候得到支持及帮助，使个人保持良好的工作心境，有利于每个人最大限度地发挥自己的能力及潜能。

三、沟通与人际关系

（一）沟通形成人际关系

沟通是人们借助共同的符号系统，彼此交流和传递各自的观点、思想、知识、爱好、情感、愿望等各种各样信息的过程。无处不在的、错综复杂的人际关系，其间联系的纽带或桥梁便是沟通，沟通使陌生者熟悉，使生疏者趋于亲密。沟通是秘书主动形成企业内外人际关系的重要途径。

（二）用沟通构筑良性人际关系

一般人际关系双方出现的问题及矛盾常由于双方的沟通障碍所致。如果双方要加强交流，保持信息及沟通的渠道畅通，可以采用互通书信、双方面谈、电话交流等形式进行，就会增加彼此的了解，增进双方的关系，减少纠纷，消除误会，达到改善及促进人际关系的目的。

四、秘书工作与人际关系

（一）秘书在工作中的枢纽角色

秘书部门是企业的运营枢纽，自上而下的内部指令经由“上司→秘书→下属”或“上

司→秘书处→平行部门”沟通渠道传达；自下而上的内部信息经由“下属→秘书→上司”或“平行部门→秘书处→上司”沟通渠道上传。自内而外、自外而内的沟通，秘书依然处于必经之“途”。

秘书接触的人际关系极为广泛，包括本企业的上下关系、企业与外部客户的关系，还包括秘书基于“熟人好办事”，为了便于开展工作而建立的各种社会关系，如亲戚、朋友、同学、同乡……

（二）秘书的工作与人际关系

1. 秘书处于各种人际关系的中央

秘书部门是一个企业的运营枢纽。秘书每天都在与企业内外的人打交道，处于各种人际关系的中央，正因为秘书处于这么一个关键而又敏感的位置，所以，它要求秘书必须会处理与各方面的关系，这是做好秘书工作的前提。

2. 秘书处理事务即“处理人际关系”

现代秘书工作是广义的信息处理，而信息处理从某种意义上来说就是“人际关系的处理”。在收集信息时，需要获得企业内外各个部门的配合与帮助，秘书与这些部门人员关系的好坏，直接或间接地影响着他收集到的信息的质量和数量。如果没有良好的人际关系，就很难得到真正有价值的信息，即使得到了信息，也很难辨识出它们的真正价值，所以，秘书必须与各方面建立起相互信赖的融洽关系，可以说善于处理各种人际关系是一个秘书经验丰富的重要标志。

3. 秘书有协助上司维护人际关系的责任

科技的飞速发展，使企业的自动化、信息化程度越来越高，对于秘书人员来说，与各个部门（也包括客户）互相依赖的程度越来越强，这一方面是因为办公设备和网络等仍然都需要人来操作；另一方面，则是由于上司对外交流范围增广、频率加快，出现误会与隔阂的概率也随之提高，而这些误会与隔阂无法用电脑处理。因此秘书有责任协助上司处理好他的人际关系。

五、秘书提高沟通能力的意义

秘书需要处理各种人际关系，成功的沟通是其开展工作的基础。沟通既是人际的交流，也涉及组织之间的交流。进行人际沟通是秘书工作中最为常见的内容。秘书的辅助性工作大多都会涉及办文、办会、办事，而其中的许多具体工作又都是从有效的沟通开始的。因此，正确理解沟通的含义与功能，正确使用沟通的技能，也就成为秘书的基本素质要求之一。

动脑筋

（1）今天公司有重要客户来访，总经理希望仲秘书陪客人午宴。仲秘书最不喜欢应酬，他认为自己已经把总经理与客户商谈所需的材料准备得很齐全了，午宴应该与他无关，于是借口不参加。

请想一想仲秘书的沟通思想有什么问题？

（2）一次王主任因紧急事务要去青岛，唐秘书知道文印室小琴的亲戚在火车售票点工作，就请小琴帮忙给王主任买一张卧铺票。

请说说唐秘书的为人处事优点。这个例子给你什么启发？

提示：企业普通员工的社会关系为秘书工作带来便利，说明唐秘书平时留心与下属沟通，建立了良好的人际关系。

实训任务

- **能力目标：**

能认识到沟通对形成良好的人际关系的重要性。

懂得人际沟通对秘书工作的益处，明白惰于沟通的弊端。

能在思想上树立主动与他人沟通的观念，平时通过沟通积累和提高“人脉”指数。

- **知识要求：**

人际关系。

沟通形成人际关系。

沟通对于秘书工作的重要价值。

- **任务描述：**

A——王秘书；B——李主任；C——同事老彭。A在抱怨自己被分到和C同事一起完成一项工作。

A：厂长要我和C一起完成这项工作，但我想独立完成。

B：可以，但能做到团队合作很重要的，A。

A：可是别人说话时C通常不听，他好像不尊重其他组员。

B：嗯，也许你应该把这个想法告诉他。这次的任务是一个需要很多合作的工作。

A：也许是这样。或者可以把任务分成若干个不同的部分，我们自己独立完成自己的部分。

B：你认为这是最佳的处理方法吗？

A：不确定，但我知道自己宁愿独立完成也不愿意和C一起。

你认为怎样做才是正确的？

- **操作说明：**

1. 分组：每小组3～5人。
2. 组内交流：每个人发言一次，组长做记录。
3. 提交每组的书面记录。
4. 教师评定成绩。

- **操作提示：**

1. 教师应事先布置训练内容，学生课前做好准备。
2. 教师在课堂上巡视，确保每组充分利用时间，有序发言。

- **训练内容：**

1. 仔细阅读任务描述中A、B的对话，回答下列问题。

(1) A的想法是否正确？应该怎样与A沟通使之改变目前的观点？

（2）如果你是 B，是否愿意促成 A 和 C 正常沟通？你有什么好办法让他俩合作？

（3）C 正好路过，听见了 A 和 B 的对话。如果你是 C，打算怎么做？

2. 本单元任务一的实训，就是小组合作完成的，请总结组内沟通的经验，说一说组员间的沟通对顺利完成任务的重要意义。

3. 用表格列出秘书职业的人际关系。

任务三　理解秘书人际沟通多样化

■知识目标

1. 认识秘书工作使用的多种媒介沟通手段。
2. 建立培养沟通能力的自我意识。

■任务描述

小顾揣着自己的简历，信心十足地到公司应聘。她在应聘队伍里看见了邻居小杨，心想：“嗬，就你也想跟我 PK？我英语六级你才四级，我成绩头名你才 15 名……”小顾过了投递材料这头一关，顺利完成面试环节。下午公司正好举办年终酒会，面试官说让各位参加面试的应聘者也去酒会活动上放松放松。小顾以为小杨第一关就被刷掉了，却在酒会上又碰见了他。酒会很热闹，环境布置得也非常喜庆。活动结束时，面试召集人告诉他们，酒会活动是招聘程序的一部分，让因沟通能力较强而通过这一关的几位留下来十分钟——其中有小杨，没有小顾。小杨是怎样表现其沟通力的？小顾输在哪里？

■任务分析

应聘者与所接触的各类人采用多种方式进行沟通，例如，既需要正式沟通，也需要非正式沟通；既会用到书面形式，又会用到口头交际。

应聘者之间、应聘者与公司员工之间都是陌生人，在酒会是初次见面。无论是否知晓参加活动也是招聘环节，应聘者都应该具有沟通意识，主动与人交往，一回生二回熟，即使应聘不成功也初步建立了友谊，形成了新的人际关系。

■成果示例

王猛把小顾、小杨等人带进酒会大厅，小顾找了个角落坐下，低头摆弄手机。小杨则和其他应聘者坐在一起，并主动与邻座打招呼。

小杨：你好！我姓杨，××××学校的。你呢？

小和：我姓和，和平的和，××××学院的，幸会幸会哈！

小杨开了头，其他几个也加入了谈话，大家互换了手机号码。正相谈甚欢，酒会开始了，不断有人过来敬酒。

小顾觉得这些人根本就不认识，每次有人来敬酒，她都当作他们是来敬自己的同事，所以一概出于礼貌象征性地举举杯子。

小杨则不同，来而不往非礼也，他给前来敬酒的大部分人都回敬了酒，还跟与他年龄相当的小伙子聊了起来，问问公司的一些情况。

…………

小顾对招聘结果心中不服，趁一同回去的路上询问小杨。

小杨：首先是思想上有沟通意识吧，然后就是主动与人沟通。思想上重视了，以你这么能干的人肯定沟通力比我强啊。哎，给你讲件事儿，我就是从那以后重视人际沟通的。

我表哥高中时被选中作为交换生去泰国一所学校待一年，他十分想家，觉得孤独得要命，当地华侨常常周末接他去家里玩，只有这时候表哥才觉得心里舒服。两个月后，他终于忍不住了，去找校长要求回国。校长一席话发人深省：你是作为交换生来的，是为促进中泰友谊来的，我见到的只是你傍晚一个人坐在树下的背影，或者华侨来接你的汽车。你为什么不和我们的学生交往呢？语言不通可以学习嘛，我还会说那么点儿中文呢，你以后每周来教教我？教教你的同学？我想如果你能尝试与本地人沟通，那么……

成果评析

1. 小杨是个沟通意识很强的小伙子，有与任何人通过沟通建立人际关系的思想，他已经形成了与人沟通的习惯，所以沟通能力明显强于小顾。

2. 职业应聘时，如果表现出较强的沟通能力，就多了胜算。

3. 沟通无处不在，既有正式的，也有非正式的，小顾只将递交材料和与面试考官交谈视为沟通，而排斥酒会上各个层面的交流。如果做职业秘书，这是个不小的错误。

4. 根据小杨在酒会活动的表现，可以推测，假如本次招新他被录取，他会很快融入该公司这个集体，并且能够与同事形成良好的人际关系。

必备知识

一、秘书沟通多样化及其互补

（一）各种沟通方式均有优点与缺点

秘书可使用的沟通方式非常多，但是每一种沟通方式都有其优缺点。如何选择合适的沟通方式依赖于沟通的速度、成本、对反馈要求的快慢或是否需要书面记录。

语言沟通是用得最多的一种方式，现以口头与书面沟通为例，来说明不同的沟通方式各有千秋。

1. 书面沟通方式及其优缺点

在企业内部，书面沟通方式包括便函、报告、布告牌、工作说明、海报、信封中的便条、员工手册，甚至电子布告栏；对外，有商务信函、报告、建议书、传真、合同、广告、产品目录、新闻发布等。

书面沟通方式的优点包括以下几点：

（1）提供永久记录。

（2）更加正式，使沟通能更有组织、更审慎地传递信息。

（3）比较方便，能使沟通者在一个对彼此都不太紧张的情况下进行，并能随时查阅。

（4）能传递复杂的或大量的财务数据。

（5）可以更详细地具体表述法律、政策或程序。

书面沟通方式的缺点包括以下几点：

（1）需要特别仔细准备，事先要想到沟通效果如何。

（2）因有案可查，难以挽回失误或不良影响。例如，某公司的总裁发电子邮件责骂他的经理们不思进取，后来他后悔了。因为当这封便函被透露给媒体后，大大地震惊了金融界，并损坏了该公司的形象和士气。

（3）书面沟通要求沟通者具备很好的写作技能，而这些技能不是天生的。

2. 口头沟通方式及其优缺点

口头沟通可以是员工会议报告、面对面的讨论、讲话、录音带，打电话、电话会议或者录像带。对外沟通，有面对面沟通、电话、讲话或研讨会，也有电话会议、可视电话会议或电视会议。

口头沟通方式的优点包括以下几点：

（1）由于沟通者能立即提问来弄清不清楚的情况，所以减少了误解，容易达成一致。

（2）口头沟通可以用情绪的感染力说服听众。

（3）可以使听众的注意力集中在具体的重点上。

（4）使沟通者能看见彼此的面部表情，听见彼此的声音，增强了沟通效果。

（5）可以迅速得到反馈。

（6）需要与许多人沟通时，口头沟通也是一种有效的可以即席回答问题、解决冲突、达成一致的方式。

口头沟通方式的缺点包括以下几点：

（1）没有书面记录。

（2）有时浪费时间。

（3）也可能不方便。当人们面对面交谈或通过电话交谈时，有些人的工作就可能被打断。

（4）谈话内容有时可能变成闲聊。

（二）熟知各类沟通方式有助于合适的选择

沟通的方式很多，难的是选哪种最合适。只有对各种沟通手段都知之甚广，才能选择起来果断、迅速，使用起来得心应手。

有句话说得好，“没有调查就没有发言权”，如果对两种不同的沟通方式了解甚少，那么“选择”的决定，下起来就很难。如果熟知它们，就有助于快速、正确地做出决定。现仍以上文提及的语言沟通为例作说明。

如果传递的信息需要立即得到回答，口头沟通可能更好一些。但是如果信息包括复杂的细节和数字，或者需要存档以备日后查看，书面沟通就是必要的了。再有，信息接收者在公司内或外的地点不同，也会影响沟通方式的选择。表 1－4 总结了口头沟通和书面沟通的特点，可以帮助我们选择沟通方式。

表 1-4 口头沟通与书面沟通特点的对比

口头沟通	书面沟通
反馈迅速	反馈慢
句子短	不及时
更口语化	更正式
强调人际关系	强调内容
上下文联系紧密	将来可以查看
行动迅速	滞后的行动
不包括详细的技术信息	更详细的技术信息
更多地使用人称代词	更复杂的句子结构
更多俚语和简称	利于永久存档
更多的祈使句、感叹句、疑问句	要有详细的参考书目

(三) 选择最适合的沟通方式

慎重选择沟通方式是信息沟通的基础。表 1-5 提供了选择最适合的沟通方式的参考标准。

表 1-5 选择最适合的沟通方式

沟通方式	适合的情况
面对面沟通	当你想说服、发布消息、分享个人信息时
电话沟通	当你需要很快地发布或收集信息，当非语言沟通不重要以及当你们不能见面时
语音信箱	当希望留下重要的或日常的信息，接收者能在方便时回复时
传真	当信息必须跨越时间和地域，当书面记录很重要，或需快速传递信息时
电子邮件	当不需要太快的反馈，不在意安全和保密性，需与大的分散的群体有效沟通时
面对面开会	当需要获得群体决定和一致性时，或单纯发布信息效率不高时
录像或电话会议	当需要群体一致性和互动性，但成员分布在各地时
便函	在组织内需要书面记录来解释政策、讨论程序或收集信息时
信函	当与外部的客户、政府部门、供应商，或其他人沟通，需要书面记录或信函往来时

(四) 沟通方式的互补

沟通方式可以是书面语言、口头语言、肢体语言、图像语言以及各种方式的结合。尽管前四种方式可独立运用，但多种方式结合使用可以增加趣味性，促进理解并且有持久的效果。因此，多种方式结合使用，沟通效果更好。

语言沟通时会用肢体语言去补充，非语言沟通方式对秘书来讲也非常重要。面部表情、目光交流、举止姿态能起到重复、补充、替代语言行为、强调或否认沟通事件真实性的作用。秘书经常出入于别的办公室，如果养成一个随手带些材料或夹个文件夹的习惯，这不仅不会让手空着，而且会表现出讲求效率的形象，会得到同事和领导的赞许。

再例如，结合商业传媒与电子技术（如多媒体、电视会议）进行沟通，是多种方式结合使用的实例。多媒体使我们能更好地利用视像材料，我们在与许多人，尤其是与大型组织的员工进行沟通时，多媒体越来越受青睐。

二、沟通能力及其培养

（一）沟通能力的重要性

1. 沟通能力的含义

沟通能力是指沟通者所具备的能胜任沟通工作的优良主观条件，即一个人与他人有效地进行沟通信息的能力，包括外在技巧和内在动因。

其中，恰如其分和沟通效益是人们判断沟通能力的基本尺度。恰如其分，指沟通行为符合沟通情境和彼此相互关系的标准或期望；沟通效益，则指沟通活动在功能上达到了预期的目标，或者满足了沟通者的需要。

2. 沟通能力的重要价值

人是无法离开社会而独自生活的，否则就不可能正常成长发展。人是一切社会关系的总和。一个人的发展取决于和他直接或间接进行交往的其他一切人的发展。因此，沟通能力是一个人生存与发展的必备能力，也是决定一个人成功的必要条件。

（1）职业工作需要沟通能力。各行各业，无论是会计、社会工作者、工程师，还是医生、护士、教师、推销员，沟通的技能非常重要。实践表明，工作中70%的时间用于与他人沟通，30%左右的时间用于分析问题和处理相关事务。很显然，如同其他职业一样，秘书不仅需要专业知识和相关技能，而且越来越需要与他人沟通的能力。

（2）社会活动需要沟通能力。人们在生活中每时每刻都离不开沟通实践活动。比如想向他人表达一个意思，却始终说不清楚；本来欲与他人解除原有的隔阂，但却搞得更僵……因此诸多的实践、事情需要有一定的沟通能力才能办妥。

（3）沟通是个人身心健康、社会和谐的保证。与家人沟通，能使人享受天伦之乐；与恋人沟通，能使人品尝爱情的甘甜；孤独时，沟通会使人得到安慰；忧愁时，沟通会使人得到快乐……因沟通而获得健康的心理。而个体的身心健康是构成整个社会和谐的重要基石。

动脑筋

（1）狼孩虽然重回人类社会生活，但结局是什么？他们的智力水平低下和早夭跟沟通有什么联系？

（2）请从沟通的角度，说说小说《鲁滨孙漂流记》中星期五这个角色对主人公的重要意义。

（二）沟通能力的培养

沟通能力包括外在技巧和内在动因两个方面，沟通能力由两部分构成：一是主观上建立沟通意识；二是通过训练，培养沟通技能。

1. 建立积极沟通的意识

在思想上建立沟通意识，只有这样才会主动去增加沟通实践机会，培养自我的沟通能力，掌握各种沟通技术，长袖善舞于秘书职场。否则就会如图 1－2 所示，形成恶性循环。沟通实践活动主要受人们是否愿意沟通的观念支配。惧怕和惰于沟通，就不会主动参加沟通实践，而沟通频率过低，则直接导致沟通能力差。所以沟通能力的提高，首要的是先建立沟通的主观意识。

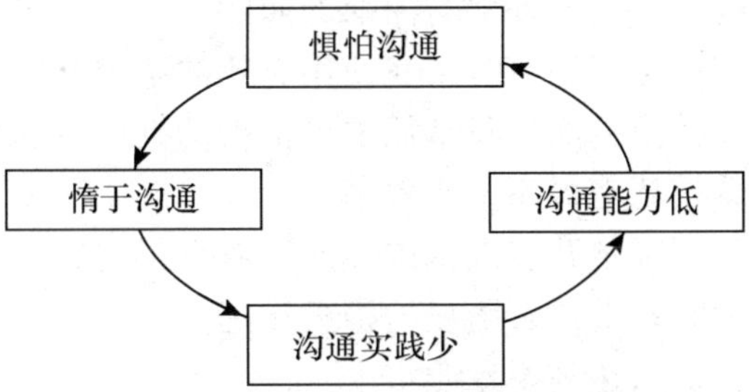

图 1－2　沟通缺陷的恶性循环

2. 进行科学而有效的沟通技能训练

坚持“敢于沟通，坚持沟通，善于沟通，走向成功”的理念，改善沟通能力。首先是勤于沟通实践，其次是掌握必要的沟通训练技巧。

制订一个切实可行的自我训练计划，每天按照计划实施，坚持一学期、坚持一学年；并在工作岗位的实践中不断积累经验。

三、沟通技巧测评与改进

测评你的沟通技巧，找出你需要改进之处：

1. 选择与你的经历最相近的答案

A＝从不，B＝有时，C＝经常，D＝总是。

2. 统计得分

A＝1 分，B＝2 分，C＝3 分，D＝4 分。

3. 参考标准

31～64 分：你不能有效地沟通。要倾听反馈，努力从失败中吸取教训。

65～95 分：你在沟通方面表现一般。要针对弱点，努力提高。

96～128 分：你能极好地沟通。但要记住，沟通能力的提高无止境。

4. 回答下列问题

（1）我适时地把适当的信息传递给合适的人。

（2）在决定该如何沟通前，我认真思考信息内容。

（3）我表现出自信，在讲话时信心十足。

（4）希望对方就我的沟通提供反馈。

(5) 我注意倾听，并在回答前检查我的理解是否正确。
(6) 在评价他人时，我努力排除各种个人成见。
(7) 在会见他人时，我态度积极，礼貌周到。
(8) 我及时向他人提供他们需要与想要的信息。
(9) 我利用单独会见，检查员工（同学）的表现并辅导他们。
(10) 我通过提问了解他人的想法以及他们的工作进展情况。
(11) 我分发书面指示以提供关于某一任务的所有相关信息。
(12) 我运用专业的电话技巧改进沟通。
(13) 我通过所有可利用的电子媒介进行沟通。
(14) 我把写文章的规则应用于外部与内部沟通中。
(15) 在会见、调查或做会议记录时，我使用有效的记录方法。
(16) 在重要信件或文件定稿前，我常征求可信赖的批评者的意见。
(17) 我运用快速阅读技巧来提高工作效率。
(18) 在演讲前，我认真准备并多次试讲，演讲取得了成功。
(19) 在进行内部培训时我发挥着明显的积极作用。
(20) 我安排的大型会议已达到了专业水平。
(21) 我用软性和硬性推销技巧说服他人接受我的观点。
(22) 在谈判前我已对问题进行了深入研究，并熟知对方的需求。
(23) 我写的报告结构合理，内容准确、简明清晰。
(24) 我努力了解有关听众对组织的看法。
(25) 我认真考虑技巧娴熟的顾问的建议，以便帮助我解决公关问题。
(26) 我与记者及其他媒体工作人员进行有益的接触。
(27) 我确定由合格的专业人员来完成设计之类的专门工作。
(28) 我交给广告代理商的书面指示是以明确的商业目标为基础的。
(29) 我把定期与员工（同学）沟通看作重要工作。
(30) 我积极接受并回应来自员工（同学）和其他人的反馈。
(31) 我确定了沟通目标，并且不允许任何行为阻碍这一目标的实现。

■ 实训任务

- **能力目标：**

能认识到沟通的重要性，懂得人际沟通对秘书工作的益处，明白惰于沟通的弊端。

能使用较多样的沟通手段并了解其优缺点。

能有意识地培养自己的沟通能力，养成积极、主动与人沟通的职业习惯。制订自主提高沟通能力的计划。

- **知识要求：**

秘书常用的沟通方式。

多种沟通手段互补。

沟通能力培养。

● **任务描述：**

小顾听了小杨一席话，明白了人际沟通的重要意义，但心中对怎样培养自己的沟通力还不甚明了，特别想知道一些能很快提高沟通能力的有效方法。小杨说他平时只是实际去做了，从来没有概括总结过。于是二人决定合作，小杨负责说实例，小顾负责归纳总结。请你协同小顾撰写成文稿，以便大家学习。

● **操作说明：**

1. 分组：每小组3～5人。

2. 每人撰写书面文稿。

3. 组内交流：每个人发言一次，组长做记录。

4. 组长将组员的好方法整合成佳作。

5. 各组派代表班内交流。

6. 教师评定各组成绩。

● **操作提示：**

1. 教师应事先布置训练内容，学生课前做好准备。

2. 组长排定组内发言顺序。

3. 本次训练结束，将好方法列出，在班级教室张贴。每人也打印一份，平时对照着去做，教师经常督促并抽检。

● **训练内容：**

1. 列出能够提高自己沟通能力的方法。

示例：选修语言类课程，参加朗诵比赛，多在班内发言、众人面前说话……

2. 制订计划来实现上一题中的训练方法。

要求：计划详细，切实可行。

3. 班会时团支书向同学们宣读了本学期校团委活动计划，大家都不太愿意参与活动。设想你是班长，你怎样帮助团支书说服同学们？

示例：鼓动同学们参加经典诵读、普通话与演讲比赛，因为这些有益于提高文秘口才能力。

4. 阅读下面一段文字，从沟通的角度说说何秘书有哪些值得学习的长处。

何飘身为秘书，写会议纪要、整理相关材料、跑调研、陪同领导外出开会是她分内的事，但她又是一个有心人，她整理了一个档案，里面囊括了她接触过的所有百川市领导的喜好以及联系方式，同时也包括了这些领导的秘书，甚至司机的一些情况。其实，何飘并不是一个有野心的人，她只希望工作顺利点，少犯点错。她一向认为要从领导这办成事就要讲究方法，例如，首先要熟悉领导身边的秘书和司机等，把这些领导周边的人研究透彻，再通过这些人的牵线搭桥才能把事情办得更为圆满，所以，每次开会对于领导周边的人，何飘在自己能力范围内对他们照顾有加。

5. 班主任临时更改了今天下午的培训地点，请拟出通知（含时间、地点），用QQ、微信、手机短信、电子邮件、电话、书面文件、口头转告……告知本班同学。

（1）评比各组发布通知的形式，看哪一组最多。

（2）陈述各种形式发布通知的沟通效果——每一组发出通知后，收到通知的有效率。

每组提供数据：例如手机短信通知，发给全班××人，收到通知××人，未收到通知××人，有效沟通率为××%。

（3）比较以上各种形式：哪一种沟通速度最快，哪一种有效率最高，哪一种最经济。

（4）比较以上各种形式：理解、体会有没有哪一种是完美无缺的。

第二单元

沟通基本技能1——倾听

任务一 认知倾听

■ 知识目标

1. 认知倾听，了解它在沟通中的地位与作用；
2. 认识倾听在培养沟通能力中的功用。

■ 任务描述

秦勉今天一上班就接到一个任务，工会主席要他去各个部门协调员工的意见，以便迅速制定踏青活动方案——主席派本部门的小张征集这次踏青的意向未果，而活动必须在下周实施。秦秘书感到这个协调工作有一定的难度，他想起昨天晚饭时母亲提及的一件事，立即释然，并很快向工会主席交了差。秦母的什么经验为他顺利完成任务提供了重要帮助?

■ 任务分析

在工会已征集过一次意见但未取得成功的情况下，秦勉要想获得各部门员工对本次活动较为统一的意向，他需要运用合适而有效的方法去征询意见。秦勉受到母亲的启发：公司最近总收到一位顾客的投诉，嫌钟点清洁工不好，拒绝付费；公司给她换了两次工人，还是没什么改观，顾客与钟点工互相抱怨。傅姨被派了去，拿回了顾客应付的款。她干完顾客指派的几件事后，便坐在沙发上，倾听顾客发她那满腹的牢骚……秦秘书决定试一试傅姨的方法，发挥倾听在沟通中的作用。

■ 成果示例

秦勉给各部门的工会小组长打电话，请他们到第一会议室集中。吩咐小林给他们准备茶水。会议的前半段，秦勉基本上不说话，认真倾听组长们的发言，迅速记录了相对多数的意向。他们抱怨以前的踏青活动线路不佳/天气不好/时间不凑巧/不能带孩子/太贵……总之不满意。但秦勉听出他们虽然有这样那样的意见，但并不否定工会组织踏青活动，也就是说大家对活动仍满怀期待，只是众口难调，各自带着利于自我的想法提意见。在让组长们畅所欲言之后，秦勉才开腔。

他先感谢各位的宝贵意见，然后指出："工会组织的活动既属公司福利，又是大家的集体活动，利于融洽关系，我个人建议同事们还是参加为好。刚才组长们的发言我记录下来了，一定向主席汇报，请工会尽量满足员工的要求。从我记录的各位发言来看，大家比较一致的意见是，啊，这次倾向于在×××时间段，去×××地……我就这样向咱们的主席建议吧，各位看看可好？"

组长们异口同声说："好！"

成果评析

1. 秦勉着手工作之前，先开动脑筋，思考解决难题需要用什么方法。

2. 秦勉从长辈的成功中吸取经验。

3. 诚意倾听在这次的协调工作中作用重大，秦秘书用诚意倾听使组长们感到被尊重。倾听给了说话人心理满足感，他们信任仔细听他们说话的人，并且认可他是能帮他们出谋划策的人。

4. 秦勉具有很高的倾听技巧，在听到的信息中捕捉相对一致的意见，提供给工会主席，帮助他快速做出决定。

另外，秦勉的应对发言也有可取之处：先正面导向，建议参加公司的集体活动；然后承诺将与会者的意见如实向上汇报；从对方的发言中归纳相对集中的意向，让小组长们心悦诚服。

必备知识

一、倾听是沟通中的一环

（一）听与倾听的区别

听是一种行为、一种生理反应，参与"听"的动作的人体器官是耳朵。

倾听等于"专注地、细心地听取"，它是一种艺术、一种心智和一种情绪的技巧，参与"倾听"动作的人体器官是耳朵、眼睛和心灵。我们在与人沟通时，要运用的是有效地倾听。

（二）沟通由听与说构成

1. 从沟通全程的角度看倾听在沟通中的地位

（1）沟通的六个步骤。

倾听——你的身体告诉对方："我在听您说"；

核对——"您的意见是……"句式核对你的理解；

接纳——用眼睛看、用耳朵听、用头脑想；

拒绝——用坦诚加礼貌的语音说“不”；

表达——用准确具体的语言表达你内心的意思；

体态语言——身体语言比有声语言能更有把握地传达你的真实意思。

（2）有效沟通，既要着眼于发送者，又要着眼于接受者。对发送者来说，必须清楚地认识到沟通的目的、所使用符号的意义、传递路线及接受者可能做出的反应。对接受者来说，则必须学会如何听，不但能懂得信息的内容，而且能听出发送者在信息传递中同时表达出来的感情和情绪。

2. 从言语交际的角度看倾听在沟通中的地位

（1）听与说各是信息沟通的一环。倾听与言说是人们言语交际的两种基本行为，二者构成了日常言语交际的基本前提和基本结构。倾听是通过视觉、听觉来接受、理解说话者信息、情感和思想并伴随着充分尊重和积极回应态度的一种情感活动过程。它既是一种言语交际行为，也是一种心理情感活动。

（2）听比说更重要。沟通学家尼科尔斯说：“言语的有效性并不仅仅取决于如何表述，而更多的是取决于人们如何来倾听。”美国语言学家保尔·兰金等认为：听占 45%，说占 30%，读占 16%，写占 9%。也就是说，人们有近一半的时间在听。倾听不但是人们获取知识、信息的重要途径，也是人们交流思想、情感的有效方式；既能理解其言语信息的意义，又能理解其手势、体态、表情等非言语信息的含义。所以我们要充分利用这 45%的沟通时间，这对服务人员尤其重要。

（3）倾听助言说。口才乃“口耳之学”，会听才会说。

从习得顺序看，依次是听、说、读、写，人首先学会听，然后学会说。

从运用时间，听占比例最多，听 45%、说 30%、读 16%、写 9%。

从能力高低看，听的能力高于说的能力。

所以练习说要从练习听起步，秘书的有声语言沟通能力可以利用并借助倾听来提高。

（4）听记助解说。人在倾听时于瞬间动用多种人体器官脑、耳，甚至眼睛，是注意力高度集中的生理、心理活动。倾听与信息储存、记忆密切相关，训练过程中边听边记，对记忆力也有训练。秘书服务需要厚实的知识积淀与素养，如果将记忆训练融入倾听训练，则可一举多得，因此秘书人员可对听记有意识地加以利用。

二、倾听的重要作用

（一）获取信息和知识

“上帝造我们时让我们有两只耳朵和一张嘴巴，就是为了让我们少说多听。”说得越少，听到的就越多。心理学家的实验统计表明：一般人思考的速度为每分钟 1 000 到3 000 字，说话的速度为每分钟 120～180 字，而听话的速度要比说话的速度快约 5 倍。如果一个人能在 1 分钟内讲 150 字，那么，他就可以在 1 分钟内听 750 字。换句话说从听获得的信息远远多于读。

（二）有利于人际关系和谐

1. 倾听等于尊重

倾听是表示对说话者的礼貌、尊重和给面子，说话者也会因此而喜欢、信赖并乐意与倾听者交往。人人都需要被倾听和了解。只有很好地听取别人的想法，才能更好地说出自己的想法。倾听是褒奖对方谈话的一种方式，你用心倾听对方的谈话，就等于告诉对方，“你是一个值得我倾听的人”。这样就能使对方感到被尊重，从而加深彼此的感情。当周围的人意识到你能耐心倾听他们的意见时，自然会向你靠近。

2. 倾听消除误解

倾听还可消除误解，维护人际关系。在很多情况下，人与人之间的误会都是因为没有机会申述或彼此没有认真倾听而造成的，学会倾听，就能消除这些误会。倾听是了解对方需要、发现事实真相、减少误解、增进信赖与合作的最重要也是最简捷的途径。

（三）是反馈的前提

谈话是在传递信息，倾听别人谈话是在接收信息，对别人的话做出反应就是在处理和反馈信息。一个好的倾听者，应该善于从一大堆谈话中捕捉有用的信息，从别人无意的谈话中捕捉有益的信息，并以参与谈话的方式做出积极的反应。

比如商务谈判中，对方在陈述观点或回答问题时，不可能没有漏洞，在一定程度上会暴露自己的需要，这时倾听使你能真实地了解对方的立场、观点、态度，了解对方的沟通方式、内部关系、对方成员间的意见分歧等，可以帮助你获得第一手真实资料和丰富的感性认识，修正可能存在的错误，甚至在谈判不利的情况下，可以转守为攻。

三、倾听的层次与步骤

（一）倾听的层次

耳朵只能听语音，了解表层意思，用心和头脑倾听才能由音及意，由表及里，理解说话者话语之外更丰富的含义。据此，我们可把倾听划分为五个层次：

一是听而不闻，不做任何努力地听，完全漠视地听。这是自以为是、对别人不屑一顾地听，也是最糟的听。

二是假装听，这是耳朵打开了，心却没有打开，左耳进、右耳出。

三是选择听，这是只听自己感兴趣的内容。

四是专心听，这是能精神专注地、认真地、主动积极地听，这就是常说的倾听。

五是设身处地地听，站在对方的立场来倾听对方、理解对方，是倾听的最高层次，是我们提倡的倾听。

（二）倾听的过程

倾听的过程一般包括：首先接收信息，其次是识别、分类、扩充、浓缩、分析、记忆信息，最后是搜寻已知信息，调动贮存的知识和经验，通过判断、推理获得正确的解释或理解。因此倾听的过程有四个步骤：

第一步，接收信息。不再讲话，既接收说话者的言语信息，也接收非言语信息。

第二步，选择信息。选择双方需要或希望得到、理解的信息。

第三步，整理信息。识别、记录、分析、处理信息。

第四步，解释信息。把经过接受、选择、整理的信息与倾听者的经验和期望联系起来，解释获得的信息。

（三）倾听的反馈

国际倾听协会给出“倾听”（listening）的定义：接收口头和非语言信息、确定其含义和对此做出反应的过程。这是说倾听过程的最后一步是反馈。

听人讲话，不只是在被动地接受，还应主动地予以反馈，并适时做出会心的呼应。这种呼应既可以是语言表达，也可以通过表情、姿态等非语言方式显示。适当的反馈表明你不但在注意倾听，而且很感兴趣，是对对方谈话的鼓励。

倾听中常见的反馈方式，如表2-1所示。

表2-1 倾听中常见的反馈方式

反馈方式		具体做法
语言方式	插话	“真有意思”“讲得真好”
	提问	1. 宜用开放式提问，如“我们什么时候到达北京呢?” “今年绿漆的价格为什么压得这么低呢? 您能谈谈其中的原因吗?” 2. 不宜用封闭式提问，如“我们可以准时到达北京吗?” “今年绿漆的价格压得太低了，是吗?”
	陈述	你好像……你似乎……你的想法是……对你来说，那一定是…… ……那一定激怒你了……让我们小结一下…… ……你一定觉得…… ……如果我是你，我想我宁愿……
非语言方式		点头、微笑、身体稍稍前倾、柔和地注视说话人、随着说话人的姿势而不断调整自己的姿势以鼓励对方谈话

■ 实训任务

● **能力目标：**

能理解倾听是沟通中不可或缺的环节，在沟通中起重要作用。

能知晓秘书工作中倾听的对象是哪些。

能做表现出积极倾听态度的动作、姿态等。

● **知识要求：**

倾听的意义；

倾听在沟通环节中的地位。

● **任务描述：**

新来的小王做事勤快，李主任很喜欢这个年轻人，就是觉得他性子太急。例如小王接完电话，李主任很快就收到他送来的记录：宏利公司章和先生，十点半，上岛咖啡屋，策划会商洽。主任读了一行字，心里疑惑小王是不是电话没听清楚，因为宏利公司没有叫“章和”的。主任跟宏利公司的秘书私交也很好，就打电话过去问。那边的秘书说，李主任，我话还没说完，你们小王就挂了机。

小王的差错出在哪儿?

● **操作说明：**

1. 分组：每小组3～5人。
2. 班级交流：每组表演情景剧。
3. 每组提交文字稿（包括情景剧脚本）。
4. 评测。

● **注意事项：**

组内必须分工明确，组员各司其职，每名学生都有具体任务，都得到操练。

● **操作提示：**

1. 教师事先布置训练内容，学生课前完成作业，课堂时间用于展示成果。
2. 学校或院系为学生提供网络环境。
3. 本次实训只评定情景剧成绩，文字稿不打分。
4. 提交电子版文稿。

● **训练内容：**

1. 写出小王因未耐心倾听而漏掉的信息

示例：宏利公司的秘书可能在电话里还解说了姓氏：张何先生，弓长张，人可何。

2. 上网查询并做情景模拟

(1) 上网查询实例：倾听在沟通中起了重要作用。事例越多越好。

注意：各小组之间应互相沟通，提交的作业不允许雷同，否则以零分处理。

示例：

主持人问：小朋友，你长大了想干什么呀？

小朋友答：飞行员！

主持人问：如果飞机快没有油了，飞机上有很多旅客，但只有一个降落伞，你怎么办？

小朋友答：让旅客系好安全带，我背着降落伞跳下去。

观众大笑。

节目后，小孩子伤心地哭了："我本来是想先跳下去，去取油，再来救大家，可你们……"

小朋友哭的原因是他的话还没说完，大人们却打断了他，并按自己的思维方式误解了他的意思。可见在沟通中"听"与表达同样重要，应该耐心听，而不该还没听清就打断对方，或别人还没说完就抢着应答。

(2) 将搜到的例子改编为剧本，分角色表演。每组一剧。

(3) 分角色表演哑剧，以动作、表情等表示专注、积极地倾听对方。

3. 情景设想

(1) 根据提供的条目，设计秘书工作中的实景。

这些情况下，都需要你的积极倾听：

你为了获得更多的信息、收集正确的信息时；

当有问题需要解决，你需要更多的事实时；

你不能肯定来访者的意思时；

当发生冲突，你需要做协调时；

当你与讲话者意见相左，显示你接受对方的说法时；

在情绪化的场合，为了平息不安、气愤或情绪化的人时；

当讲话者谈论他们的感情或情绪时……

(2) 组员每人模仿做一次呼叫中心座席员，体会完成服务的前提是倾听客户。

4. 参考下面的文字，思考秘书在工作中倾听的对象有哪些？请用图表列出来。

信息接收者需要我们会倾听。培养深度信任感和亲近对方的秘诀是：学会倾听。倾听是建立信赖的关键，原因有四：

（　　）通常更愿意信任一个尊重他们，并尊重他们所说的话的人；

（　　）很容易信任仔细听他们说话并且能为他们的问题出谋划策的人；

（　　）对你的信任度越高，他们参与的就越多；

（　　）能从你的倾听中获得满足感。

对秘书而言，当（　　）向你求助，倾诉他的需求时，倾听是掌握事实、借以解决问题的重要途径。同时让（　　）感到你的重视与关怀。

秘书以帮助（　　）的积极态度，真正“听懂”（　　）的语言。

秘书真正了解（　　）在“话里”和“话外”传达的信息，正确传达其意图。

任务二　有效倾听

知识目标

1. 学习倾听技巧。
2. 消除倾听障碍。

任务描述

李菲因病请假，老板只好叫新来的小杨做会议记录。小杨出发前做好了准备工作，陪同老板的过程中言语少、行动多，会议结束后迅速整理好会议纪要，并将其送到老板的办公桌上。良好的工作习惯使小杨顺利完成了临时代理的差事，并给老板留下不错的印象。你在这家企业做实习秘书，请你把他的这次工作过程以及经验整理出来。

任务分析

会议记录以倾听和记录为工作内容，记录员需要有较好的倾听技巧、较快的记录速度。作为秘书，将会议发言以书面材料形式呈给上司，任务才算全部完成。

成果示例

小杨放下电话，开始做准备工作。虽然明天才开会，但他是个做事踏实的年轻人，他马上把笔、记录本、电脑和自己的录音笔一一放进包里，还不忘检查电池、电源线带齐否。

第二天小杨跟着老板来到会场，老板的位子在前排，他应该靠后坐，但特意选了听众席靠近音响的位置，这样离老板也不远。落座后，他把手头的文件扫了一遍，熟悉一下发言人的信息，又把自己的手机调到振动。

主持人宣布会议开始，小杨先打开录音笔，然后集中注意力专注地聆听会议发言，手上的笔在本子上疾走。他觉得自己经验不够丰富，心里挺紧张的，生怕漏掉什么重要内容。

……会议结束了，小杨迅速收拾好记录用具，赶紧跟到老板身后，一道乘车回来。一路上闲聊，老板说得多，小杨说得少，但他趁机把记录中的两个不确定之处跟老板核实了一下。

回到公司，小杨赶紧把电脑（心想这个家伙带去没用上，下回就不带了，怪沉的）打开，开始整理会议记录。他幸亏带了录音笔，含糊的地方又用录音核对过了，校对了一遍文字后打印出来，用订书机订好，这才往老板的办公室走去。

■成果评析

1. 小杨虽然初出茅庐，但他的良好习惯使他受益匪浅。例如始于准备，终于整理。例如，以听为主，跟着老板不乱插话抢话。一件小事情被小杨做得认真而细致，奠定了他在工作岗位上站稳脚跟的基础。

2. 做会议记录，小杨是个倾听者。首先，他从倾听准备做起，尽可能带上一个会议记录者上岗所需的工具：纸、笔、电脑、录音设备等。

3. 在记录过程中，小杨需要捕捉信息，抓住发言人的要点，因此他听得专注，听得准确，并且边听边记录。

4. 一定的记录速度才能保障将主要内容记下来，显然小杨的素质是平时积累而成的。

5. 如果小杨业余时间参加速录技术培训，记录速度会更快，就能更好地胜任秘书工作了。

■必备知识

据专家称，在实际生活中，不会听的人很多。能平心静气和有目的地倾听对方讲话的人不足10%，这是因为一般的人大都希望引起别人的注意，而不大注意别人。再加上口头交际环境的复杂性（引起听众注意力分散的因素甚多），稍不留意，便会造成偏听、误听、漏听或没有听清、听懂的情况。因此，有效的倾听，要从讲究倾听的环节和要求做起，并努力掌握一些有效倾听的方法。

一、有效倾听的意义

（1）增强沟通效力：满足倾诉者自尊，真实了解他人。

（2）改善人际关系：人们喜欢善听者更胜于善说者。

（3）增强解决问题的能力：获取更多信息："听君一席话，胜读十年书"。

（4）有助于个人发展：激发创造灵感，提高专业技能。

二、有效倾听的障碍

噪声：环境、语义差异、口音等；

注意力分散：心智集中差（走神）；

想着如何反应：不能设身处地正确理解他人；

预先判断对方要讲的内容：感情过滤（主观地排斥或接受）。尤其要警惕主观心理因素形成的障碍，如：

- 听者主观上超前判断，认为对方的话只有部分的价值；
- 听者选择性地听；
- 听者由于对讲话者的成见、偏见，造成故意的“漏听”。

三、有效倾听的四步骤

第一，做好倾听准备——身心准备和物质准备（包括环境和用具）。

第二，发出倾听信息——常用眼神示意对方，准备接收信息。

第三，采取积极行动——频繁点头，身体前倾，集中精神，敞开思想。

第四，理解全部信息——及时告知对方你的理解情况，充分理解并记忆影响因素。

四、有效倾听时正确的身体语言

眼神和表情：面带微笑，友善注视。

姿势：上身挺拔，略微前倾。

距离：区分场合，亲疏关系。

身体动作：恰当点头，给出手势。

五、有效倾听的六原则

原则之一，适应讲话者的风格（节奏、音调、口音、语气等）。

原则之二，眼耳并用，全神贯注（不仅仅接收语言信息，同时接收思想情感）。

原则之三，理解他人，取消预先判断（站在他人角度，善于总结要点）。

原则之四，鼓励他人表达自己（用各种方式作适当反馈）。

原则之五，聆听全部信息（不轻易打断别人，不急于做出判断）。

原则之六，表现聆听兴趣（用积极的肢体语言如身体前倾、微笑等表现）。

六、 掌握一些实用的诀窍

（一）倾听要诀

（1）尊重对方。

（2）注意力集中。

（3）理解。

（4）耐心。

（5）注意整体，不要断章取义。

（6）注意词语背后的意思。

（二）有效的倾听方法

（1）准备倾听：开放思想，抛开烦恼，一直把注意力集中在对方身上；

（2）限制自己的谈话：我们不能边谈边听；

（3）创造气氛：礼貌而不是威胁，注意回应对方；

（4）设身处地：要有同理心；

（5）耐心：打开思想，闭上嘴巴；

(6) 不要打断客户：语气不要急促，不要急着作总结；

(7) 集中思想：注意谈的内容、谁在讲、讲什么，不要分心；

(8) 记笔记：便于总结，便于检查自己是否理解，便于控制谈话要点；

(9) 客观：小心“我们以前都已经听过”的态度，保持一个开放的心态，不管你以前是否听过这个要求，每一次都应该像第一次听，不要因为有答案就自满。

(三) 设身处地地听

这是最高层次的倾听，不妨设置一些情景，自我练习。

1. 专注地看着对方

用你的眼睛注视说话人，把注意力集中在说话的内容上。

2. 点头微笑回应，鼓励表达

和对方谈话时稍稍前倾身子，表示对对方所说的话感兴趣，听得很仔细。赞成对方所说的话，可以轻轻地点一点头。对他们所说的话感兴趣时，要展露一下笑容。利用肢体语言——头部、臂部的摆动表达意见，可以使对方感到愉快。总之，要向对方表示你关心他说话的内容。

3. 不要中途随意打断对方说话

与人交谈时要尽量控制自己，不要打断对方。即便是对方所言或者偏离了主题，或者对方对你无所裨益，或者你不爱听，但由于对对方的尊重，就要给人家说话的时间，让对方充分表达自己的想想，无拘无束地把话说完，自己绝不能有任何不耐烦的神色和举动。这种尊重他人、甘当听者的耐心既是秘书在谈话中应具备的品质，也是在工作中应该体现的度量。

4. 适当提问与复述对方的意思

对方说完话时，你可以重复他说话的某一个部分。这不仅证明你在注意他所讲的话，而且可以表明你同意他的意见。如：“正如你指出的意见一样，我认为……”，“原来是这样，您能详细谈谈其中的原因吗?”等。这样能让对方知道，你在很仔细地听他说话。而且人们喜欢被引出话题，以便能借机展示自己的价值。

5. 说话之前先暂停 3 到 5 秒

人们交谈的目的是沟通信息、交流思想、联络感情，而不是智力测验、辩论或演讲比赛，大可不必去争话、抢答。在听人讲话时应持虚心的态度，尽可能避免听话时“先入为主”；对别人的话做出评论时要持谨慎的态度，避免对别人的讲话急于下结论或立即接过话茬给予反驳，这些偏激做法都不可取。

6. 不仅要倾听内容，也要“倾听”感觉

“听话听声，锣鼓听音”，在聆听别人讲话时，应能细心体会讲话人的“话外音”“弦外音”，仔细观察其他非言语信息，注意讲话人词汇的运用和选择，细品讲话人的奥妙情感与难言之隐，弄清讲话人的真正意图。听出说话者的喜忧哀乐等各种感觉，并对此做出相应的反应。这种察言观色的倾听对秘书尤为重要，没有这种细心，秘书就难以领会领导的真正意图。

7. 听到不同意见时不要屏蔽信息

要学会控制自己的感情，以防曲解对方的话语。保持客观理智的感情，有助于你获取正确信息。尤其是当听到不同意见或者令人不愉快的消息时，要先理智地接收信息，仔细核查事实，不能凭自己的喜好对这些信息听而不闻。因为当我们把听到的话加上自己的感情色彩时，我们就会失去正确理解别人话语的能力。

七、影响倾听的不良习惯

以下这些不良习惯都会影响倾听效果，工作中应将之列为禁忌。

（1）说的比听的多；

（2）喜欢插话；

（3）在倾听过程中，不回应对方；

（4）发现感兴趣的问题时问个不休，导致跑题；

（5）以自我为中心；

（6）走神；

（7）太乐于提出自己的建议；

（8）问题太多；

（9）过早下结论。

实训任务

- **能力目标：**

掌握高层次（设身处地）的倾听。

学习并掌握有效倾听的方法。

学习并掌握消除倾听障碍的方法。

- **知识要求：**

有效倾听与技巧。

- **任务描述：**

秘书长正在给秘书们讲笑话："有个演说家为了讨好女性听众，他说：'男士们听我演讲，一只耳朵进，另一只耳朵出；你们听我演讲，两只耳朵进，一只嘴巴出！'嘿嘿，我听我老婆讲话是左耳朵进右耳朵出；我说话，我儿子是没耳朵听——充耳不闻。但是——张市长说话——我眼睛都在听！哈哈哈……"秘书长讲笑话的含义是什么？

- **操作说明：**

1. 分组：每小组 5～8 人。

2. 每人独自完成练习。

3. 两两小组之间组员一一结对子交流。重在体会。

- **操作提示：**

1. 教师事先布置训练内容，学生课余实施。课堂时间用于交流。

2. 本环节训练结束时提交纸质作业。

- **训练内容：**

1. 结合秘书长的笑话

（1）区分"听"与"倾听"。

（2）倾听有哪几个层次？

（3）参与最高层倾听的人体器官有哪些？

（4）如何去实践最高层次的倾听？

2. 小魏最近接待了一批客户，万经理跟她开玩笑说她的普通话不标准。小魏回来后请教童林，童林建议她多听普通话朗读的音频。

（1）小魏想提高发音水平，为什么童林却建议她多听？

（2）请查询资料，从沟通的角度阐释“听”对“说”的能力培养的正向作用。

3. A：你在不在听？

假设你是B，你怎样表示“我听着呢，请您继续说”的意思？

（1）你在接听电话，对方滔滔不绝地说……

示例：B：嗯，嗯。

（2）你在当面接受厂长的指示。

（3）你与王会计面对面坐着交谈。

（4）客户来投诉，你接受批评。

（5）你主持会议/讲座，倾听听众的意见。

提示：面对面沟通时，可以话语与体态语并用。

任务三　倾听方法与训练

■ 知识目标

1. 学习并掌握倾听训练方法。

2. 自我训练倾听能力。

■ 任务描述

一个秘书所倾听的对象可能是上司、同事，也可能是客户。张敏觉得不能等到当了秘书以后再学习倾听本领，她想现在就逐步做一些技能训练，例如听记、听解“话中话”等，最好能学点儿自主训练的方法。她能从谁那里获得怎样的指导？

■ 任务分析

倾听本领的练就需要经历日积月累的过程，张敏未雨绸缪是对的。她最好请教专业的老师，老师能够指导她从基础练起，并且可以完成系统性的训练。这比就事论事型的学习更有效。

■ 成果示例

张敏的老师为她列出倾听训练大纲，从基础做起，由低到高逐渐练就较强的倾听技能。

1. 听记训练。用文字符号把听到的话语迅速写下来的能力训练，获得边听、边详细记录全部内容和记录要点的本领。

2. 听话组合力训练。对不同的话语内容进行归纳、组合的听话技能训练。练就把听到的多角度内容或多种内容边听、边重新归类组合的本领。

3. 听辨训练。边听，边对所知材料进行准确辨析的能力训练。边听边比较话语内容的各个方面，判断话语的正误、找出观点的异同。

4. 听测训练。根据话语的内容进行推测、判断的能力训练，锻炼边听、边做出合理推测、准确判断的能力，获得透过话语表面得到言外之意的本领。

老师只给了张敏不多的练习材料，指导她怎样自己去找训练材料，还列出以下注意事项：

第一，任何时候，做好听之前的准备，即备好纸和笔。

第二，听的时候不要同时做其他事情，养成集中精力专注倾听的习惯。

第三，业余学习一些快速听记技巧，有条件的话参加速录技术培训。

第四，自主学习。为自己挑选现成的音频（例如广播新闻、记者招待会、国家领导人的讲话、某重要发言人的讲话等，可利用互联网的资源），边听边记。

第五，给自己提要求，既要记录速度快又要准确度高。

■成果评析

1. “注意事项”其实是个重要部分，它不仅能养成学习者良好的习惯，而且给出了自主学习方法，可以令受训练者终身进行独立学习。

2. 听记是秘书的基本功，日常工作中记录一个电话留言、领导指示、会议纪要都会用得上。不可认为听记简单，也不可因该项操练枯燥而不肯持之以恒，应当踏踏实实勤练习。

3. 从 1 到 4 的训练由低到高，循序渐进。后三个对倾听有很高的要求，例如本单元任务一里，秦勉倾听工会小组长的话，他们的发言杂乱无序，听话人在现场就组长话进行归类，找出他们的正反观点，捕捉他们“牢骚”背后的含义。

4. 老师建议张敏学习速录技术，是对新时代秘书的要求，应当尽快实施，尽可能掌握先进技术。

5. 你若想练就“倾听”功夫，可以按照老师给张敏的指导，做一些技能训练。但最好能学点儿自主训练的方法。从这三点做起：

（1）学习并掌握倾听训练方法。

（2）自我训练倾听能力。

（3）自我测试倾听兴趣与倾听水平。

倾听本领的练就需要经历日积月累的过程，从基础练起，并且能够完成系统性的训练。这比就事论事型的学习更有效。由低到高，循序渐进，逐渐练就较强的倾听技能。

■实训任务

- **能力目标：**

听记要点、全息记录等能力。

● **任务描述：**

客商纷纷向秘书陈述购买产品的事情，秘书要快速记下来。稍加整理后，秘书应立即向经理汇报。比较一下几个秘书的记录和复述，评出“优秀秘书”。

● **操作说明：**

1. 分组：每小组5～8人。
2. 每人扮演一个角色。
3. 评测。

● **操作提示：**

1. 要求学生准备好纸笔，注意力高度集中。
2. 教师当堂将训练内容发给学生。
3. 学生须临场扮演秘书角色，边听边记。
4. 老师根据学生倾听的准确度和记录速度评定成绩。

● **训练内容：**

1. 听记比赛

比一比谁记得快；比一比谁记得准；比一比谁记得既快又准。

提示：练习时，可由学生轮流朗读需听记的信息。

（1）听记电话号码。

六位电话号码：

615473　　523148　　873801　　662353　　210640　　701198

七位电话号码：

2531489　　5238011　　8970546　　6733731　　8127183　　8766100

八位电话号码：

53467197　　80834769　　88615228　　67615382　　62079240　　78515096

手机号码：

18605229133　　15262249136　　13775270986　　18922006123　　13365124742

传真号码：

86－0592－88887777　　86－0411－39329989　　86－010－68992466

86－021－51265679

QQ号码：

1051666333　　726235876　　1429494941　　1263131318　　749304543
479444112

（2）听记电子邮箱地址。

username@host. domain　　526235876@yeah. net

xiaxin@hotmail. com　　gzhshyky@qq. com

mmeili@126. com　　pingpan12@yahoo. com. cn

（3）听记姓名。

赵：走小赵；赵钱孙李的赵　　孙：子小孙；孙中山的孙

钱：金钱的钱　　李：木子李；十八子李

周：框吉周；周总理的周
吴：口天吴
郑：关耳郑；河南郑州的郑
王：三横王
冯：二马冯
陈：耳东陈
褚：衣者褚
卫：保卫的卫；卫生的卫
蒋：草头蒋；将军的将加草头蒋
沈：三点水的沈；沈阳的沈
韩：韩信的韩；韩国的韩
杨：木易杨；杨柳的杨
朱：未撇朱
秦：秦朝的秦
尤：尤其的尤；优秀的优去掉单人旁
许：言午许；许多的许
何：人可何；如何的何
吕：双口吕
施：方人也施；措施的施
张：弓长张
孔：孔夫子的孔；孔雀的孔
曹：曲日曹；曹操的曹

2. 从要点到全息

(1) 听记要点。养成边听边记的习惯，初步掌握边听、边记录要点的本领。

(2) 全息听记比赛。边听边记下听到的所有内容，要求记全、准确无误。

(3) 速记发言。边听边记，跟上说话速度，所记内容无误。

(4) 速记下面的演讲。

(注：本文较长，教师可选择不同的部分分别用于各个能力单项训练。)

中共中央总书记、国家主席、中央军委主席习近平在纪念中国人民抗日战争暨世界反法西斯战争胜利 70 周年大会上的重要讲话。全文如下：

全国同胞们，

尊敬的各位国家元首、政府首脑和联合国等国际组织代表，

尊敬的各位来宾，

全体受阅将士们，

女士们、先生们，同志们、朋友们：

今天，是一个值得世界人民永远纪念的日子。70 年前的今天，中国人民经过长达 14 年艰苦卓绝的斗争，取得了中国人民抗日战争的伟大胜利，宣告了世界反法西斯战争的完全胜利，和平的阳光再次普照大地。

在这里，我代表中共中央、全国人大、国务院、全国政协、中央军委，向全国参加过抗日战争的老战士、老同志、爱国人士和抗日将领，向为中国人民抗日战争胜利做出重大贡献的海内外中华儿女，致以崇高的敬意！向支援和帮助过中国人民抵抗侵略的外国政府和国际友人，表示衷心的感谢！向参加今天大会的各国来宾和军人朋友们，表示热烈的欢迎！

女士们、先生们，同志们、朋友们！

中国人民抗日战争和世界反法西斯战争，是正义和邪恶、光明和黑暗、进步和反动的大决战。在那场惨烈的战争中，中国人民抗日战争开始时间最早、持续时间最长。面对侵略者，中华儿女不屈不挠、浴血奋战，彻底打败了日本军国主义侵略者，捍卫了中华民族 5 000 多年发展的文明成果，捍卫了人类和平事业，铸就了战争史上的奇观、中华民族的壮举。

中国人民抗日战争胜利，是近代以来中国抗击外敌入侵的第一次完全胜利。这一伟大胜利，彻底粉碎了日本军国主义殖民奴役中国的图谋，洗刷了近代以来中国抗击外来侵略屡战屡败的民族耻辱。这一伟大胜利，重新确立了中国在世界上的大国地位，使中国人民赢得了世界爱好和平人民的尊敬。这一伟大胜利，开辟了中华民族伟大复兴的光明前景，开启了古老中国凤凰涅槃、浴火重生的新征程。

在那场战争中，中国人民以巨大民族牺牲支撑起了世界反法西斯战争的东方主战场，为世界反法西斯战争胜利做出了重大贡献。中国人民抗日战争也得到了国际社会广泛支持，中国人民将永远铭记各国人民为中国抗战胜利做出的贡献！

女士们、先生们，同志们、朋友们！

经历了战争的人们，更加懂得和平的宝贵。我们纪念中国人民抗日战争暨世界反法西斯战争胜利 70 周年，就是要铭记历史、缅怀先烈、珍爱和平、开创未来。

那场战争的战火遍及亚洲、欧洲、非洲、大洋洲，军队和民众伤亡超过 1 亿人，其中中国伤亡人数超过 3 500 万，苏联死亡人数超过 2 700 万。绝不让历史悲剧重演，是我们对当年为维护人类自由、正义、和平而牺牲的英灵、对惨遭屠杀的无辜亡灵的最好纪念。

战争是一面镜子，能够让人更好认识和平的珍贵。今天，和平与发展已经成为时代主题，但世界仍很不太平，战争的达摩克利斯之剑依然悬在人类头上。我们要以史为鉴，坚定维护和平的决心。

为了和平，我们要牢固树立人类命运共同体意识。偏见和歧视、仇恨和战争，只会带来灾难和痛苦。相互尊重、平等相处、和平发展、共同繁荣，才是人间正道。世界各国应该共同维护以联合国宪章宗旨和原则为核心的国际秩序和国际体系，积极构建以合作共赢为核心的新型国际关系，共同推进世界和平与发展的崇高事业。

为了和平，中国将始终坚持走和平发展道路。中华民族历来爱好和平。无论发展到哪一步，中国都永远不称霸、永远不搞扩张，永远不会把自身曾经经历过的悲惨遭遇强加给其他民族。中国人民将坚持同世界各国人民友好相处，坚决捍卫中国人民抗日战争和世界反法西斯战争胜利成果，努力为人类做出新的更大的贡献。

中国人民解放军是人民的子弟兵，全军将士要牢记全心全意为人民服务的根本宗旨，忠实履行保卫祖国安全和人民和平生活的神圣职责，忠实执行维护世界和平的神圣使命。我宣布，中国将裁减军队员额 30 万。

女士们、先生们，同志们、朋友们！

“靡不有初，鲜克有终。”实现中华民族伟大复兴，需要一代又一代人为之努力。中华民族创造了具有 5 000 多年历史的灿烂文明，也一定能够创造出更加灿烂的明天。

前进道路上，全国各族人民要在中国共产党领导下，坚持以马克思列宁主义、毛泽东思想、邓小平理论、“三个代表”重要思想、科学发展观为指导，沿着中国特色社会主义道路，按照“四个全面”战略布局，弘扬伟大的爱国主义精神，弘扬伟大的抗战精神，万众一心，风雨无阻，向着我们既定的目标继续奋勇前进！

让我们共同铭记历史所启示的伟大真理：正义必胜！和平必胜！人民必胜！

3. 综合训练

分角色扮演客商、秘书、经理。客商向秘书陈述购买产品的事项。秘书记录、整理，然后现场向经理汇报。

训练提示：两组对垒，每组分配好角色，各自撰写角色的话语内容。

(1) 客商依次陈述。秘书记录。

(2) 客商交叉发言，并不时插科打诨。秘书选择与产品相关的信息作记录。

(3) 客商在陈述中发生争执。秘书选择与购买相关的信息作记录。

4. 倾听能力测试

测试你的倾听指数

提示：

问题 (1)、(3)、(5)、(6)、(7)、(8) 经常计3分、偶尔计2分、很少计1分；

问题 (2)、(4)、(9)、(10) 经常计1分、偶尔计2分、很少计3分。

总分高于26分，你的倾听技巧很不错，但有少许地方需要改进；

总分在22分～26分，你的倾听技巧还行，但仍有要改进的空间；

总分低于22分，你有很多地方需要改进，懂得“倾听”别人说话，对你还很遥远。

(1) 在倾听时，我会与对方保持目光接触。

经常　　偶尔　　很少

(2) 对方外表、品位和声音会左右我对他讲话内容的判断。

经常　　偶尔　　很少

(3) 我会试着站在对方立场，考虑他的谈话内容。

经常　　偶尔　　很少

(4) 我宁可听到具体明确的事，也不想听不切实际的话。

经常　　偶尔　　很少

(5) 我会留意台面话（客套话）背后的含义。

经常　　偶尔　　很少

(6) 我会要求对方再讲清楚一点。

经常　　偶尔　　很少

(7) 我会等到对方讲完话之后再下断语。

经常　　偶尔　　很少

(8) 我会用心检视对方所说的话是否有条理、前后一致。

经常　　偶尔　　很少

(9) 别人讲话时，我会想若有机会我要说什么。

经常　　偶尔　　很少

(10) 我喜欢当最后一个发言的人。

经常　　偶尔　　很少

第三单元

沟通基本技能2——沟通口才基础

任务一　知晓语音素养

知识目标

1. 了解有声语言沟通的规范。
2. 了解沟通口才的语音要素。

任务描述

秦勉来企业当实习秘书，人力资源部经理要他把公司招聘一名营销经理的事向总经理作告知性汇报，下周交董事会例会商议、拍板。秦勉前往总经理办公室之前，秘书长教了他几招使之清清楚楚地做了口头汇报。秘书长教的几招是什么？

任务分析

告知性报告是秘书向领导报告客观信息，如综合工作报告、工作动态、活动安排等，告知信息应客观、真实、完整。无论是面对面或电话或会议上口头汇报，秘书要达到说得有条理，说得清晰流畅，语音规范、音量和语速适中的水准。

成果示例

总经理，您好！占用您一点儿时间，向您汇报两件事。

第一件事，咱们公司招聘营销经理。这次有80个人应聘，人力资源部一共做了三轮筛选。第一轮看应聘材料，淘汰了30人。第二轮笔试，淘汰了20人。第三轮面试，挑选了10人。这是他们的求职资料和成绩。下周的董事会例会，我给您再送一份？这是第一件事。

第二件事……

成果评析

1. 用了数字：第一轮、第二轮、第三轮，安排好先说什么，后说什么，思维有条理，逻辑很清晰。思维有条理决定了语言表达清楚明白。说明秘书长教秦勉打了腹稿。

2. 对所说内容熟悉，在清晰的基础上，说得熟练对语言流畅度提高有帮助。秦勉不仅打了腹稿，而且暗自说过一两遍了。

3. 当面向总经理做汇报，无须大嗓门，音量应中等。

4. 对招聘过程，没有文字材料，总经理仅凭耳朵接收汇报信息，语速应适当。

5. 口语音准较好。

6. 语言沟通效果好。

礼貌委婉：占用您一点儿时间；

占用时间不长：声明“汇报两件事”；

客观汇报不妄加评论，只说“董事会例会，再送一份材料”。

必备知识

一、认识口语与口才之异

秘书沟通的语言形式分有声语言和书面语，口头工作场景中秘书使用有声语言/口语沟通。口语与口才一字之差，区别在于“说”和“能说会道”，意义是不一样的：

口语是指说话时使用的语言，是由声音和意义组成的自然语言，与书面语相对应，凡是从口中说出的话语，都叫口语。

口才则指说话过程中所体现出来的个人才能。即善于用口语准确、恰当、生动地表达自己的思想感情的能力，包括个人人格与智慧的各种储备以及运用和发挥这些储备的能力。“储备”与“运用”缺一不可。

所以口才是高于口语的；如果用“说”指代“口语”，那么一个人有“口才”，就要用“能说”“会说”“说得好”表示了。

秘书有声语言沟通的境界是，不仅要准确地把意思说出来，而且在此基础上要更上一层楼：说得好，说得人愿意听，说得人喜欢听。成为一个合格的职业秘书，那就是得拥有较高的口才能力。

把话说好，形成良好的口才，需要三方面的条件：文化素质、思维能力和语言素养。可借用北京外国语大学网络学院的“彩虹塔”表示口才形成的智能结构，如图 3－1 所示：文化素质就是又宽又厚的塔基，它包括人的品德修养、文化修养、知识积累等；思维能力就是塔身，它包括思辨能力、想象力和应变能力；语言素养则是塔顶，它表现为口语表达能力，因此秘书专业的各门课程与技能学习，都能帮助你提高口才，应在求学与工作中联系起来，不可割裂。

塔顶	语言素养	口语能力		
塔身	思维能力	思辨能力	应变能力	想象力
塔基	文化素质	品德修养	文化修养	知识积累

图 3-1　口才形成的智能结构

口语是练就上乘口才的基础，提高口才以夯实口语为前提。此单元本任务奠定秘书口语的语音基础，任务二至五着重学习和训练与秘书口才提高相关的语言技巧。

二、秘书口语之语音素养

（一）语音要素

语音是人类说话的声音，它是有意义内容的语言成分的外部形式，具备语音素养是完成有声语言沟通的最重要的一部分，不借助语音这一语言的物质外壳就无法实现口头信息的传递。一个秘书要完成口语沟通，需具备以下语音素养，如表 3-1 所示。

表 3-1　口语沟通语音要素

沟通的语音准则	各要素应用的理由	不应出现的现象
汉语标准音（普通话）	一口标准流利的普通话是秘书口语的规范要求，也是最基本的职业口语要求	方言重，影响听者理解话语的意义
口齿清晰	吐字清晰，思维有逻辑，口语组织力强，表达流畅	含混不清，口吃；听者听得吃力，理解困难
音色优美	音色优美，嗓音圆润，给听者以美感享受	沉闷、沙哑，不悦耳
音量适中	音量的大小根据现场的空间情况调整，既让人听清楚，又不引人反感	声音太低难以听清；声音过高则刺耳，令人生厌
节奏感强	善用重音、停顿、语气等语音技巧，抑扬顿挫，语调有变化	像背书；平板、无变化

秘书说话时的语音素养主要表现在汉语语音标准、规范，吐字清晰，流畅不带口头禅，语速、音量适中，善用语气、语调、节奏、重音等语音技巧。

（二）语音标准

现代汉语，俗称普通话，以北京语音为标准音，普通话是正式场合的工作语言，秘书的口头语言必须发音标准。语言是交际工具，方言的通行地域有限，而普通话有广泛的听众基础，一个秘书如果只会说方言，不能说标准的普通话，工作就会受到很多限制，例如不能主持正式的会议，不能接待上层或官方领导或来自四方的企业客户。甚者，口语语音差的秘书，有损企业单位形象。

秘书口语的首要原则是规范，我国《宪法》总纲第十九条明确规定：国家推广全国通用的普通话。2001 年 1 月 1 日起施行的《国家通用语言文字法》明确了普通话作为国家通用语言的地位。若希望取得秘书职业资格并成为合格的从业者，应该克服方言，练习普通话，前往自己工作、学习的所在地的语言文字工作委员会机构，通过普通话水平培训与测试，获得语音标准凭据——普通话水平等级证书（应不低于二级乙等）。

（三）口齿清晰、音色优美

口头交际借助声波传播语言信息，而声波瞬间即逝。心理学家曾作过测试：听话的过程中能够精确留在记忆中的大概不超过 7～8 秒钟。一个听者在没有文字可凭据的情况下，仅凭借听觉接收信息，对说者在清晰度、流畅度、语速、音响度等方面都有一定要求。

1. 口齿清晰

说话发出信息，其目的是什么？是为了将信息输送给接受者——听话人，所以说要为听者着想：每一句话的意思是否能够让听的人听清楚、听懂。口头传递信息时，听众仅以语音（无文字凭据）接收信息，声波又瞬间即逝，只有说话时口齿清晰才能保障信息顺利地上递下传。秘书要想让他人知道说的是什么内容，首先要口齿清晰，说得清楚、连贯，不结巴，不带口头禅。如果发音吐字含混不清，或说话期期艾艾，磕磕绊绊，那么听者听起来就很吃力，不能轻松、准确地理解秘书的话语。有的人喜欢重复“这个……这个”，或每句后面用“啊、啊”，一句话中“杂质”频现，都会影响话语的清晰和流畅，应力戒口语中的这些坏习惯。

2. 音色优美

在发音准确、口齿清晰的基础上，秘书还应美化声音，音色优美，嗓音圆润，给听者以美感享受。声音是语言的物质外壳，优美动听的声音会为秘书的口语锦上添花，如山涧清泉，潺潺流淌，声声入耳，娓娓动听。声带与嗓音虽有先天因素，通过后天的学习与训练也能掌握运用声音的技能。

（四）音量、语速适中

1. 音量

针对不同的交际环境，秘书选择以下合适的音量：

（1）电话沟通，与上级、客户、同事面对面的交流，应选择中等音量，音响轻柔。

（2）主持会议，发布通知等信息，音量要大，洪亮而有力。要把信息用声音传送到所有听者的耳朵里，只有用足够的响度让人听清楚，才能让人接收语音承载的话语意义。

音量的大小要根据现场的空间情况调整，既要让听的人听清楚，又不引人反感。过高过低都不合适，声音太大，刺耳，令人生厌；声音太小则难以听清。

2. 语速

语音留在记忆中的时间短至数秒，说话的速度就不可太快，否则影响听者理解。一般的发言每分钟 200 字左右，最快不能超过每分钟 280 字。新手的语速往往比较快，急于把话赶紧说完，给领导毛躁的印象，应注意放慢语速；但是过慢的语速又会让人感觉秘书的性格拖拖沓沓。那么怎么掌握语速呢？日常会话的自然语速即可，不用极端的速度：像说快板——过快，像念悼词——过慢。

另外，听觉注意力的时间也不长，因此，发言最好也不太长，以简短有效为佳，冗长的发言反而使被吸收的信息大大削弱。

任何时候秘书都不要以自己说为中心，而要以别人的听为中心和目标，不要认为：“今天领导让我传达的指示，我都跟你们说过了！”“我的任务完成了（至于你们听到多少，又记住多少，将会遵照执行多少，那就不是我的事儿了）。”秘书永远都要自问：他们听明白我的话了吗？我是不是说得含混不清/过快/声音太低/……了？

小资料

语言有口语和书面语两种不同的形式。人们口头上运用的有声语言是口语，具有口语风格。口语常呈现为当面交谈，有特定语境的衬托、身手姿态和语音变化因素，具有较多辅助性信息作为支持。口语带有简短、疏放、较多省略的特征。书面语是用文字写下来的以口语为基础而形成的语言形式，与口语风格不同。书面语趋于周密、严谨，结构完整，长句较多。

语言的高级形式是文学语言①，又称标准语，指经过高度加工并合乎规范化的语言。文学语言既有书面语形式，又有口语形式。

秘书工作的语言环境正式、庄重，使用语言的高级形式。秘书以完成公务为己任，目标是高效完成任务。因此秘书的公务交际比较讲究方式、规则和礼节，特别是与沟通对象的交谈就显得尤其重要，它与松散、悠闲的私人交际有很大区别。秘书的任何工作，都不是置于柴米油盐酱醋茶的闲聊语境之中，其有声语言当是经过加工、锤炼的口语形式的文学语言。

秘书有声语言沟通的境界是，不仅要准确地把意思说出来，而且在此基础上要更上一层楼：说得好，说得人愿意听，说得人喜欢听。

实训任务

- **能力目标：**

能达到秘书职业要求的普通话音准水平。

能口齿清晰、语言流畅地汇报、传达。

能使用音量、语速适中的语音与人沟通。

- **知识要求：**

口语沟通的语音诸要素。

秘书口头交际的语音要求。

- **任务描述：**

新来的任秘书做事勤快踏实，有条不紊，但他总喜欢采取发邮件、发短信、写文件的方式躲在文字后面与人沟通。王主任认为领导、下属就在隔壁办公室，应该直接口头沟通，要他赶紧练就有声语言沟通的本领，并能够承担主持会议、电话通知、接待客户等工作。怎样为任秘书奠定沟通口才的语音基础？

- **操作说明：**

1. 分组，每组不超过 8 人。

2. 规定操作频度与强度，每人必须不少于一次组内发言，不少于 5 分钟。

① 文学语言是规范度高的语言，并非文艺作品的语言。

3. 评测。

● **训练步骤：**

1. 教师示范→学生操练→现场评测→反馈、指导。
2. 分组操练→组内互测互评。
3. 教师抽检某组，给出本次实训课堂成绩。

● **训练内容：**

1. 单项训练

(1) 练普通话音准、练吐字归音。发音器官的运动到位，尾音清晰，语音有力度，声音不飘忽。

(2) 练清晰表达。开始慢速，逐渐加快速度，但要求发音准确、到位。

u-e-i、i-a-n、g-u-i、zh-a-n、sh-u-n、p-e-ng、m-e-i、d-a-i、g-e-i、h-u-a-i。

三山撑绿水，四水绕三山；三山四水春常在，四水三山好村庄。

叶上一条蚕，树上一只蝉；蚕在叶里藏，蝉常在树里唱。

红砖堆、青砖堆，砖堆旁边蝴蝶追，蝴蝶绕着砖堆飞，飞来飞去蝴蝶钻砖堆。

牛郎年年恋刘娘，刘娘连连念牛郎；牛郎恋刘娘，刘娘念牛郎；郎恋娘来娘念郎。

(3) 练音量调节。设想在会场发言、当面汇报工作、给同事打电话三个场景下，秦勉用不同的音量讲述人力资源部招聘营销经理的步骤与情况。

2. 综合训练

王芳和李毅是环保局的秘书，也都是业务骨干。他俩的水平不相上下。童部长要王局长在他俩中选拔一个跟他去省里做一个项目。王局长廉洁奉公，爱惜人才。一个礼拜天，他不打招呼，突然分别走访了王芳和李毅，进一步了解了两人的性格和处事观点，确定了童部长要的人选。

请各组分角色、分场景模拟。

(1) 王局长走访王芳。

(2) 王局长走访李毅。

(3) 王局长打电话给李主任。

(4) 李主任代表王局长向童部长汇报推荐过程及结果。

训练要求：

普通话尽可能发音标准。

根据场景使用适当的音量。

吐字清晰，用合适的语速。

任务二　掌握语音艺术

■知识目标

1. 掌握重音、停顿、语气等语音技巧。
2. 利用语音技巧有效沟通。

任务描述

赤日炎炎的夏天，中午一点钟，小杨舒舒服服地待在办公室里，享受着空调的习习凉气。可是这个时候王处长却来电话，命他立即去市委取文件。小杨心里很不情愿这时候顶着高温冒着酷暑出门，但是他没有让上司在电话里听出他的情绪。小杨用了什么语音技巧？

任务分析

办公室里有空调，比外面凉快舒适。夏天正午时分室外热浪滚滚，而且此刻是午间休息的时间，小杨肯定从内心不愿意这个时候外出办公。但是上司的指示不能不照办，小杨应答王处长的电话时，声音应该透露出他十分乐意接收这个任务，这就需要他使用语音表达技巧。

成果示例

［六月中旬某日］

［午休时间］

［办公室］

［空调运转，室内凉气习习］

小杨刚吃完午饭，在手机上下五子棋，兴味正浓。

电话铃响起来。

是王处长来电话。王：“小杨啊，没休息呀。去市委张秘书长那儿取文件，现在就去啊！”

小杨用上扬的语调答道：“好！↗”

王处长满意地挂了机。

小杨看看未下完的棋，又望望窗外的烈日，叹口气。但他不敢迟疑，赶紧出门……

成果评析

1. 小杨的回答虽然非常简单，只有一个音节，但是他用了个上扬的高升调，这个升调传达出愉快的语气，表示他能在炎夏的午休时间无怨地接受任务。

2. 这个语调令王处长听了很舒服。

3. 其他几种语调都不合适，小杨没有选用。

（1）假如用平直调则是冷漠地回应，公事公办，“你是头儿，我只好去”。

（2）若用降抑调，就透露了他满心的不情愿或勉为其难。“哎呀——这么热的天，还得出去……”

（3）曲折调通常表示讽刺、厌恶、夸张，小杨这时更不能用，无疑是说：“这个时候叫我去，亏你想得出来！”

4. 小杨的应答和随即的行动反映出他忠于职守的精神。

必备知识

巧妙运用语音技巧会达到出乎意料的修辞效果。例如设疑辞格用在口语语境时，停顿是关键环节。“这个婆娘不是人”，一个长停顿，然后给出下句“九天仙女下凡尘”。如果不懂得停顿在此的作用，就没法获得其独特的表达效果。

一、语气

语气是说话的口气。语气能透露说话人的感情色彩，是语句内在感情的外化，它表现在声音气息的变化上。表达语气的句类有四种：陈述句、疑问句、祈使句和感叹句。

董事长说长沙有个会议，让你和小沈中去一个，你考虑到小沈是长沙人，开会可以顺道回趟家。你用什么语气表达你的意思呢？下面有 4 个句子，a、b、c、d 依次是陈述句、祈使句（商量语气）、祈使句（命令语气）、疑问句。

a 你去。　　b 你去吧。　　c 你去！　　d 你去，好吗？

b 用了带商量语气的祈使句，d 用了疑问句，用表层疑问的形式表示征询的意思。所以 b 和 d 较好。祈使和疑问语气带有协商、征询的口气，即使是你让给小沈的机会，也应尊重他人。

a 用陈述语气，没有感情成分，略显冷漠。

c 最不好，命令的口气，只应用于指挥士兵或命令犯人。

秘书口语交际多用能够传达商议、征询、委婉的口语，显现职业礼仪。表达陈述、疑问、祈使和感叹四种语气的句式，具有修辞功能，可参阅本单元任务四的内容。

灵活运用声音气息的变化，能够表达色彩各异的、丰富的感情，如表 3-2 所示。

表 3-2　语气的声音变化

序号	感情色彩	声音气息变化	序号	感情色彩	声音气息变化
1	爱意	气徐声柔	5	愤怒	气粗声重
2	憎恨	气足声硬	6	悲哀	气沉声缓
3	着急	气短声促	7	恐惧	气提声滞
4	喜气	气满声高	8	犹豫	气细声黏

二、语调

语调是语音的高低升降轻重的调配。语调（与语气有交叉）可表达不同的语气，表现出说话人喜怒哀乐等感情态度，具体落在每句的句调上。本单元任务二里的小杨正是用高升调，恰当地表达出接受王处长派遣的工作时的情绪。

语调有平直调→、高升调↗、降抑调↘、曲折调（升高再降低或先降后升）四种。

（一）平直调→

一般用来表示庄重、严肃、平淡、冷淡、叙述等语气。句调大都平直舒缓。一般叙述或说明的句子，多用平调。例如：

（1）少说闲话，随你处理吧。（冷淡）→

（2）我家的后面有一个很大的园，相传叫作百草园。（叙述）→

（3）烈士们的英名和业绩将永垂不朽！（严肃、庄重）→

（二）高升调↗

一般用来表达号召、鼓动、设问、反问、惊异、呼唤等语气，这种句调大都由低到高，句尾语势上升。例如：

（1）大江大浪都闯过来了，这点困难算什么？（反问）↗

（2）赶快行动起来！（号召）↗

（3）这件事，是他办的？（惊异）↗

（三）降抑调↘

一般用来表示肯定、坚信、赞叹、祝愿、感叹、请求等语气。句调大都由高到低，句尾语势渐降。例如：

（1）董事长，您快说吧！（请求）↘

（2）我们一定要把业绩做上去。（肯定）↘

（3）恒通公司大楼真壮观啊！（感叹）↘

（4）不要来问我！（申斥）↘

（四）曲折调（升高再降低或先降后升）

句子语势有抑扬升降的曲折变化，有升高再降低或先降后升两种，常用来表示讽刺、诙谐、滑稽、双关、踌躇、狡猾等复杂的语气感情。它不像其他句调多表现在句末，而是根据需要出现在句子的不同位置。例如：

（1）哎呀呀，你这么大的力气，山都会被你推倒呢！（讽刺）

（2）但段政府就有令，说她们是暴徒。（反语）

（3）失了东三省只有几个学生上几篇“呈文”，党国倒愈像一个国，可以博得“友邦人士”的夸奖，永远“国”下去一样。（反语、讽刺）

三、重音

一句话如果有十个音节，每个音节说的时候平均用力，每句话都这么处理，那么听起来就十分呆板，像敲木鱼的声音，一下一下，平板而没有生气。如果使用重音就会有改观，就有了节奏和变化。

重音分三种：

（一）语法重音

在句子中谓语中心（动词）、修饰语（定语、状语、补语）、表疑问和指示的代词往往要重读：太阳慢慢地升起来了。

（1）谓语或谓语中的主要动词比主语读得重一些。例如：

1）今天是星期三。

2）秋天到了。

3）火车开来了。

（2）宾语比动词读得重一些。例如：

1）兄弟两个，一个学文科，一个学理科。

2）今年暑假她去成都了。

（3）定语、状语、表结果和表程度的补语比中心语读得重一些。例如：

雷锋的一生是平凡而伟大的一生。

（4）疑问代词和指示代词比别的词读得重一些。例如：

1）刚才，局长和谁生气呢？

2）那儿来了一个人。

（二）逻辑重音

根据说话的内容和重点确定重音落在哪个词语上，要强调这个会由张秘书而不是其他人主持：张秘书主持明天的酒会。

一句话中，能体现说话人的表意重点的词语，如表示肯定、否定、对比、比喻、夸张、反复等词语，都读逻辑重音。例如：

（1）是的，你说得不错，我是这样说过。

（2）完了完了，这场球输定了。

（三）感情重音

安排重音的位置决定于强烈的感情或细微的心理。一句话中，能突出表达说话人强烈感情的词语，如表示诘问、愤慨、憎恶、惊惧、讥讽、敦促、夸赞等感情色彩的词语，都可读重音。例如：

（1）难道这个字你都不认识？

（2）无耻叛徒，你出卖了我们——你把公司的商业信息卖了！

（3）多美啊，北京的初冬！

（四）显示重音的方法

一是拖长音节，二是加大音量，三是一字一顿。

运用重音的同时还要说好轻声（用缩短音节的办法），正确地发好轻声，重音也能被突出出来：这样的（轻）好事谁做的？真是太谢谢（轻）了！

四、停顿

说话的时候停顿，首先是生理需要，得呼吸喘气，这是自然停顿，即语法停顿，书面语中用标点符号表示应该停顿的地方。那么口语中如何停顿呢？

新疆｜代表｜团长｜途｜跋涉｜来｜到北京。

这句话的停顿出了很多错，一是话要一句一句说，不能一个词一顿一个词一顿；二是“长途”是一个词，不应该在词的中间停顿；三是停顿错了地方，造成意义破碎。应该是：

新疆代表团｜长途跋涉｜来到北京。

（一）停顿及其作用

停顿是指说话或朗读时，段落之间，语句中间、后头出现的间歇。停顿的地方不同，意思也不同。例如：

陈总看见秦秘书笑了

（1）陈总看见｜秦秘书笑了。

（2）陈总看见秦秘书｜笑了。

停顿是有声语言表情达意不可少的一种重要口语修辞手段。它有调节气息、显示语气、突出重点等作用。合理的停顿，可使话语表意明确，增加语言的节奏。同时，还能给听众留出思索、消化、回味的时间，更好地理解语意。若不善于停顿，就会使说话人感到紧张吃力，喘不过气来，别人听起来含混费解，甚至会产生误解。

停顿的类型有语法停顿、逻辑停顿两种。

（二）语法停顿

语法停顿又叫结构停顿，是按照篇章和句子的语言结构关系来确定的停顿。一般主谓之间、动宾之间、修饰语与中心语之间等，都可以停顿。表现在有声语言里的语法停顿，在书面上一般表现为标点符号。

例如：

（1）小王请通知财务处派个人来取文件过来时顺便把这个月的财务报表带来。

（2）小王，请通知财务处派个人来取文件。过来时，顺便把这个月的财务报表带来。

第一句没有正确停顿，影响了意义的表达。秘书口头汇报工作或传达指示时，要从表义清晰的角度，正确使用停顿，不能一口气说出一串短语或句子，影响听者接收信息。

书面上的标点符号大体上可以表示语法停顿的时间，一般是：

句号、问号、感叹号＞分号、冒号＞逗号＞顿号

段落以至章节的停顿，比句号等标点之后的停顿还要长一些。但是，语法停顿不能完全受标点的制约。如果句子比较长，没有标点的地方，有时也需要停顿。

（三）逻辑停顿

逻辑停顿是指强调某一事物或突出某种特殊感情所作的停顿，也叫感情停顿。是说话人根据要强调的作停顿，满足表达意义和感情的需要。这种停顿往往能渲染气氛，收到此时无声胜有声的效果。

例如，交通安全宣传，说起来应该这样停顿（当然还用重音配合）。

每天的太阳｜是您的，晚霞｜是您的，健康｜是您的，安全｜也｜是｜您的。

再看这例：

最贵的一张｜值一千元。

表示最贵的只有一张，其他的皆不足一千元。

另外，在诗歌中，停顿表现为节拍，此处不赘述。

■ 实训任务

● 能力目标：

口语语音标准，口齿清晰流畅。

能用重音、停顿、语气等语音技巧准确传达信息，完成有效沟通。

● 知识要求：

停顿、重音、语气、语调等口才基础知识。

● 任务描述：

向小杨请教：秘书口才中停顿、重音、语气、语调的技巧。相同的一句话，变换停

顿、重音的位置，变换不同的语气、语调，使之表意与表情色彩多样化。根据秘书口头交际的情境，运用语音艺术，塑造职场“百灵鸟”的声音形象。

● **操作说明：**

1. 分组，每组不超过 8 人。
2. 规定操作频度与强度，每人必须不少于一次组内发言，不少于 10 分钟。
3. 评测。

● **训练步骤：**

1. 教师示范→学生操练→现场评测→反馈、指导。
2. 分组操练→组内互测互评。
3. 教师抽检某组，给出本次实训课堂成绩。

● **训练内容：**

1. 单项训练

（1）按照符号所示，读出句中停顿。

1）时间｜就是生命，时间｜就是速度，时间｜就是力量。

2）谁｜是我们最可爱的人呢？我们的部队，我们的战士，我感到｜他们｜是最可爱的人。

（2）掌握语法重音的规律，读出句子中的重音。

1）工商局给你们发了文件。

2）新来的王秘书把事情办糟了。

3）又堵车了，张师傅只好从小路送书记去政府大院。

4）今天的谈判非常成功。

5）签了一笔大单，咱们室今晚聚聚吧。

（3）移动重音在句子中的位置，表达出不同的潜在语意。

张市长的秘书明天去北京。

1）“张市长”的秘书，不是别人的。

2）张市长的“秘书”，不是其他人。

3）“明天”去，不是其他时间。

4）去“北京”，不是别的城市。

5）“去”北京，不是不去。

（4）练习语调高低。

1）高升调：根据句尾的符号读出升调表达的语气。

● 雪山草地都走过来，这点困难算什么？（反问）↗

● 为 2022 年冬奥会，联合行动！（号召）↗

● 这件事，是他办的？（惊异）↗

2）降抑调：根据句尾的符号读出降调表达的语气。

● 老总，您给我签个字吧！（请求）↘

● 我们一定要拿到这个项目。（肯定）↘

● 睿山大厦多雄伟啊！（感叹）↘

3）平直调：根据句尾的符号读出平调表达的语气。

- 不多说了，随你处理吧。（冷淡）→
- 他家后院有一个园子，相传叫憩园。（叙述）→
- 烈士们的英名和业绩将永垂不朽！（严肃、庄重）→

4）曲折调：不像其他句调表现在句末，而是根据需要出现在句子的不同位置。请结合上下文的语义，读出曲折调表达的语气。

- 哎呀呀，你有这么大的能耐，还能出这等差错！
- 小张的报告起草得可好啊，尽漂亮的口号！
- 看着别人好，和他过去呀！有钱有房有车哟！

（5）根据括号内的提示，用恰当的语调说出话语的不同含义。

1）你到这里来过？

——表示高兴（这太好了！）

——表示惊讶（真没想到。）

——表示怀疑（这可能吗？）

——表示责怪（你不应该来这里呀！）

——表示愤怒（真太不像话了！）

——表示惋惜（唉！无可挽回的过失。）

——表示轻蔑（这地方你也来，你太差劲了！）

2）你这个人！

——表示奇怪（你怎么忽然变卦了？）

——表示气愤（你竟然干这种事？）

——表示埋怨（你怎么姗姗来迟！）

——表示惋惜（多下点功夫就好了！）

——表示感激（你为我们想得真周到！）

——表示嗔怪（你真会缠人啊！）

2. 综合训练

（1）用符号标出合乎语意的语调，按照符号读下面的句子。

示例：我希望这一生不要再见你。用平调→表示冷漠。

1）你有什么话，嘱咐嘱咐我吧。

2）摆什么惊诧的臭脸孔呢？

3）这条法国邮船白拉日隆子爵号正向中国开来。

4）造反了！造反了！

5）你不怕丢脸？

6）这是何等地有责任心呀！

7）这个卖牡蛎的怎么这样像于勒？

8）不要来问我！

9）求你老人家可怜可怜吧！

10）你的心眼太好了！

(2) 角色扮演。

一人扮演王局长，一人扮演李秘书，一人扮演李的同事陈奇。

1) 王局长要求李到陈那里做一个调查，统计陈的部门一个季度的工作量。

2) 李与陈工作交谈。

3) 李回来，向局长做汇报。

提示：先写出三人对话的脚本，然后标出不同身份的角色，不同谈论内容在语调、重音等语音上的变化，最后进行模拟情景表演。

任务三　词语锤炼

知识目标

1. 掌握同义词语。
2. 熟知褒义词、礼貌词语。
3. 利用词语技巧有效沟通。

任务描述

公司晚上宴请新客户。郑勤书的职业是秘书，因几位企业老板与他初次见面，各人都自报家门，做自我介绍。郑秘书的口才非常好，各人的姓名经他那么一阐释，听得对方个个喜笑颜开。其中的奥妙是什么呢?

任务分析

首先企业老板是客户。其次人都喜欢听好听的话。郑秘书势必要把他们的姓名用字往美好的寓意里中发，褒扬对方。这样，与老板们建立良好的人际关系，为进一步沟通奠定基础。

成果示例

A. 广厦房地产公司的老总，笑着自我介绍："薛有方，有方法的那个有方。"

B. 郑秘书："这名字好，不愧为房地产公司的老板！您这名字和'有房'谐音，公司的名字也好，广厦，'安得广厦千万间'，看来上天都注定了您要在房地产上面发财啊。"

C. "我命不好，排行老六，别人一听就像猴子似的！偏偏我自己长得又不争气，非得长成这个猴样。陈小侯，你看，名字也是猴子。"陈小侯怪笑着说。

D. 郑秘书（接过名片）："您是侯爵的侯，不是美猴王的猴。"

E. 郑秘书："我叫郑勤书。父母真是有先见之明啊，早就知道我会当秘书，让我勤快地书写呢。"

成果评析

郑秘书的语言功底很好，在词语锤炼上的素养非常值得赞扬，值得学习。

首先，他巧妙地利用谐音，把意义毫不相干的词语联系起来，构成了临时同义词语，如“有方”=“有房”。

其次，他尽量用含褒义的词语来解释客户的姓名，溢美之词既让对方心情愉快，又毫无阿谀奉承之弊，如陈小侯的名字与猴子的“猴”、侯爵的“侯”都谐音，但郑选了后一个。

最后，联系具体的实际情况。如结合职业做自我介绍，又如赞美薛有方的名字联系他的房地产企业，给人留下深刻印象。

必备知识

汉语里有丰富的同义词、同义短语，例如形容女子长得好看，可以有一组意义相同或相近的词语来表达：美丽、漂亮、俊俏、靓等。但同义词语“浑言则同，析言则别”，存在细微的差别，或用于不同的语体，或感情色彩有异。

词语锤炼便是在同义词语中选择能够获得最好的表达效果的一个词语。在一组同义词语中，被选中的这一个是最恰当的，不仅用得规范、准确，而且表达效果最佳。

秘书的职责——上传下达，其用语首先是规范，准确。对上司也好，对企业客户也好，会议场景下也好，彬彬有礼的谈吐、端庄典雅的用语、含蓄委婉的应对与拒绝、机智灵巧的语意转换，都是秘书职业口才的修炼内容。

一、词语锤炼要素

（一）意义准确

秘书起着沟通作用，如向上汇报工作、向下传达上级精神、布置工作、发布通知、接待客户，信息准确是第一要义，这就要求秘书所选用的词语必须规范、准确，不能含糊其词、晦涩难懂。

1. 客观信息用词准确

多用数词，少用表义模糊的词。通知会议的时间地点参会人名等必须精确无误，否则酿成大错。

2. 以听者的接收效果衡量用词“准确”度

看例句，“没事”和“有空”是一个意思，用哪个词局长才不反感？

（1）局长，您现在没事吧，麻烦您审阅一下这份文件。

（2）局长，您现在有空吗？麻烦您审阅一下这份文件。

3. 调用临时同义词语，增添委婉含蓄的效果

这件事我已经向领导作了汇报，领导在研究，适当的时候会把结果告诉您。

研究=事情还没结果；

适当的时候=现在还不能说。

（二）词语色彩恰当

词除了有客观的理性意义，还有附加的色彩意义，主要有语体色彩、感情色彩、形象色彩等。

1. 语体色彩

语体色彩的差异使词语分为两类：一类用于口语语体；一类用于书面语体。秘书口语

虽然用于口语语境，但是工作场景是正式的，即使是宴请，于秘书及其服务对象而言，仍属于公务场合，一些口语词汇因其不雅不适合用在秘书口语中。因此必须摒弃俚俗词语，包括俗语中的糟粕；方言词通常为口语词，因地域色彩浓郁影响受众理解，也不应使用。

书面语词带有庄重严肃的风格，如凝聚、珍重、诚挚、神往等，往往在正式场合中使用，譬如口头交际中的外交谈判，秘书口语亦然；成语的书卷气息浓厚，能衬托人的素养不凡，恰当使用能体现秘书口语素质，如高山景行、翘首企足等。

2. 感情色彩

秘书的角色决定了他对别人的赞誉多于批评，因此要准确把握感情色彩选用词语，尽量将褒扬色彩的词语用于交际对象特别是上司、来访者、商业客户，如“大驾光临，令小公司蓬荜生辉啊！”

对同事和下属亦然，即使话语内容不值得用褒义词，也可以选用中性词，不随便使用贬义词。秘书要同事帮她忙。先说“哎，买新衣服啦！好漂亮……”再说正事：“能帮我准备一下会议室么，下午总经理开会要用?”用褒义词对听话人适当赞赏，使之更乐于接受秘书的话语内容。

词的色彩在语境中会发生转移，例如“别尽说漂亮话”，“漂亮”的褒义变为贬义，使用时需留心。另外，巧妙调遣词语的色彩则可以增添婉转的语气。例如下面的例子，(1) 句用“点儿”淡化了对中性词“咸”的否定。(2) 把对新秘书的批评变得语气委婉。

(1) 菜咸了点儿，招待不周，请王总见谅，不过“咸中有味儿淡中鲜”嘛。

(2) 新秘书总的来说还不错，就是动作慢点儿。

3. 形象色彩

色彩词语指描绘事物形态、动态、颜色、声音、触觉等的词语，例如，瘦西湖、玉带巷、牵牛花、雪豹、墨菊、乒乓球、暖和和、酸溜溜、明眸皓齿……秘书工作并非每时每刻都平淡无奇，色彩词语在活跃气氛、营造欢快和谐氛围时就派上用场了。

(1) 楼下陆秘书整天乐呵呵的，大家都愿意到他那里办事。

(2) 今天谈判顺利，彭经理，尝尝这道狮子头，扬州名菜啊不油不腻，愿咱们的工程圆圆满满！

(3) 接待室的小李唇红齿白，清丽俊俏。我们就愿意接她的电话——声音脆脆的、甜甜的。

二、掌握常用的职场词语

(一) 礼貌词语

1. 基本礼貌用语十字

您好、请、谢谢、对不起、再见。

2. 常用的礼貌词语

称呼语：先生，某某先生；夫人、某某夫人；女士、某某女士；某某太太、某某小姐。

问候语：您好、早上好、下午好、晚上好、好久不见！恭喜！祝您节日愉快！祝您圣诞快乐！祝您新年快乐！生日快乐！

告别语：再见、明天见、您慢走、欢迎您常来我们公司。

道歉语：请原谅、对不起、请不要介意、是我的错、对不起。

感谢语（致谢语）：谢谢、非常感谢，多亏您帮忙。

应答语：我明白了、是的、没关系、不必客气。

征询语：还有别的事情吗？有什么可以帮助您吗？您喜欢……吗？您需要……吗？

（二）端庄严肃词语

公务场合的秘书口语用书面语、成语、古语词体现正式、严肃、端庄、典雅风格。

例如，凝视、瞩目、瞻仰……具有“看”所无的典雅风格。宴请时，用“用餐”比用“吃”文雅。秘书对客户说“下榻”比“住”更适合。

成语带有书面语体色彩。如果夸奖客户的聪明与才干，以下成语就比较实用：博学多才、博学多闻、饱学之士、才学兼优、鸿儒硕学、笃学不倦、家学渊源、品学兼优、真才实学……

秘书应当勤学多记，多储存丰富的词语，特别是成语，随时从大脑中提取、使用。如果自己掌握的词汇不丰富，就会词穷语竭，“语”到用时方恨少。

（三）含蓄、委婉语

有些现象、事物，不能直说，但又不能避而不说，这时换一个词语，含蓄委婉地把意思表达出来。

例如，对方的“矮”“胖”“老”，尽管是事实，从礼貌得体的角度，是不能提及的，如果话题必须说到这些，就应该换用同义词语，“不高”“富态”“德高望重”等，消除原有词语的不良刺激，使双方对话在友善的气氛中进行。

表示生理现象的词语不雅，表示生命逝去的词语伤害死者亲人的感情，但在一些特定的情况下必须使用时，秘书应懂得怎样把它们转换为含蓄、委婉的说法。

下面这几个句子直接叙述事实，但听的人心里肯定不舒服。想一想，换个什么说法，消除加横线的词语的不良效果？

（1）经理，您今天出了车祸？

（2）小王，李小姐着急上厕所，你带她去吧。

（3）这么难吃的东西，她还当特产送我们哪！

（4）老板的舅舅咽气了，你快帮他订一张去重庆的机票，今天下午的。

可参考这些词语：

被车碰了一下、发生了碰擦……

方便、洗手、补妆等。

不好吃、口感不太好……

老了、走了、去世了等。

本单元任务五里的婉曲辞格，与这里的用法有异曲同工之妙，可联系起来学习。

小资料

初次见面说“久仰”，好久不见说“久违”。

等候客人用“恭候”，客人来到称“光临”。

未及欢迎说“失迎”，起身作别称“告辞”。
看望别人称“拜访”，请人别送用“留步”。
出门送客说“慢走”，与客道别说“再来”。
请人休息称“节劳”，对方不适说“欠安”。
陪伴朋友用“奉陪”，中途告辞用“失陪”。
求人解答用“请教”，盼人指点用“赐教”。
欢迎购买用“惠顾”，请人受礼说“笑纳”。
请人帮助说“劳驾”，求人方便说“借光”。
托人办事用“拜托”，麻烦别人说“打扰”。
向人祝贺说“恭喜”，赞人见解称“高见”。
对方来信称“惠书”，赠人书画题“惠存”。
尊称老师为“恩师”，称人学生为“高足”。
老人年龄说“高寿”，女士年龄称“芳龄”。
平辈年龄问“贵庚”，打听姓名用“贵姓”。
称人夫妇为“伉俪”，称人女儿为“千金”。

实训任务

• 能力目标：

能掌握数量众多的同义词语。

熟知成语、古语词等体现正式、严肃、端庄、典雅风格的词语。

熟知礼貌词语。

会使用委婉、避讳的词语。

• 知识要求：

汉语词的理性意义与附加意义。

同义形式的表达效果。

• 任务描述：

某次秦秘书陪客户用餐，令人尴尬的是一只苍蝇飞了过来，客人面有不悦之色。晓梅赶紧把服务员叫来：“哎，你们这个档次的酒店，怎么还有苍蝇啊?! 快处理一下!”服务员听了这话也不愉快：“哪有苍蝇? 我没瞧见啊……”正说着，苍蝇又飞了过来。秦秘书插了句话，说得服务员“扑哧”笑了：“对不起，我马上处理！不好意思啊，不知它是怎么溜进来的。真对不起!”秦秘书刚才说的是：“哎，你们这儿咋还有飞行小姐呢?”他用了一个临时同义词语代替“苍蝇”。请向秦秘书学习，积累丰富的词汇，提高口才水平。

• 操作说明：

1. 分组，每组不超过 3 人。
2. 规定操作频度与强度，每人必须不少于一次组内发言，不少于 5 分钟。
3. 班内展示：词语比赛。

4. 比赛时其他组观摩，同时做记录，课下整理成词语手册。

5. 评测。

● **训练步骤：**

1. 教师布置训练内容。

2. 分组操练→组内互测互评。

3. 组与组进行淘汰竞赛，决出小组名次和优秀组员/秘书。

● **训练内容：**

1. 单项练习

（1）礼貌词语。

1）尽可能多地说出礼貌的称谓语：×先生、×教授、×董事长……

2）尽可能多地说出礼貌的问候语：您好、见到您很高兴、久仰、幸会……

3）尽可能多地说出致谢语：谢谢、感谢帮助、让您费心了、多亏您鼎力相助……

4）说出各种致歉话语：对不起、实在不好意思、给您添麻烦了、请谅解、请包涵……

5）用“请”“能”等词语：请您把关、请斧正、可以指导一下么、请审阅……

6）尽可能多地说出自谦语：才疏学浅、学养不足、望尘莫及、人微言轻……

（2）端庄严肃词语。

1）将口语词换成书面语词：小孩儿→儿童、好看→漂亮/美丽、快→迅速、来→莅临……

2）尽可能多地说出古语词：铭记、教诲、瞻仰、拜访、矍铄、巾帼、绸缪、斡旋、追随……

3）尽可能多地说出成语：高瞻远瞩、物换星移、顾全大局、焕然一新、礼尚往来、开诚布公……

（3）含蓄、委婉语。

1）尽可能多地说出避讳词语：关门→打烊、死亡→牺牲等、猪舌→口条……

2）尽可能多地说出委婉词语：胖→富态、丰腴、丰满；瘦→苗条、骨感；老态龙钟→高寿、古稀之年……

3）尽可能多地说出含蓄的表达：不同意、没结果→再研究、拒绝邀请→要考虑考虑、不签字→待批复……

（4）语意转换。

资深（老）、智慧经营（投机发财）、发展中（落后）、负增长（下降）、啰唆（健谈）……

2. 综合训练

（1）张秘书和黄助理在同一个办公室。罗总经理把对张的意见全倾吐给黄：刚愎自用、自恃才高、不冷静，但也有很多优点。黄和张谈了一次话。张后来工作出色得到罗的提拔。黄怎么转述罗的话的？

（2）在正式签约前，姚秘书不断地应付一个又一个来电，既不能泄露商务机密，又不能得罪客户们。帮他想想怎么说话？

（3）宣传干事宣读文件：严禁公务酗（xiòng）酒。唐秘书怎样既给他留面子又告诉他读错了字（酗应读作 xù）？

（4）叙述你所遇到的类似（3）的事例。

任务四　句式选择

知识目标

1. 熟悉汉语丰富多样的句式。

2. 了解各种句式的表达效果。

3. 选用恰当的句式有效沟通。

任务描述

销售部的小夏是刚来的，她说："李秘书，我有个问题想请教您。"李秘书正忙得不可开交。

这儿有三个句子，请你帮李秘书选一个，应答小夏。

A. 没看我正忙着吗？

B. 忙着呢，待会儿再说！

C. 小夏，过半小时再来找我，你看行吗？

任务分析

小夏来请教的时候，李秘书正忙，没空回答她的问题。虽然小夏是新人，但是同事之间应和谐相处。李秘书应该用婉转的方式拒绝小夏此刻的要求，说话的语气不能太直太硬。

成果示例

小夏："李秘书，我有个问题想请教您。"

李秘书："小夏，过半小时再来找我，你看行吗？"

小夏："嗯，好的。我等会儿再来找您吧。"

小夏回到自己办公室，心里还想着李秘书忙碌的身影。她又跑到李秘书那儿。

小夏："李秘书！呃，我不是来提问的。嗯，我是想看看能帮您干些什么……"

成果评析

1. 三个句子句式各异，但意思相同：李秘书正忙工作，没时间解答小夏的问题。

2. 三个句子表达效果不一样。

3. 李秘书如果用 A、B 两句，则显得态度生硬：

A 用反问句式，含有训斥口吻，言外之意，"真没眼色，明明我忙得不得了还来找事儿！"

B 用含有命令口吻的祈使句，言外之意，"我没空，走开！"

而C用疑问句式，将拒绝转化为商量的语气，让小夏听了，既明白李秘书的意思，又乐意过一会儿再跑一趟来请教。

4. 与人保持良好的关系也是沟通中的一个重要目的。虽然小夏是新同事，李秘书用语气客气的句式委婉拒绝，建立和谐的人际关系，客观上为未来工作的合作奠定了基础。

必备知识

一、句式

此处的“句式”等于修辞范畴所谓的句式，其范围大于语法范畴所说的句式，它可以指汉语中所有的句子：意义上相同或相近的、在表达效果上具有细微差别的、多种不同句式（同义句式）。

汉语有种类繁多、丰富多彩的同义句式，句式选择便是从中选取表达效果最佳的句子。以语气不同，可在陈述句、祈使句、疑问句、感叹句中作选择；以语体不同，可在书面语句式和口语句式中作选择；以语序不同，可于常式句与倒装句中作选择；以结构繁简不同，可于长句与短句中作选择；以形式不同，可在整句与散句中作选择；等等。

秘书口语常用口语句式、短句句式，便于口头上有效传递信息，其工作环境决定秘书应选择能够表达婉转礼貌的语气，因此常常使用含有请求、商榷口吻的祈使句；否定句的语意弱于肯定句；双重否定句和疑问句中都是委婉语气的表达方式，秘书言语中应善加运用。

二、简洁明快的短句

在本单元任务一中，我们了解到声波瞬间即逝，人耳接受声音的时间不能持久。因此，要保障信息传播的畅达与有效，在句式上应首选短句，短句是口语语体中常用的句式，词语少，结构简单，其修辞效果是简洁灵活、明快有力。

秘书口语要力避长句，长句词语多，结构复杂，冗长的句子听起来困难，容易造成信息丢失。且长句有一连串复杂的成分或多层关系交织在一起，易出现有违语言规范之处。换句话说，长句子让说的人费劲，听的人吃力，秘书应将文件中的书面语句式化为短句。

本着可开可不开的会议不开，可缓开的会议缓开，必须开的会议做好准备，缩短会议时间，能下去开的会议就下去开的精神……

“本着……精神”，中心语“精神”带了四个短语并列起来的长长的定语。原文为了表达的周密，滴水不漏地将所有会议情况全部列举出。但是为口头传达带来了困难（一口气没法说完），需将一个长句变为数个短句，减轻口述的负担：

本着精简的精神，可开可不开的会不开，可缓开的会缓开，必须开的会做好准备，缩短会议时间，能下去开的会就下去开……

另外也常用简洁、活泼、自然的口语句式，它和短句有所交叉，口语句式多用短句，结构比较简单，不用或少用关联词语，不用文言句式。例如：

倘若人人有闲暇，请参加本社春日冶游。

口头通知时改为：

要是各位周末有空，敬请参加社里的春游活动啊。

把“倘若”改为“要是”，把“闲暇”改为“有空”，把“春日冶游”变为“春游活动”，后一句更容易听懂。

口语交际中，秘书要学会选用自己“上口”、听者“入耳”的口语句式、短句句式，为沟通创造便利。

三、婉转礼貌的语气

（一）含商量口吻的祈使句

根据语气，句子分陈述句、祈使句、感叹句、疑问句四类。

祈使句分两种：表示命令、禁止的祈使句一般带有强制性，口气强硬、坚决。另一种表示请求、劝阻的祈使句，这类祈使句语气和缓，和秘书的职业身份吻合，可以用来表达请求、敦促、商请、建议和劝阻。而前一种语气的祈使句，作为秘书，口气未免强硬，有失礼貌，除非必需，应尽量少用。例如：

老板，凭什么不让我参加？

经理，怎么还不批复？文件我早就给你了！

这种含有质问口气的句子，当作为秘书禁忌语而放弃使用。

表示请求的祈使句，多以肯定形式出现，会用语气词“吧”或“啊”。表示劝阻的祈使句，多以否定形式出现，会用语气词“啊”或“了”。用语气词“吧”带有商量的口气，用“啊”则略带敦促的意味。

（1）说啊。

（2）说吧。

第一句带催促的意思，等于含有“说啊，怎么不说呢”的意思。

第二句有商请的意味，等于含有“说吧，我听你说”的意思。

请求或敦促别人做事，总是有商量的余地，比较客气，因此宜于使用重叠形式的动词，有时配以敬辞“请”，常用主语。

（1）您说说。/您坐坐，我就来。/您先请。

（2）张秘书长，别客气，咱们自己人嘛。

（3）不用了吧。

（4）王先生，您别着急啊（我马上办好）。

（二）含独立语的句式

独立语在语法结构上是句子的间接成分。独立语是表示对情况的推测与估计的插入语，其语气委婉，对所说事实留有商量、重新考虑的余地，在请示性和建议性汇报常用。例如：

（1）王主任，<u>你看</u>，这么办行不行？

（2）下周的商洽会我是这样安排的，<u>您看</u>，合适不合适？

或者是，为了引起听话人的注意，使之能同意所说的内容。

（3）王总，<u>您瞧</u>，小金的计划挺周密的哦。

客观叙述的事件也可以用插入语突出句中的某一点内容。

（4）周董，王鹏一向，你晓得的，做事规矩，利索，让人放心着呢。

但是，要注意，在告知性的汇报中不能随意用这种句式。告知性汇报要进行客观表述，说清楚信息的细节（人、事、物等），摆明发展线索、利害关系，不用“据说”“估计”“可能”之类不确定的词语，以免上司误以为你汇报不实。

四、弱化语意的疑问句、否定句

（一）否定句

同一个意思可以用肯定句也可以用否定句表示，但二者语意的轻重、强弱有别，否定的说法语意弱些。比较：

（1）今天天气糟糕。

（2）今天天气不好/不太好。

前一句的语意比后一句重。

如果批评新来的小王，哪一句的修辞效果好？

（1）小王，字打得这么慢，难怪文件还没印出来。

（2）小王，字打得不快啊，文件还没印出来送到主任那儿呢，多练练手哦。

第二句批评意味婉转，更易被小王接受。

通常，人们都知道双重否定表示强烈的肯定，但有的双重否定句可用来表示一种委婉的语气，秘书要留心学习。

（1）张总，我们这次谈判能成功，不能不感谢您的鼎力相助啊！

（2）李部长，今晚有个重要会议，您不会不来吧。

（3）这恐怕不会不是事实吧（比较：铁证如山，这就是事实！）。

直接用肯定句，如“李部长，今晚的会议您一定要来”，就失去了委婉、迂回曲折的语气了。这种双重否定句的特征是用“不＋能愿动词＋不＋动词”格式，句末可带语气词：

不能不＋动词……（＋语气词）。

不会不＋动词……（＋语气词）。

不敢不＋动词……（＋语气词）。

（二）疑问句

语法范畴里的疑问句有多种类别，特指问、是非问、选择问、正反问等。修辞范畴里的问句都属于无疑而问，目的是增强表达效果。从语气强弱的角度考虑，一些疑问句的语气比陈述句弱，可以用来表达婉转、客气的意味。

（1）下属：张秘书，你希望我去吗？

张秘书：我有必要回答吗？

张秘书对下属的回答用反问句，语气过于强烈，非常不友好。

（2）下雨了，明天再走。

下雨了，明天再走不好吗？

用后一句的疑问句式，就有了商量的口吻，加浓了劝导的意味，使听者易于接受建议。

（3）怎么不敲门就进来了。

进来前，是不是先敲门？

用后一句的疑问句式，口气婉转，听的人更愿意接受淡化了的批评。

（4）我先发言/我必须先说/我就不能先说吗？

我先说两句，好吗？

疑问句式“好吗？”给出的是征询的意味，客气而礼貌，没有咄咄逼人的蛮横，更易获得先发言的机会。

实训任务

● **能力目标：**

婉转礼貌语气的祈使句、疑问句。

● **知识要求：**

疑问句和否定句的语气弱化作用。

● **任务描述：**

小王接到公司人力资源部的通知，前来参加面试。主考官首先请他做自我陈述，然后其他几位评委又问了一串问题。小王结束面试，走出办公室。考官们七嘴八舌议论：这个小伙子真有意思，对自己的情况怎么都不能确定？自我陈述只会用疑问句。“就是，就是。”鹏主任也说，“他这么介绍自己：我是来应聘文书岗位的，是吧？我的专业是文秘与办公自动化，对不对？哎，我不懂，他是口头禅呢，还是只会用这一种说法？我看他得回去找他的老师补课才行！”汉语有丰富的句式，根据不同的语境和话语内容，选用合适的句式，请将各种句式与它们的适用情况对应起来。

● **操作说明：**

本次训练不分组。

可将本任务与任务五的实训合在一起实施。

● **训练步骤：**

1. 教师布置训练内容。

2. 班级展示书面作业材料。

● **训练内容：**

1. 单项训练

（1）将下列长句化为短句，分别说一遍各句，体会短句易说的好处。

1）事实证明，干部下基层是实行从群众中来又到群众中去，把领导的经验和群众的智慧结合起来，调动群众的积极性和创造性，使干部增长知识才干，因而使领导工作严格地做到实事求是和从实际出发的最好的办法和制度。

2）《江苏省中长期人才发展规划纲要（2010—2020 年）》是贯彻落实科学发展观、更好实施人才强省战略举措的，在激烈的国际国内竞争中赢得主动的战略选择的，在今后一个时期我省人才工作的指导性文件。

3）在前线暂时平静的日子里，就有一批胡须刮得很干净的、非常干练的、细心的、总是什么都知道的少校军需官在城里安居了下来。

（2）将下列句子改为表示请求、劝阻的祈使句，体会其和缓的语气。

1）你们应该把问题汇报上去。

2）他的事你到底还管不管了？

3）你先走！

4）有啥好客气的！

（3）将下列句子改为疑问句，使其表达婉转、和缓的语气。

1）你想想，这难道不是事实吗？

2）快，往屋里搬东西！

3）催他！（又是他最后一个，拖了后腿）

4）没长眼睛啊，老市长正忙哪！

（4）将肯定句改为否定句，体会否定句的语意比肯定句轻。

1）长这么丑（还出来混）！

2）太幼稚了。

3）这间会议室真冷，另找一间开会。

4）个子矮了，面试准吃亏。

2. 综合训练

（1）王经理的新秘书常写错字，打字也往往同音出错，经常挨上司的训斥。这天，小秘书来找秘书主任诉苦。如果你是秘书主任，怎样批评并劝导小秘书？

（2）新领导其貌不扬，下属们背后窃窃私语。跟新领导一起来的吴秘书知道后，几句话描绘了领导的长相（提示：用否定句），大家一听觉得有道理，以后就再也不议论了。

（3）设置不同的情景，根据对话者的身份和话语内容变换句式。然后总结，用表格列出秘书所用句式的分布。

示例：

局长对王秘书说："十点钟到我办公室来！"——祈使句，命令口吻。

王秘书说："姚局，十点钟我去你办公室，可以吗？"——疑问句，征询口吻。

王秘书说："姚局，十点钟司机来接您，请您在楼下大门口等车。"——祈使句，请求口吻。

王秘书说："姚局，海南会议通知来了，定在今年 10 月 26 日。"——客观陈述，汇报清晰，明白。

任务五　善用修辞格

■知识目标

1. 熟知秘书口才常用的修辞格。
2. 掌握运用各种修辞格的方法。

■任务描述

B董事长携夫人，与相识多年的韩国老朋友 A 先生商务会面。会晤结束后举办晚宴，席间有位朋友请秘书对B董事长夫人作一下介绍。A先生素有“中国通”之称，他在秘书介绍之后，赞美了B董事长夫人身上的优点，除了用褒义词语，还用了修辞格。请想一想，A先生用修辞格有何表达效果？他的口才水平怎样？

■任务分析

一句话表达的意义，既可以用修辞格，也可以不用修辞格，两个句子也属于同义形式。不使用修辞格的，表义清晰、明白。用修辞格的，使话语离开平铺直叙，进入生动形象的境界。在语言中运用修辞格赞美他人，就增强了表达效果。

■成果示例

B董事长携夫人，与相识多年的韩国老朋友A先生商务会面。会晤结束后举办晚宴，席间有位朋友请秘书对B董事长夫人作一下介绍。

A先生素有“中国通”之称，他接着秘书的介绍说：“漂亮的不一定聪明，聪明的不一定忠诚，忠诚的不一定有才华，有才华的不一定实干，实干的不一定有理论，有理论的又不一定漂亮。而这一切长处都集中在我老朋友的夫人身上。”

■成果评析

这段话除了用一连串的褒义词（本单元里学过），还运用了修辞格。赞美他人的优点，兼用了顶真和回环两种修辞格。每一句的末尾词语成为下一句的开头，最后一个词又与起首的词语重合。

[漂亮]→聪明	[A]→B
聪明→忠诚	B→C
忠诚→有才华	C→D
有才华→实干	D→E
实干→有理论	E→F
有理论→[漂亮]	F→[A]

这种对语言的调遣，构成由此及彼，再由彼及其余，又循环往复，回到起始的交叉对称，极富修辞魅力。

■必备知识

同一个意思既可以拿使用修辞格的句子表达，也可以拿不用修辞格的句子表达，所不同的是，用了修辞格，可以使话语离开平铺直叙，进入生动形象的境界。秘书要善于调用各种修辞格，为沟通口才增色。限于篇幅，此处只介绍较为实用的一部分。

一、反复与顶真

这两种修辞格于口头传达信息很有利，反复能够突出意义，顶真便于记忆口头信息。

（一）反复

同一个意思，有意地一而再、再而三地出现，它是根据表达需要所采取的一种积极的修辞手段，强调突出话语意义，它与重复啰唆有着本质的区别。

书面通知：

兹定于9月8日晚18时于阳城酒店宴请冯市长，恭请准时出席。

秦秘书的口头通知：

秦秘书拨了电话，把通知转达给黄处长的秘书："你好！小张吗，我是小秦。咱们公司有个宴会请张市长吃饭，麻烦你提醒一下黄处长：9月8号晚上6点阳城酒店，记住啊8号，晚上6点，阳城，准时哦，张市长要来的。好，再见！"

秦秘书用反复辞格，将通知中的关键信息，做了强调，意在给听者加深印象。反复和重复不同。重复是一种语病，使人感到内容贫乏，语言啰唆累赘。反复是积极的表达手段，起突出表达中心意思、强调感情的作用。

（二）顶真

用上一句结尾的词语作下一句的起头，前后句子首尾蝉联，上递下接，又叫联珠。

咱们做的事越多，老百姓就来得越多；老百姓来得越多，人们的力量就越大。

因为下一句起头的词语就是上一句的结尾，记忆句子内容的负担就减轻了，口头文学中常常利用这个修辞格，借助这一便于记忆的修辞格传唱英雄史诗、民谣、儿歌等。秘书口语也可以利用它的优点，将之用于口头传递信息。

看下面的例子：

韫佳跟着主任，在公司外面与客户洽谈，要叫张会计到值班员那里取一份资料，中午主任和客户吃饭时，张会计带资料过来作陪。

韫佳给张会计电话："张会计，你好！麻烦你去二楼值班室取一下材料。二楼值班室，靠窗的文件柜，柜子第二层抽屉，抽屉右手有个文件袋，袋上写着'5月资料×××'。拿到以后，中午……到……来。好，再见！"

假设张会计对中午吃饭的地方不熟悉，韫佳再怎样用反复辞格叮嘱她中午会合的时间、地点？又怎样运用顶真辞格，告诉她酒店的位置？

顶真与回环辞格不同。顶真只着重于下句之首与上句之尾的衔接，可以由此及彼，顺流而下，由彼及其余，其轨迹是直线形。回环辞格着重于两个事物之间的辩证关系，如"疑人不用，用人不疑"，由此及彼，再由彼回到此，其轨迹是圆周形。两种修辞格可以综合使用，如本节"成果示例"。

二、引用、婉曲

（一）引用

引用是指在讲话中援引现成的语言材料来表达自己的思想，有明引和暗引之别。明引指明出处，"古语说：'文如其人'，这是说什么样的人，就写什么样的文章。"暗引则不指明引用的来历，"挽断'白发三千丈'，愁杀黄河万年灾"。

引用他人特别是有权威性质的话语，可以增强自己语言的说服力和感染力，所以秘书在劝导、提建议时常用这种修辞格。另外古语名句的引用还能体现秘书较高的修养。

(1)“三人行必有我师焉”，潘秘书长，把您的经验拿出来，教我们几个新手几招吧。

(2) 每天养成好习惯，“吾日三省吾身”，秘书工作天天总结、反省，才能每天不断进步。

(3) 从火车上遥望泰山，几十年来有好多次了，每当想起“孔子登东山而小鲁，登泰山而小天下”那句话来，就觉得过而不登，像是欠下悠久的文化传统一笔债似的。

(4)“养兵千日，用兵一时”，紧急关头，张部长，让我跟您去玉树吧。

援引先哲前贤的话作依据，可使说理透彻，表现生动，引用反面观点并有的放矢地批驳，可强化针对性和辩驳力。

运用引用时应注意两点：一要深刻领会所引的语言材料，不能断章取义，随意删节，搞实用主义。二是引用的目的是用来增强自己语言的说服力和感染力，因此引用要准、要精，不能喧宾夺主。

(二) 婉曲

语言中有现成的话语，但是直接说出来太直白，故意换一种含蓄委婉的说法，婉曲的修辞效果是平和、动听，使人乐于接受，有时曲折婉转，容易感染对方。例如把“婚姻恋爱”换为“个人问题”，把“逝世”换为“写下生命的休止符”等。

冯市长的秘书黄一平提前到酒店确定了菜单和烟酒，在单子上签了名；要了杯茶，打算趁吃饭之前歇息一下。这时有咚咚的敲门声，酒店前台经理进来：“黄秘书，酒店新进了一批上好龙井，是专供中南海的特级品，一斤茶才两千五百元。丁市长的秘书小吉在这里招待客人，带走了两斤。要不要给你弄点?”黄一平指着杯子里的茶，自我调侃说：“就这种十块钱一杯的茶，我也只敢偶尔尝个鲜哩。”经理看看话不投机，讪讪地退了出去。

(资料来源：丁邦文. 中国式秘书. 天津：天津人民出版社，2010.)

黄一平的话直接说便是：“2 500 元一斤太贵！我买不起，不买!”但他有话不直说，用婉曲辞格，拒绝了经理的无理要求。

有些不雅或刺激过强的词语，往往用婉曲辞格，换其他的同义形式表达，强调含蓄、得体。例如接待、会客时，引导外来者洗手；对方身体有缺陷；或对方家人遭遇不幸，都需要使用这种修辞格。

婉曲重在意思含蓄委婉，但其真正含义一定要让人理解，不能过于晦涩而产生歧义，使人误解。看下面的例子，是否能一读便知其意呢?

(1) 这两位朋友是在十年前的这个季节长眠于南部边地的。十年前南部边地曾经有过战事，两位朋友是在战事中间离开我的。

(2) 天塌下来砸个儿大的，县里个儿大的是书记县长，常务副县长是具体干事的，何况自己也快到站了。

(3) 古副司令与我们一同背着风办事。军人有这本事，停车就能放出水来，不停也能再轻松坚持几小时。

三、比喻、比拟、借代、夸张

这四种非常传统也是人们最为熟知的修辞格，能够使秘书的语言形象生动富于情感表现。

（一）比喻

比喻是指用相似的事物打比方的修辞方法。描绘事物用比喻可以获得形象生动的效果，如（1）、（4）句；也可以用于形容抽象的东西来说理，使道理变得浅显，如（2）、（3）句。

（1）远远望去，一座细长的泥桥像一条发白的绷带，在把这条裂痕马马虎虎地包扎起来。

（2）这世道就像一杆秤，不会总摆不平。

（3）我一直认为疼痛是一种力量，是使一个人早熟的催化剂。

（4）王仁讲："我那天输得脸上都没图像了。"

（二）比拟

比拟是指把物当作人写或把人当作物写，或把甲物当作乙物来写。比拟赋予该人或物自身没有的行为或动作，可获得生动的表达效果：

（1）清明，公司组织扫墓。野外嫩生生的荠菜，在微风中挥动它们绿色的手掌，招呼我们，欢迎我们。

荠菜能挥动手掌招呼、欢迎。

（2）猫……或是在你抄写文件的时候，跳上桌来，在稿纸上印几朵小梅花。

猫爪能当印章印出花样。

（3）不管怎样，且把这矛盾的诗篇埋在地下，它也许不合你秋天的季节，但到明春准会生根发芽。

诗篇能生根发芽。

（4）小孩子在稻草堆里打滚，姑娘们从溪边挑回一担担摇晃的夕阳。

夕阳能被装入桶里担回来。

比拟和比喻都是两事物相比，但有区别。比喻重在"喻"，以乙事物（喻体）来说明甲事物（本体），甲乙两事物有主有从；比拟重在"拟"，干脆把甲事物当作乙事物来写，甲乙两事物不分主从，浑然一体。

（三）借代

借代是指不直接说某人或事物的名称，借用同它密切相关的名称去代替，这种修辞格又叫"换名"，能够引人联想，使表达收到形象突出、特点鲜明、具体生动的效果。

（1）（张处长回来了）小李，你赶紧回你们室吧，你隔壁头把椅子回来了。

（2）得，谁也不敢反映真实情况，都怕丢了乌纱帽啊……

（3）哟，宝马又来电话找你啦，王秘书，叫他捎上咱办公室一伙儿人吧。

有时候类似于暗语，这样的借代显得不礼貌，不能用于面称，只能用于背称。

（4）"四眼"又来找你了。秦秘书，快去啊，在传达室等着呢。

借代和比喻里的借喻不同，借喻因为是比喻，可以补出本体改为明喻，借代不能。

（四）夸张

夸张是指为了表达的需要故意言过其实，对客观的人或事物作扩大或缩小的描述。夸张通过对事物的渲染，表达说话人鲜明的感情态度，能够引起听者的强烈共鸣。

秘书事务性工作中，如汇报，传达、布置工作，传递话语，都不能用夸张。在宴请、谈判、生活接待中活跃气氛时可以适当使用。

（1）“隔壁千家醉，开坛十里香”，这酒不错，挺有名的，您看，咱们宴请恒通集团老总，就上这个吧。

（2）听说过张老的传奇吗——当兵一当三四年，打仗总打了百十回吧，身上一根汗毛也没碰断。知道吧，他老人家是这儿的第一任市长。

（3）不行，不行，小欣秘书刚来，还不习惯这些场面，您看她酒还没沾唇，脸倒红得像关公了（超前夸张）！

（4）李医生给他看病，药方没开，他的病就好了三分（超前夸张）。

四、修辞格小结

（一）汉语里修辞格丰富，多学益善

秘书还可以学习其他修辞格来丰富自己的表达，如贬义褒用的反语，字面上是贬义，实则表达赞扬或亲昵或友爱之情，可以调节与盟友、下属之间的气氛，具有风趣、幽默、诙谐的修辞效果。双关简洁而含蓄，拈连顺势翻新，仿词模拟出奇，移就移花接木，通感沟通心灵；排比、层递……在熟悉修辞格的基础上，紧密联系语境，恰当地使用，一定会为秘书口才卓然的形象增光添彩。

（二）修辞格的综合运用

不同的修辞格在说话时可以综合使用，例如本节“成果示例”中将顶真和回环辞格兼用。夸张中（1）例句中的“隔壁千家醉，开坛十里香”既是夸张也是引用。引用中的（4）例句“养兵千日，用兵一时”则既是引用又是对偶辞格。不同修辞格可以连用、兼用和套用，目的是增强表达效果。

（三）修辞格使用的注意事项

一些修辞格有分类，其修辞效果不同，不能对某个修辞格一知半解就随便乱用。例如反语，它使用同本来意思相反的词语或句子去表达本意。反语分两类，用于不同的对象，作为说话人，秘书使用反语辞格时一定要辨别清楚。褒义贬用的反语，多用于批判、揭露，对待敌人的，其修辞效果是强烈的讽刺。如：

王经理，你倒是英雄，欺负我们弱小企业，有能耐啊！

“英雄”是褒义词，用在此处是讽刺王经理以强欺弱非英雄。这一类反语，秘书口语应谨慎使用，以免语气过于刺激。

又如反问，又叫作反诘，是无疑而问，其语气非常强烈，在秘书工作中，除非是遇敌斗勇才会用到，这种修辞格无论对上司、同事、下属或客户都不要用。

■ 实训任务

- **能力目标：**

熟知秘书常用修辞格。

熟知多种修辞格。

根据秘书沟通情景，恰当使用修辞格。

● **知识要求：**

反复、顶真、引用、婉曲、比喻、比拟等常用的传统修辞格。

● **任务描述：**

小徐认真踏实，处理事务井井有条；但他认为秘书职业与事务性公文、陈述性语言沟通密切相关，比较排斥幽默、诙谐、形象、生动的话语。例如，叫他宴会上给客人敬酒，他只会说："请满上""请再来一杯……"老板对此颇有微词，认为小徐应该懂得在不同的场合，既能用客观陈述的表达，也会使用丰富多彩的形象表达。请帮他总结，在哪些情形下，需要借助哪些修辞格，使口头沟通获得形象生动的效果。

● **操作说明：**

不分组。

● **训练步骤：**

1. 教师布置训练内容。

2. 班级展示书面作业材料。

● **训练内容：**

1. 单项训练：指出句中所用是什么修辞格

（1）虚心使人进步，骄傲使人落后，我们应当永远记住这个真理。

（2）劳动是知识的源泉，知识是生活的明灯。

（3）当秘书两年多，没有什么贡献，想起来真对不起革命，对不起上级，也对不起自己。

（4）3 月 14 日下午两点三刻，当代最伟大的思想家停止思想了。让他一个人留在房里还不到两分钟，等我们再进去的时候，便发现他在安乐椅上安静地睡着了——但已经是永远地睡着了。

（5）秦岭的下半截让厚厚的白云封住，那白云的顶部那么平齐，好像用一支画线尺画过似的。韩昌黎的诗有"云横秦岭"的话，我们亲眼看见了，而且体会到那个"横"字用得实在贴切。

（6）人人为我，我为人人。

（7）他连声说："了不起！了不起！言之有理！有理！"

（8）一个人的能力有大小，但只要有这点精神，就是一个高尚的人，一个纯粹的人，一个有道德的人，一个脱离了低级趣味的人，一个有益于人民的人。

（9）"请"字的音还未落，席上的酒肉早就一扫而光了。

2. 综合训练

（1）秦勉做秘书好几年了，经验丰富且沟通能力强，懂得随着场合的变换使用恰当的修辞方式，例如宴席上既能活跃气氛又不低俗。他说对他的启发多来自名人故事，建议年轻的秘书多读书，积累知识。

（2）省旅游局要召开一个会议，秘书小林到二楼的办公室，通知本单位的两位同事出席会议。他要告诉他们开会的会场在城市的什么地方，还要叮嘱他们会议的日期、时间、地点，以及为参加会议讨论做哪些准备。请你帮小林打好腹稿，怎样获得最好的表达效果——让同事记住一系列的信息。

（3）隔壁办公室的陈秘书上班时间，坐在小王的座位上，用小王办公室的电话和男朋友聊天，既违反了用电话的规定，又影响了小王工作。小王若向她宣读办公规章制度，显然很不妥。如果你是小王，怎样婉转地把意思告诉陈秘书？

第四单元
沟通基本技能 3——书面沟通

任务一　认识书面沟通的意义

■ 知识目标

1. 认识书面沟通的重要性。
2. 了解书面沟通的优势。
3. 知晓书面沟通的种类。

■ 任务描述

秘书处调进一个新人马敏，但她的年龄不小了，据说是受照顾安置工作的军烈属。为了让马敏尽快进入角色，秦勉做了她的“师傅”。马敏很谦虚地向比她年少的秦秘书学习。但她不理解秦勉有的时候电话通知后为什么还要发邮件或传真，像昨天，打完电话还叫她把书面文本送到每个部门。秦勉这样做的理由是什么？

■ 任务分析

秦勉有的时候只用口头沟通，有的时候同时还用书面语言沟通。电子邮件、传真、文件的共同之处是都有文字书写的文本，属于书面沟通。书面函件有“白纸黑字”的凭据，凸显沟通的正式性，符合文件管理标准的要求，也可避免关键信息出现失误。秦勉针对沟通内容、沟通对象选择是否采用书面语言沟通的方式。

■ 成果示例

马敏见早上这会儿不忙，问：小秦，我有个疑问，你能给我讲讲吗？

秦勉：马姐，您说。

马敏：有的时候你电话通知后为什么还要再发邮件或传真？还有昨天，叫我送书面文件，既然我人已经去各个部门了，当面告诉他们不是就可以了吗？我有点儿不明白。

秦勉：哦，我先给您讲两个事例。

一个还是我念书时候的事。王老师给我们上课，需要多媒体教室。教务秘书石涛给管理教室的王师傅打电话请他安排教室，王师傅嘱咐石涛把已获审批的教室使用单送来。王师傅安排好教室，傍晚下班。李师傅上晚班。晚上王老师来上课，跟李师傅说："石秘书给我打电话叫我直接来领多媒体教室用。"李师傅翻了半天也没找到教室使用单，在固定课表上也没查到，王老师说："我是考前辅导，只用一两次，课表上没有。你找个空教室给我就行。"李师傅不答应："拿单子来！"两人就僵在那里了。李师傅按课表和教室临时使用单分完多媒体教室，再看还有没有空教室，才给王老师分配了教室。

另一件是我刚工作的时候，财务处马处长布置给我一个任务：给各个部门发下一年度财务预算空白表，并通知他们第二天中午11点之前上交。但是第二天董事长要召开部门会议时，居然有两个部门还没交上来。马处长很恼火，把那两个部门的头头叫去训斥。科技部和销售部都咬定没见到书面的东西！其实是我的错，这两个部门就在我隔壁，我只口头说了声上交的时间，没给他们正式的书面文件。

马敏：啊，我明白了。书面的东西一来是凭据，二来显示沟通的正式性，三来关键信息的准确性要靠它，比如航班车次的时间，我看你都喜欢用书面形式确认。

秦勉：对！马姐，您学得很快啊。是的，特别是办公人员在传达文件的时候，一定要严格按照文件管理标准的要求，必须要有传达的书面函件，该签字的要求签字，该署名的要求署名。否则，既耽误了工作，又难以说清责任。

成果评析

1. 您是否还记得第一单元任务一里秦勉是怎样与小陈和司机王师傅沟通的？时间、地点、航班号等关键性信息，秦秘书都用电子邮件、手机短信强化了，书面形式有文字凭据而且能够保存，弥补有声语言传递信息瞬间即逝的不足，例如王师傅可以从手机中调出短信息，准确无误地按时、接齐出行人员送到指定的机场。

2. 教学秘书办理调停课、申请临时教室，都应该按照规定履行相关手续：填写申请单—报批—教务主管签字—送教室管理调度室。李师傅以书面课表或申请单为依据，避免教室调度的失误；他必须等到了上课时间才能确定哪个教室空闲——这时才能分配教室给王老师。而石秘书的失职，一是不按章办事，二是忽视书面语言沟通，导致王老师因不能顺利拿到多媒体教室而未能准时上课。

3. 年度预算是企业的一桩大事。与年度财务预算空白表一道，送达各部门的应该有正式的书面文件，告知部门按哪些要求填写，当然还含有上交预算表的时间。年轻的秘书没有按照规定传达必要的书面函件，影响了董事长掌握急需的材料。另外，因为没有文字的东西作凭据，还容易导致各方推诿责任。

4. 沟通的方式是多样的，一个秘书最需要学习和掌握的是能够针对不同的情况，选择最恰当的方式与媒介达到有效沟通。

必备知识

书面沟通，从本质上讲，属于间接沟通，这使得它具有许多长处。在信息发达的现代，虽然电话等语音沟通越来越被普遍使用，但是书面沟通仍具有其他沟通方式所无法替代的优势，因此，不能因科技给口头沟通带来了快捷、便利，便忽视乃至放弃书面沟通形式。

一、书面沟通的优势和缺点

（一）书面沟通的优势

（1）可以是正式的或非正式的，可长可短。

（2）可以使写作人能够从容地表达自己的意思。

（3）词语可以经过仔细推敲，还可以不断修改，直至达到满意的程度。

（4）书面材料是准确而可信的证据，没有“口说无凭”的弱点。

（5）书面文本可以复制，同时发送给许多人，传达相同的信息。

（6）在群体内部经常受限于约定俗成的规则。

（7）书面材料传达信息的准确性高。

（二）书面沟通的缺点

但是，任何一种沟通方式都不是十全十美的，书面沟通也存在某些不足，沟通的间接性也给它造成了一些特殊障碍。

（1）发文者的语气、强调重点、表达特色，以及发文的目的经常被忽略，从而产生理解有误的可能性。

（2）信息及含义会随着信息内容所叙述的情况，以及发文和收文时的情况而有所变更。包括：

1）个人观点——收文者很容易忽略与他自己的看法有冲突的信息。

2）发文者的地位——发文者是上司、部属还是同一阶层的同事，会影响信息的意义。

3）外界的影响——收文者能否专心阅读收到的信息？收文者的心情如何？你写这封函或备忘录的时候心情如何？这封函送达的时间是早晨刚上班还是午餐的时候等都会影响信息的含义。

（3）若发文者选择的格式或时机不当，收文者很可能因为发文者一开始采用的格式不当，而不太注意沟通信息的内容。

二、书面沟通的种类

根据不同的分类标准，书面沟通可以划分为不同的类型。

（一）按照沟通目的划分

（1）通知型书面沟通。包括通知、通告、通报，还包括日程安排、会议安排、课程时间安排等。

（2）说服型书面沟通。包括项目提案、申请、广告宣传品等。比如购买一套培训课程的光盘，需要先写一个购买申请，说明购买原因以及重要性和必要性。又如给产品写广告宣传册，以此来说服客户购买产品等，这些都属于说服性写作。

（3）指导型书面沟通。包括用户手册、操作指南、业务流程等。

（4）记录型书面沟通。包括工作总结、个人总结、会议记录、备忘录等。

（二）按照沟通用途划分

（1）通用公文，指党政机关、群众团体、企业单位处理公务的有一定规范的应用文书，它从属并服务于一定的社会集团，是一定的社会集团进行管理的手段和工具。一般具有政治性、权威性、实用性、规范性、特定性等特点。

虽然公文较多地应用于政府机关，但实际上，公文的写作方法具有共性，其格式往往能套用在其他方面。比如在企业内部，由于等级关系的存在，上述提到的各类公文形式都可能用到，尤其是通知、报告、公函、会议纪要等。在日常生活中，某些事例也可以套用公文的格式，比如请假条就类似于“请示”。

（2）事务文书，包括计划、总结、调查报告、工作研究、讲话稿、汇报提纲、会议记录、提案、简报等。

（3）专用文书，包括财经调查、经济活动分析、经济预测报告、经济合同、商品说明书、广告词、科技文摘、学术论文等。

（4）生活文书，指的是日常生活中经常使用的文书，比如介绍信、证明信、感谢信、慰问信、建议书、聘书、请柬、启事、海报、贺词、申请书等。这些文书是日常沟通的重要方式，常常用来联络信息，互通感情。由于种类很多，使用时尤其需要注意选用合适的文稿格式。

（5）涉外文书，涉外文稿写作常有特殊的格式和要求，有涉外意向书、合资企业可行性研究报告、涉外合同、涉外公证书、涉外仲裁申请书、外贸商业信函等。不同的领域，不同的国家，其相应的文书几乎都有一些差别。

（三）按照沟通介质划分

（1）纸张沟通，包括报告、信件和备忘录等一般意义上的纸张沟通，同时也包括传真沟通。

（2）电子沟通包括电子邮件沟通和电子会议系统沟通。

以上这几种沟通方式的特点，如表 4－1 所示。

表 4－1　不同类型书面沟通的特点

	一般的纸张沟通	传真沟通	电子邮件沟通	电子会议沟通
读者参与度	低	较低	较高	高
可匿名性	低	较低	较高	高
可约束性	高	较高	较低	低
保守程度	高	较高	较低	低
规范性	高	较高	较低	低
准备所需时间	多	较多	较少	少
传递速度	慢	较慢	较快	最快

续前表

	一般的纸张沟通	传真沟通	电子邮件沟通	电子会议沟通
信息渠道的丰富性	差	较差	较好	好
与组织中的各个层次接触的可能性	少	较少	较多	多

实训任务

- **能力目标：**

能认识到在电子与网络的发达给有声语言沟通带来便利的现代社会，书面语言沟通仍有它不可替代的重要地位。

能知晓书面沟通的优点，尤其是书面文本长于有声语言的转瞬即逝之处。

- **知识要求：**

书面沟通的优势与不足。

书面沟通的种类。

- **任务描述：**

跟秦勉的一番交谈，马敏认识到书面沟通很重要。她还想多了解关于口头与书面这两种沟通形式的常识，例如它们各有哪些优缺点，什么场合该用其中的哪一种。她觉得完整地知晓这两种沟通方式有助于她在工作中正确运用它们。请你和马敏一起将这两种沟通方式做个比较，写出书面的文稿。

- **操作说明：**

1. 分组，每组不超过 6 人。
2. 以小组为单位，撰写文稿。
3. 制作 PPT。
4. 组长发言，讲解文稿内容的要点。

- **训练内容：**

1. 阅读本单元任务一的“必备知识”。
2. 到图书馆或在网络上查询资料，补充“必备知识”的内容。
3. 分别列出：

（1）有声语言沟通的优点和缺点。

（2）书面语言沟通的优点与缺点。

（3）对沟通的多元分类进行再认识。以沟通媒介为分类标准，写出哪些沟通属于口头的？哪些属于书面的？

示例：以网络沟通中的 QQ 为例，语音会话、视频会话属于有声语言沟通，文本“对话”属于书面语言沟通。

（4）哪些事务必须用书面语言沟通？

示例：商务交流，如货单、市场调查计划。

4. 上个月王总派小苏到苏州参加一个供货洽谈会。昨天是公司报账的时间，小苏两天前就整理好了所有票据。可是财务处会计和负责签字的领导都向他索要会议通知。他告诉他们说是王总派他出差的，不信可以打电话核实。但他们仍执意要小苏出示书面的凭证。小苏认为他们太死板，而且不给面子。

(1) 请从书面沟通的角度写出会计和签字领导这么坚持的道理。

(2) 王总是口头指示小苏去开会的，小苏并没有拿到书面的会议通知，他怎么办？

(3) 王总找不着那份通知了，小苏怎样才能持有书面通知而报销呢？

■ 拓展阅读

一张传真的重要性

2006 年 5 月 10 日，某公司外派维修的售后服务工程师陈某电话要求工厂售后服务部门为其在安徽芜湖的维修现场发送配件一个，按规定要求，陈某应当书面传真具体的规格型号然后发货，以保证准确性。结果陈某讲客户很急，而自己干了三年多，都很熟，声称要节省传真费用，要求电话口头报告型号。售后服务部担当人员鉴于这种情况，就相信了陈某，按陈某说的型号发去了配件。结果发到现场后，型号错误，又要重发，造成出差、运输等费用的增加，更重要的是影响了客户的生产。

事后处理此事。陈某一口咬定自己当初报告的就是第二次发的正确型号；而售后服务担当人员则坚持陈某当初报告的就是第一次错误的型号。但是没有书面函件，该相信谁？最后，二人因为在明知公司规定的情况下，违反了书面沟通程序规定，造成了损失，都有责任，分别受到了处罚。

启示：处罚不是目的，目的是保障正常的规定要执行到位。制定了规定还不够，关键是实际中要严格按照相关书面沟通函件的要求去实施。如果有了规定却不执行，结果还是会造成损失，耽误事情。不是双赢，而是双损。

任务二　了解书面沟通的语言特点与格式要求

■ 知识目标

1. 了解书面沟通的语体特征。
2. 掌握书面沟通的语言与格式要求。

■ 任务描述

本市旅游星级饭店复核结果出来了，李副局长给秦秘书打来电话，要他把评委会评定的成绩写成通报，发布到本市的旅游网网站上。秦秘书立即打电话给市景区饭店等级评委会，询问了具体的数据。他把这个任务交给马敏，要她根据便签上记录的电话内容，写成通告。马敏要按照文体规定的格式，用书面语言写作通告。

■ 任务分析

秦勉与评委会通过电话进行的是有声语言的沟通，马敏要对电话记录进行两方面的改写：一是按照公文的特征，作格式上的调整；二是转换语体色彩，将电话的有声语言转写为书面语言。

成果示例

2018 年度扬州市旅游星级饭店复核结果通报

各旅游星级饭店：

依据中华人民共和国国家标准《旅游饭店星级的划分与评定》（GB/T 14308—2010），我市 2018 年度旅游星级饭店复核工作已经结束，现将复核结果通报如下：

2018 年度应参加复核的星级饭店为 57 家，实际参加复核的饭店 54 家；通过复核的星级饭店 52 家，暂缓通过 2 家，取消星级 2 家，延期复核 1 家。

特此通报。

扬州市旅游景区饭店等级评定委员会

二〇一九年二月二十六日

成果评析

1. 通报是适用于表彰先进、批评错误、传达重要精神或者情况的公文。通报根据适用范围，可分为表彰通报、批评通报和情况通报三种。

秦勉要求马敏写的是情况通报。情况通报用于传达情况、沟通信息。

2. 通报的正文一般由三部分组成：通报缘由，通报具体事项，结尾提出要求或希望。篇章结构上，上有抬头“各旅游星级饭店”，下有落款与日期“扬州市旅游景区饭店等级评定委员会”和“二〇一九年二月二十六日”，使用惯用语“特此通报”。

3. 马敏迅速完成了秦勉交代的任务，符合通报的时效性。

4. 通报具有真实性，马敏用数词公布饭店复核的结果。

5. 使用同义词区别细微差别，分别用“通过复核”和“暂缓通过”通报已通过者的不同成绩。用“取消”和“延期复核”讲明不合格者的情况。

必备知识

一、书面沟通文本的固定格式

在篇章结构上，书面沟通有严格的格式要求。公文通常在起首即写明文体名称，如“布告”“命令”，同行右侧写行文字号；第二行起为正文，正文末常写“此布”“现予公布”；末行写发文机关名称或首长姓名、日期。

文书在长期使用过程中，根据使用场合的不同形成了一些固定的格式，如公文文件、规章制度、经济合同等皆有一定的格式①。

（一）行政公文

1. 定义

公文是国家机关、社会组织和团体行使职权、办理公务所使用的文书。什么是行政公

① 为不与应用文写作课程内容重复，本任务只做简要介绍。

文呢？国务院2000年8月24日发布的《国家行政机关公文处理办法》（以下简称《办法》）下的定义是：行政机关的公文，是行政机关在行政管理过程中形成的具有法定效力和规范体式的文书，是依法行政和进行公务活动的重要工具。

行政公文可以用来颁布法规、部署工作、传递信息、沟通情况、商洽工作，具有指导作用、联系作用、凭证作用和宣传作用。

2. 行政公文的特点

（1）由法定作者制发；

（2）制发要依照一定的程序；

（3）具有法定效力；

（4）具有规范的格式。

3. 分类

行政公文按照不同的标准，可以有多种分类的方法。

（1）按适用范围来划分，《办法》规定，行政机关的公文主要有13种：命令（令）、决定、公告、通告、通知、通报、议案、报告、请示、批复、意见、函和会议纪要。

（2）按行文方向，公文可分为下行文、上行文和平行文。下行文指具有隶属关系的上级机关发给下级机关的公文，上行文指具有隶属关系的下级机关呈报给上级机关的公文，平行文指同系统内的平级机关或不相隶属的机关之间来往的公文。

（3）按缓急程度，公文分为特急、急件、一般公文。按保密级别，可分为三个等级：绝密、机密和秘密。

4. 格式

《办法》对公文格式作了严格的规定：公文一般由秘密等级及保密期限、紧急程度、发文机关标志、发文字号、签发人、标题、主送机关、正文、附件说明、成文时间、印章、附注、附件、主题词、抄送机关、印发机关和印发日期等部分组成。

发文字号由机关代字、发文年份和序号三部分组成。标题通常由发文机关、事由、文种三部分组成，其中，发文机关、事由可以省略。主送机关指承办或处理公文的机关。正文一般由发文缘由和发文事项组成，写作要求是观点明确，表意周密，条理清晰，文字简明。成文时间必须用汉字写，年月日要写全，将“零”写为“〇”，一般是安排在正文之后的右下方，会议通过的公文的时间则安排在标题下边，用圆括号括起。

（二）通用文书

1. 定义

通用文书是指法定行政公文之外的，党政机关、企事业单位、社会团体、人民群众处理日常事务，用来沟通信息、总结经验、研究问题、指导工作、规范行为的实用性文书，又称事务性文书。它在各行各业、各部门应用广泛，上至国家机关，下至基层组织，乃至个人，都离不开这些文书。因此，有人将之称为“准公文”，说明它是非常重要的。

2. 种类

通用文书有：计划类文书、报告类文书、规章类文书、简报类文书和会议类文书。

3. 写作要求

（1）以方针政策为指导，以法律规定为依据；

（2）深入调查研究，获取真实材料；

（3）实事求是，切实可行；

（4）格式约定俗成，语言准确简练。

4. 格式

通用文书的写作格式，可以参照行政公文的写法。

（三）范例与评析

××单位关于增拨技术改造资金的请示

××主管局：

正当我单位技术改造处于关键阶段，资金告罄。前次所拨资金原本缺口较大，加之改造过程中出现了新的技术难题，需增新设备，以致资金使用超出预算。由于该项技术是我局所属大部分企业所用的核心技术，如改造不能按期完成，势必拖延全部技术更新的进程，进而影响各单位实现全年预定生产指标和利润。目前我单位全体技术人员充分认识到市场经济的机遇和挑战，正齐心合力，刻苦攻关。缺口资金如能及时到位，我们保证该项技术改造按期完成。现请求增拨技术改造资金××××万元。

特此报请核批。

××单位

××××年×月×日

【评析】

针对“增拨技术改造资金”的理由做了较详尽的陈述：原拨资金缺口大，并出现了新的技术难题；该技术是×局的核心技术，影响全年的生产指标和利润……充分地说明了实际困难，向领导诉之以理，使之能够尽快做出批复。

请示正文由事由、请示事项和尾语组成。事由写明原因、背景或依据，阐述充分，有理有据；请示事项明确具体，切实可行；尾语，常以简短的文字概括请示的具体要求，再次点明主题。如“以上意见，请予批示”“以上要求，请予批准”，或“如无不当，请批转……”等。

二、书面沟通的语言特点

（一）书面沟通的语体总特点

秘书工作以事务性为主，其书面沟通以事务交往为目的而形成运用语言的特点——事务语体特点。事务语体具有明确性、简要性、规格性，这是书面沟通最重要、最根本的要求。

（1）明确性，指事务语体所要求的时间、地点、数量、范围等方面必须写得十分肯定、明确，避免发生歧义和误解。

（2）简要性，指事务语体的内容必须扼要、清楚、通顺，要指出问题和争论之所在，不能废话连篇、离题万里。

（3）规格性，指事务语体有比较固定的格式，不能有随意性。比如命令、通报、决议之类的标题、编号、发文日期都有一定的格式。

叶圣陶在《公文写得含糊草率的现象应当改变》一文中指出：“公文不一定要好文章，

但是必须写得一清二楚，十分明确，句稳词妥，通体通顺，让人不折不扣地了解你说的是什么。”“公文就该尽可能写得简而得要。”

【范例】

便　　条

小任：

请帮亨通公司的客户预订返程票。

上海—北京

动车卧铺

时间：12月28日上午9点上海始发

数量：3张

买到票后请给客人打电话（1395××××18，陈经理），并将票送到客人房间（京华大酒店1314房间）。

秘书长　秦勉

12月18日

【评析】

虽然是非正式的书面沟通，一张小小的便条，秦秘书也写得非常规范，关键信息——如时间、列车区间、手机号、酒店与房间，都用了毫不含糊的准确词语，需小任办的事情，交代得简洁扼要又清清楚楚。

（二）书面沟通在语言运用上的特点

1. 词语

文书有一套固定的习惯用语，以适应特定交际的需要。

（1）多用专用词语、文言词语。专用词语有“遵照”“承蒙”“审核”“特此通报”“予以查处”等。有些文言词语也成为现代文书语体的专用词语，例如“兹因”“欣悉”“值此……之际”“如下”等。

（2）多用“的”字短语、介词短语和联合短语。“的”字短语的作用相当于名词，它具有更概括的意义，例如“情节严重拒不交代的”“违反规定私自出售的”等。介词短语和联合短语也大量应用，以适应事务语体的明确性和简要性，如“关于游客对×××旅行社组织的‘杭州三日游’旅游投诉的处理决定”“调查、保护和合理利用地表水、地下水资源”等。

2. 句式

事务语体要求句法完整严谨，主要使用陈述句和祈使句。陈述句常用助词“了”表示完成动态，或用肯定与否定的判断句式。通知、通报用的几乎全是陈述句。祈使句式常用命令、禁止、请求等语气，事务文书中除了陈述句外，大多为祈使句，例如“望照此办理”“不得有误”“当否，请批复”等。

事务语体较少用口语句式，完全不用倒装句。而较多运用常式单句、并列复句、文言句式和长句句式。如“同意将市政公用设施建设费和城市基础设施‘四源’建设费合并为城市基础设施建设费。具体征收办法由市计委、市财政局、市物价局制定，报市政府批准”。句中有数个并列的词语做定语，形成一个长句，以使表达严密精确。

3. 修辞方式

在运用修辞格上，事务语体很少运用比喻、比拟、夸张、双关、婉曲，有时选用对偶、反复、排比。

事务语体在语言材料和修辞方式的选用方面都有自己的特点，这就形成了简明、准确、平实、庄严的风格。

■ 实训任务

• 能力目标：

掌握书面沟通所用语言的词汇、句式、修辞手法特点。

掌握常用的书面沟通文本篇章结构的固定格式。

• 知识要求：

书面沟通文本的固定格式。

事务语体特点。

• 任务描述：

文秘专业学生任行之刚从大学毕业，来到航达公司担任实习秘书。他做学生时就努力学习，专业素质较好，做事踏踏实实、一丝不苟。他不仅主持会议、接待客户、商务谈判的口才能力强，而且发传真、写信函、拟文件等的文字沟通本领也不在话下。很快，他就胜任了秘书职场工作。怎样在大学期间就打下坚实的秘书专业技能基础？

• 操作说明：

1. 不分组。
2. 提交训练成果的文本。
3. 教师根据训练完成的质量，评定成绩。

• 训练内容：

1. 将下列会议记录整理成会议纪要。

要求：

（1）格式转换：将会议记录的篇章结构转换成规范的会议纪要。

（2）使用习惯用语综述会议的综合意见，做到层次清晰、表意准确。

××学院第×次办公室会议记录

时间：2018 年 3 月 4 日　　上午 8:00—11:40

地点：第×会议室

出席人：刘××（院长）、杨××（总务长）、孙××（教务处长）、张××（院长办公室主任）、吴××（院长办公室秘书）及各系部门主要负责人。

缺席人：王××、张××（外出开会）。

主持人：刘××（院长）。

记录：吴××（院长办公室秘书）。

一、报告

（一）杨××报告院基本建设进展情况。

（二）主持人传达省人民政府《关于压缩行政经费的通知》（以下简称《通知》）。

二、讨论

我院如何按照省人民政府《通知》的精神抓好行政经费的合理开支，切实做到既勤俭节约，又不影响正常教学、科研等活动的开展。

三、决议

（一）利用两个半天时间（具体时间由各系各单位自己安排，但必须安排在本周内）组织有关人员集中传达学习《通知》精神，提高认识，统一思想。

（二）各系各单位负责人在认真学习的基础上，利用下周政治学习时间向群众传达，宣讲。

（三）各系各单位责成有关人员根据《通知》的压缩指标，重新审查和修改本年度行政经费开支预算，并于两周内报院长办公室。

（四）各系各单位必须严格控制派出参加校外会议及外出学习人员的人数，财务部门更要严格把关。

（五）利用学习和贯彻《通知》精神的机会，对全院师生员工普遍开展一次勤俭节约、艰苦朴素的传统教育。

散会。

主持人（签名）

记录人（签名）

2. 根据下面提供的会议纪要编写一份简报。

（1）使用规范的格式：报头、报核、报尾。

（2）使用惯用语。

××简报

第××期（总第×期）

编发机关　　　　编发日期

标题

正文

（供稿）

上报：

抄送：

集团公司财务工作会议纪要

（2017年12月16日—18日）

在清产核资工作全面展开、新的《企业会计制度》即将实施、主辅分离逐步开展的形势下，12 月 16 日—18 日，集团公司在××楼召开了××集团 2017 年度财务工作会议，各子分公司总会计师、财务科长、决算人员、审计人员，各指挥部办事处财务主管等 130 余人参加了会议。

集团公司总会计师×××出席会议并作了重要讲话，在讲话中，×××从认清新的财务形势、树立新的财务理念、完善成本管理机制、规范资金运作、实施新《企业会计制度》、做好清产核资工作、做好财务预算工作、做好审计工作、加强会计基础工作、加强财会队伍建设等十个方面做出重要指示，为集团公司下一步的财务工作指明了方向。

集团公司副总会计师、财会部部长×××总结了 2017 年度××集团公司财务工作情况，并对下一年度××集团公司的财务工作做出了安排布置，提出了 2018 年度财务工作九个方面的要点：加强内部资金管理，提高信用意识；加大成本管理工作，探索有效的成本管理途径；严格执行财务预算制度，加大对资本运营中的监控；做好清产核资工作，为全面执行《企业会计制度》奠定基础；执行《企业会计制度》，完善相关的财务配套制度；结合“主辅分离”，紧缩经费开支；开展财会信息化建设，促进财会管理水平的提高；继续加强财会队伍的建设，提高公司的财务管理水平；加强财会学会建设，充分发挥财会学会的作用。

此次财务工作会议全面布置了 2017 年度财务决算编制工作，提出了 2018 年财务预算的编制要求，明确了清产核资的步骤和方法，解答了汇总纳税及退税的有关问题。为下一步做好财务决算编制工作，提高财务预算的编制水平，加强国有资产的监控管理，合理筹划纳税工作，全面实施《企业会计制度》打下了基础，做好了准备。

3. 小王因为太忙，就请上初中的表弟帮他拟写了值班表（见表 4－2）。

（1）从事务语体的角度指出值班表所用语言的错误。

（2）小王亲自抽出时间重新编排了值班表，请你帮他打印出来。

表 4－2　某某大学某某学院 2018 年寒假值班表

<table>
<tr><th rowspan="2">日　期</th><th rowspan="2">总值班</th><th rowspan="2">办公室日班</th><th colspan="2">传达室</th></tr>
<tr><th>日班</th><th>夜班</th></tr>
<tr><td rowspan="5">02.01—02.13</td><td rowspan="5">分管院长</td><td>政治组教师</td><td>4 人</td><td rowspan="5">门卫</td></tr>
<tr><td>17 级班主任</td><td>4 人</td></tr>
<tr><td>团委</td><td>保卫处</td></tr>
<tr><td>学生处</td><td>同上</td></tr>
<tr><td>16 级班主任</td><td>同上</td></tr>
<tr><td colspan="5">说明：
1. 值班职责：按时就岗，接待来人，接传电话，处理偶发事件，填写值班记录，夜班加强校园重点部位的安全检查，做到认真负责
2. 值班时间：日班：上午—下午
夜班：晚上—次日
3. 值班地点：中层干部日班：办公室　保安日班、夜班：传达室
4. 值班电话：日班：84641896　　内线：2013
夜班：84956770　　内线：2098</td></tr>
</table>

4. 张玲给客户发了邀请函，邀请他们参加公司举办的商务活动。然后又用邮件非常细致地提醒对方来访时需注意的一些细节。她是这样写的：

烟花三月下扬州，但是乍暖还寒时节，我们这儿还不够暖和，有时会刮风，或飘毛毛细雨，你们来参加活动时需要多带几件衣服。

本次活动的后半段我们安排了游览，请带上防晒、防雨的用具，并备几双走路轻便的鞋子。

(1) 请阅读《上海世博会参观指南》的“友情提醒”，体会事务性书面沟通的准确、实用语言特色。

(2) 请模仿指南的“友情提醒”，修改张玲的这段文字。

《上海世博会参观指南》

友情提醒：

(1) 衣着。

建议穿着轻便服装，因早晚温差大、室内外温差大、江边风大，要准备一件轻便保暖、易穿脱服装；园内交通基本靠走，一双合脚的平底运动鞋非常重要；墨镜和帽子也是必不可少的。

(2) 背包。

建议携带双肩背包或斜挎包。不要带手拎包，因在园中时间长、走路多、拍照多，很多地方人多拥挤，带手拎包比较疲劳，且容易遗忘、丢失。

(3) 保管好贵重物品。

要随时注意自己的贵重物品，防止遗忘、丢失、被盗。

(4) 做好长时间排队准备。

园区人多，且多集中在热门展馆，长时间排队在所难免，参观者要准备一些应付排队所需的物品，比如书籍、报纸、随身听之类，也可以带个折叠式小板凳。

(5) 带雨伞。

世博会期间，上海天气多变，气温高，雨水较多，注意带伞，可以遮阳防雨，注意尖头伞不许入园。

任务三 书面沟通文本写作的步骤

■ 知识目标

1. 学习书面沟通文本写作的步骤。
2. 了解影响文本写作的因素，养成书面沟通中的良好习惯。
3. 掌握书面沟通各种形式文本撰写的内在、一致的规律。

■ 任务描述

马敏知道这个道理：秘书要学会书面沟通本领，文本写作是最基本的技能。可是她觉得手上虽有了一本写作手册，可以了解秘书常用的事务性文书格式，但只能就事论事。她希望能够把握书面沟通文本写作的内在规律，事半功倍，尽快写出多种规范的、合格的书面沟通文本。张秘书长刚从秘书后续培训班回来，他为马敏做了指导。

■任务分析

正式或非正式的书面沟通都借助文字以文本形式表达，而应用性的事务文书在格式规范、语言特点上存在一定的内在规律，把握规律性的写作途径与方法，能够经由正迁移、类推，使秘书用较短的时间，掌握较多类型的文书写作，达到事半功倍的效果。

■成果示例

张秘书长是这样教授马敏的：

✓ 他给她布置了一个作业：为公司写一份行动指南——建议书（在一定的管理控制和成本投入的情况下，提出一项解决某项技术难题的办法）。

✓ 他把建议书的框架格式为马敏拟好。

> ➢ 简介
>
> ◆陈述问题
>
> ◆推荐（归纳所建议的解决方案）
>
> ◆报告的范围和计划
>
> ➢ 根据该领域的有关规定和标准，对有关建议或问题的解决方案展开讨论
>
> ◆方案一的讨论
>
> ◆方案二的讨论
>
> ◆方案三的讨论
>
> ◆……
>
> ➢ 管理计划
>
> ◆组织
>
> ◆人员
>
> ➢ 成本分析
>
> ➢ 公司能力
>
> ◆设备
>
> ◆经验
>
> ➢ 总结

✓ 张秘书长为马敏列出写作步骤，叫她一步一步对照着做。

一、准备阶段

1. 确定写作目标与文本类型
2. 分析读者
3. 收集信息资料
4. 列出大纲

二、正式写作

实用的写作技巧：

1. 不要在乎写作顺序，如果在某个地方停滞不前了，可以把它搁置起来先写其他的部分。

2. 合理安排时间间隔，初稿出来之后，间隔一段时间再修改。

3. 不要边写边改。

三、编辑、修改

1. 提炼校正文章主题。

2. 增删更换材料。

3. 调整结构安排。

4. 推敲润色语言。

四、检查文章的外观

查看有无拼写错误、标点符号和打印方面的错误，装订好。

当所有这些方面都经过认真的检查和修正以后，文章才能算最后完成。

马敏认为这个列表很有效，按照这些步骤，同时依据上面那个建议书的格式，一步一步地完成了写作。而且她明白了如果写其他文书，也应该按照这个规律走好写作的过程。

■成果评析

1. 张秘书长教会马敏的是书面沟通文本写作的方法。

2. 写作的过程共有四个环节，缺一不可，尤其不能忽略准备阶段和修改阶段。

3. 逐一完成每个步骤的同时，也培养了秘书书面沟通中的好习惯，例如定稿之后先别忙打印，应该再检查有无拼写、标点符号等错误，调整页边距等，打印后装订，工作至此才算完成。

■必备知识

一、写作的过程

书面沟通很重要的一个方面就是文本写作。顺利完成写作过程，通常包括以下三个步骤。

（一）准备阶段

准备阶段是写作过程中的重要环节，占了整个创作活动的一大半时间。只有在充分准备的前提下，才容易成稿，同时也可省去较多的修改时间。

在准备阶段，首先要明确目标，然后据此目标确定文稿的主题。在此基础上，根据主题需要，选择、组织相关的材料。选材可以是通过自己的感知与体验直接摄取的材料，也可以是通过阅读或采访调查间接摄取的材料。然后对材料进行筛选，选取自己最熟悉、最理解、最有意义的典型事物材料。

在准备阶段，还须考虑文章的结构安排、叙述说明方式等问题。

1. 确定写作目标与文本类型

就像建筑师运用蓝图、旅行者借助地图一样，写作者必须在写作前先制订出一个计划来指导自己的行动。确定写作目的是使文章条理清楚、结构完整的关键。

为了确定所写材料的宗旨，首先要分析一下材料需说明的主要观点。如果事先没能确定材料的宗旨，则写起来很容易偏离主题，写出的材料就容易使读者感到没有头绪。所以，必须尽可能详细地列出文章的宗旨，这样可以在写作和修改时获得提示。

明确写作目的会有助于决定文本类型，是写备忘录、信函，还是写有关销售和市场情况的调查报告；是写短篇报告，还是写长篇报告。

2. 分析读者

认真分析读者，才能使你提供的材料符合他们的需要。在写作之前，自己心中应先明确以下五点：

（1）谁将是这份材料的读者，他们是公司内部的人，还是公司以外的人？

（2）如果是内部的人，他们的职务是什么？责任范围又是什么？

（3）如果是外部人，他们与你是什么关系？与公司又是什么关系？

（4）读者对你的主题是否熟悉？他们是否熟悉文本所指的特殊领域？

（5）他们对你的观点会有什么反应？

弄清楚以上问题可以保证在写作的过程中具有更强的针对性。通过了解读者，写作者就会选择对读者有用的信息，或者选择他们可能感兴趣的信息，也就知道该运用什么样的方法和语言来写作了。

3. 收集信息资料

信息量的多少取决于书面材料的类型。如果只是一份主持会议的备忘录，则只需要少量的信息；如果是一份有关销售和市场情况的调查报告，就需要有大量的信息。不管是写简短的备忘录还是较长的报告，都要收集有关信息并检查其准确性，然后才能把这些材料写进去。例如，拟写一份会议通知，必须掌握会议日期、时间、地点等准确信息。

收集信息可能会花费较长的时间，从公司记录中、互联网上查找有关的数据，还可以从图书馆查找有关的出版物；或从专业协会获取有关的专业信息，也可以通过委托代理、与客户个人交谈和采用问卷调查等方式进行。根据写作的目的和涉及的范围，在动笔之前，甚至还可能根据需要进行综合性的调查研究。

确定收集信息的起止时间，估算工作量，这一点很重要。有的秘书会把收集信息作为不动笔的借口。如果需要收集大量的信息，便很容易拖延开始写作的时间。有经验者则非常清楚收集的信息是否完备，随即动笔。

如果并不急于完成这份材料，则给自己确定一定的实际信息收集截止日期，在适当的时候结束信息收集并开始写作，这样做是比较恰当的方式。

无论写的是正式的报告还是非正式的便条，都需要一些素材。这些材料可以来自头脑里的记忆，但更多的需要从各个渠道收集而来，并对其加以归纳整理，提炼出对写作有用的信息。无论是一般文书还是调查报告，或是理论性文章，都需要充分地准备材料。

在这个阶段时应注意以下五点：

（1）在收集资料前，明了写作的意图。

漫无目的地搜索信息只会浪费时间。只有带着目的才有可能收集到真正有价值的素材，也只有带着问题去收集，才能使收集具有针对性，才能不遗漏真正重要的素材。

（2）在收集材料时，明确阅读者的背景。

为了和读者做到有效的书面沟通，作者必须了解读者是什么人，他们已懂得什么、感兴趣的是什么、想要知道什么、能理解什么样的语言和术语等。

（3）确定文书性质。

文书是简短还是复杂，也将影响到资料的收集。例如，一份有关投标项目的可能候选人的报告一般是非常复杂的综合性书面文本，并需要许多详细的证明材料，这就要收集大量而且全面的资料。

（4）熟知收集材料的途径。

信息时代的特点，一方面资料非常多，另一方面，真正需要的资料却很难找到。因此，了解所需资料存在于什么地方显得尤为重要。大致来讲，信息可以通过三个主要途径获得。

途径之一，纸媒体。比如书本、杂志、报纸以及报告、论文等。这类资料总量非常庞大，寻找合适的资料通常要花费一番工夫。

途径之二，现代媒体。网络信息容量大，更新快，查询方便，而且以往纸媒体的信息也逐渐被上传到网络上，所以通过互联网收集资料成为越来越被人们所接受和采用的方式。另外，现代媒体材料还有录音带、录像带、光盘等。

途径之三，非书面的资料。例如个人的经历，这可能储存于记忆当中。通过访谈、会见或会议等手段，使与会者讲述自己的经验、知识、观点、看法，为秘书提供详细生动的资料。另外，非书面材料还可以通过直接观察和社会调查获得。

（5）把握材料收集技巧。

1）从身边的资料开始找起。资料收集的次序对收集效率会产生较大的影响，一般而言，从身边已有的资料开始找起比较妥当。有时无须查找一些高深、稀少的资料，手头资料已能满足撰写的要求，这样就节省了时间和精力。

2）尽量借助高科技手段。现代技术对资料收集产生了重大影响，以前采用卡片、索引、剪报等形式，现在有计算机自动检索等方式。紧跟科技发展，掌握先进的如网络搜索引擎的资料收集方法，能起到事半功倍的效果。

3）注重平时积累。当收集一个自己比较熟悉的课题时，往往能够驾轻就熟，而在一个陌生的领域里收集资料时，会有力不从心的感觉：不知道哪里有相关资料，不知道哪些资料是有价值的。虽说可以通过关键词索引、脚注、尾注、参考文献等查到一部分，但总的来说效率较低。因而注重平时积累，并提高自己的素养和能力，这能使进一步的资料收集变得容易起来。

4）材料数量坚持适中原则。材料太少，不能全面、正确反映事物的本来面貌，使用起来捉襟见肘。但是，材料的增加，会随着耗时的增多而出现边际效应递减的现象。另外，材料太多，反而让人抓不住方向，产生负面引导效应。

4. 列出大纲

列出写作提纲是非常重要的任务，如果能够在正式写作之前列出大纲，那么写作效率就会大大提高。当然，大纲的长短根据材料的形式而定。如果是一个简短的信件，大纲可以短一些；如果是比较长的报告，则大纲必须很详细。在列大纲时，必须明确怎样列提纲最有利于显示信息的内容、性质、材料的目的以及满足读者的需要。

（二）正式写作

在作了充分的准备之后，把自己的观点和大纲中提出的内容通过文字的形式表达出来，这一阶段是整个写作的核心环节。作者依托写作前的准备工作，围绕文章的主题，不断实现由思路转化为文字而同时又产生新思路的过程，这是个不断激发创造力的过程。这个过程能否继续下去取决于作者对写作目标的熟悉程度，取决于作者对行文构成的掌握和理解，也取决于作者自身知识和阅历的宽广度。

1. 从受众角度注重可读性

企业总经理或公司总裁经常会浏览大量的书面材料，他们总是详细阅读其中的一部分，忽略另外一部分，有的甚至是只看一眼。这意味着报告不可能被详细地阅读，因此，写出的东西一定要能抓住读者的注意力。较好的第一印象，他们就有可能读下去。这一印象不只限于材料说了什么或者主题是什么，更主要来自材料的与众不同，包括纸张的质量、书写的整齐程度、空白是否留得适当、表格插图的视觉效果等，这些因素都会决定读者对材料第一印象的好坏。现在流行的计算机平面设计软件使秘书们能很容易地制作出视觉效果非常好的材料。一封版面拥挤、空白狭窄、分段很少的长信很难使人感到亲切，也难以让人产生阅读的兴趣。

要有个性鲜明而有感染力的开头，开头几句话最好能开门见山地表明所写材料的最终目的。读的人在开头几分钟，便可以知道这份材料是否与自己有关，是否是自己感兴趣的题目。如果开头几句话意思混淆、模糊，使人感到不舒服，除非是读者非常想要的材料，否则他就会把材料扔到一边去！

要做到易于阅读，很大程度上当然是取决于写作的水平。但是在写作水平之外，仍然有一些方法可以使你写的东西容易让人阅读。例如，如果是备忘录，可以用提纲的形式把信息列出来，然后在每条的开头用符号标出来以突出信息的重点；如果是一份报告，则需要列出大纲和概要，然后在不同的要点项突出主要观点。通常应该注意以下两点：

一是要了解读者的背景。作者必须使自己写的东西适合阅读者的身份、受教育水平、知识经验甚至时间安排等。当读者水平参差不齐时，写的东西最好考虑最低水平的读者。

二是要简洁。以读者熟悉的字句来表达作者的意思，以简洁的句子来表达作者的观点，这样比晦涩的词语、专业术语的可读性更强。尤其是商业文件，句子应该力求简洁，通常 15 个字左右的句子便足够了，当然并不是说所有句子应该少于 15 个字。偶尔出现一个长句，也会产生一定的变化，使人有新鲜感，增加一定的刺激性，不会影响材料的可读性。

2. 写作的一般技巧

写作的过程是创造的过程，应该注意摒除一些影响创造力发挥的习惯。

（1）不要在乎写作顺序。不要强迫自己从文章的开头一直写到结尾，应该从最容易的地方写起，如果在某个地方停滞不前了，可以把它搁置起来先写其他的部分。

（2）合理安排时间间隔，最好在初稿出来之后，间隔一段时间再去修改。这样写作的效果就会提高。

（3）不要边写边改。写文章不仅仅是有逻辑，更多的是要有创造力。在写作的初期，不要担心细节问题。如果有些地方没有想好，可以留下标记，以后再作修改。

3. 集体写作

集体写作在商业界变得越来越普遍。合作意味着材料失去自己的某些特点，同时也可以从其他人身上获得新的特质。玛丽·蒙特给出了以下的小组写作建议：

（1）在集体的指导原则上达成一致。在加入一个写作小组之前，要就集体的指导原则和基本规则达成一致，使小组能够更加有效地运行，确定谁可以推动小组会议的进程、怎样对各项问题进行决策、如何处理违背小组原则的行为。

（2）在任务安排上达成一致。时间安排应该围绕战略制定、资料收集、资料提炼、文稿修改和最后细节几个方面的任务展开；在制定战略时，应该考虑所有涉及写作的人应具有充分的时间完成写作任务。在收集资料时，要根据小组成员的兴趣和擅长的技能来分配任务。

列出阶段性会议的时间表，避免不必要的时间重叠和人员重叠。在组织提炼材料时，可以用多种方式，如可以采用面谈，也可以采用电子会议，可以是一个人从事该项工作，也可以是小组来完成这项工作。在修改文稿时，可以指定一位修改者，也可以用小组修改的方式。最后的细节包括校对、审核和文章分发等。

（三）编辑、修改

写作的最后步骤是编辑修改。无论什么情境下，作者都不应该认为一次写出的材料就是最后的定稿。即便是有经验的作者，也无法一次性完成写作任务，也不能保证一次写出来的东西就是完美无缺的定稿；编辑修改的次数会因作者写作技巧的熟练程度、所写材料的重要程度和性质不同而不同。

修改的内容涉及对现有写作目标、写作方法和整个文本的重新检查修订，是一个精益求精的过程。这些改变可以是与文本含义有关，或是与打字、语法等有关。一般来讲，经验丰富的作者在开始写作时会先忽略文本细节，直到他们对文本的核心观念提炼到满意为止。

概括来讲，修改可以围绕以下五个方面进行：

（1）提炼校正文章主题。主题是文章的灵魂。通过主题校正，可以使文本的主题更加正确、鲜明、集中、深刻和全面。

（2）增删更换材料。材料是主题的载体，材料的质量如何，影响着主题的表现。因此修改时，须认真分析材料的精彩程度、可靠程度。

（3）调整结构安排。文章要做到言之有序，必须有严谨的结构安排。因此，在修改文章时要注意对结构作细致的鉴定分析，以便重新调整组合，使结构达到最佳。

（4）斟酌变更写作手法。能否选用恰当的表达技巧，会影响文章的表达效果。修改文章时，应对写作手法予以斟酌。

（5）推敲润色语言。语言能否准确、生动、传神地表情达意，是书面沟通的重要特点。文稿能够修改是写作这种沟通方式的巨大优越性，正是因为写作过程中有修改，才使得写作能达到正确、清晰、完整、简洁的目的。同时，现代计算机中文本校正程序的广泛应用已使修改工作大为方便。

二、写作过程的影响因素

写作的三个步骤不能一蹴而就，写作的环境、作者的自身素质、写作时间与主题都会影响写作的过程。

（一）环境因素

此处的环境因素，主要是指读者对象的素质、文化水平、专业技术和需要等对文本书写的影响。如果读者对象是业务经理，那么作者创作文本时就可以用一种特殊的风格来写作，并用一定的专业术语。然而，同样主题的文本，如果是以缺乏专门知识的人为阅读对象，就要用另一种风格写，中间少用术语（也要对之做出专门的解释）。

（二）作者的自身素质

作者写作的主题也受其自身因素的影响。如果是自己非常熟悉而又有着丰富经验的内容，写起来肯定是得心应手，而且读者看了也会大有收获。作者的经验、能力和知识水平对文本写作过程具有重要影响。一般来说，作者的知识水平包括以下方面。

（1）与任务相关的知识：如打字方法、研究技巧、统筹安排时间的技巧等。

（2）与主题相关的知识：如有关主题及数据资料来源的知识、对主题相关的术语和专业知识的了解等。

（3）与阅读文本的对象有关的知识：如对读者的文化水平、专业知识、经验的了解等。

（三）写作时间与主题

对沟通文本写作过程有重要影响的环境还包括进行写作的有效时间和写作主题。由于缺乏时间，在限定时间内完成的文本很少能得到检查和修改。然而，为保证效果和信誉，写成的公司报告就有必要进行充分的检查和修改，必须花时间对所写报告进行细心修改。

这里的检查和修改有时是因涉及材料的复杂性所要求的，或者是因其读者对象是总经理、董事长等重要人物而进行的，但更多时候，检查和修改是由可利用时间的充裕度所决定的。

实训任务

- **能力目标：**

熟知并掌握书面沟通文本的写作步骤。

培养自己良好的书面沟通习惯。

- **知识要求：**

书面沟通文本的写作过程。

- **任务描述：**

掌握书面沟通的技能，不仅需要学习有关的文本创作知识，而且要掌握写作过程的步骤与规律，更要在书写中养成注重细节、踏实认真的好习惯。请从下面的练习中获得启示。

1. 2011年3月日本发生强震、海啸后，遭遇核电厂危机，中国沪浙由此引发“谣盐”

风波，风波平息后，民众纷纷退盐。经理要求你写一篇关于盐政部门帮助事主消化掉囤盐、目前市场食盐销售情况的调查报告。

请你按照从准备工作到完稿、打印、提交经理的过程，列出一个写作计划。

2. 某市需要请人帮助拟写旅游形象宣传片制作招标公告，你想试一试。在写这份招标书之前，你需要做哪些准备？需要什么资料和信息？招标书的文本格式是什么样的？请按照文书写作的过程列出你的写作步骤。

3. 郝秘书早上一上班就忙得不可开交，陈经理来电话催她把策划书送到经理室，她才想起文本尚未打印。于是急急忙忙打开文档，都没扫上一眼就打印了，足足有30页。她叫来实习的文秘专业学生小王给陈经理送去。小王接过来一看，皱起眉头，心想：这就能送去？肯定会被训斥一顿。

(1) 请你快速为小王列出他可能进行的文本外观检查与修改。

(2) 提醒自己在工作中养成注重文章外观的习惯。

示例：添加页码、校对、调整行距、字体、纸张无损、装订……

第五单元

秘书职场沟通1——与上司沟通的口才

任务一　学会类型各异的汇报

知识目标

1. 熟知口头汇报的类型。
2. 掌握汇报技巧。

任务描述

今天行政助理王湘要例行向总经理李卫做汇报，她整理了一下思路：一共有几件事情？涉及哪些单位、哪些人？然后她拿起资料，去李总的办公室。李总对她的汇报很满意。王湘是怎样汇报的？

任务分析

汇报是秘书与领导打交道的一种经常性方式，它直接关系到秘书与领导沟通的质量和效率，是秘书职业活动中的核心行为之一。汇报语言要简洁平实、清晰流畅，给人留下思路清楚、便于记忆的良好印象。

成果示例

下面是助理王湘与总经理李卫的对话。

助理：总经理，有两件事要向您汇报：

第一件事是恒达公司总经理汪明的消息。按您的要求，我们打听到他在武汉与飞亚公司洽谈一项业务。预计明天上午乘高铁回来。您看，和他接洽的时间定在哪一天妥当？后天怎么样？接洽的有关资料已按您的吩咐准备好了，请过目。

第二件事是关于深圳总部视察的消息，我们刚接到通知，视察工作需要顺延，视察时间会另行通知。

总经理：好，预约一下汪总，问他后天晚上有没有时间，我要宴请他。

助理：哦，后天晚上您已有约，要参加我们公司营销部林经理的生日宴。

总经理：你去通知林经理，我不能赴宴了——要见汪总。

助理：好的，我马上去办。

成果评析

1. 口头向总经理汇报工作，助理将内容做了归纳。
2. 在汇报每一项具体内容的时候，又采取“先总说、后分说”的方式进行。
3. 汇报信息客观、真实、完整，所用语言朴实准确。
4. 比较下面两句话，体会助理提建议的技巧：
   “您看，和他接洽的时间定在哪一天妥当？后天怎么样？”
   “接洽的时间最好定在明天晚上。”
5. 助理积极应答总经理：“好的，我马上去办!”这样的回答一定令总经理很满意。

必备知识

一、上行沟通

与上司沟通又叫上行沟通，是指下级向上级报告工作、陈述意见、提出问题和建议，甚至抱怨和批评的一种沟通方式，目的是下情上达。

与上司的沟通大多数与工作有关。建立并保持良好的上下级关系，对一个人在组织中的成功与发展具有重要意义。只有讲究方法，运用技巧，才能达到沟通的目的。

（一）与上司沟通的要求

余世维先生用 6 句话概括了与上司沟通的要求：

（1）主动报告你的工作，让上司知道；

（2）对上司的询问，有问必答，而且清楚，让上司放心；

（3）充实自己，努力学习，了解上司语言，让上司轻松；

（4）接受批评，不犯三次同样的错误，让上司省事、省心；

（5）毫无怨言地接受工作，让上司高兴；

（6）对自己的义务，主动提出改善计划，让上司进步。

（二）影响与上司沟通的因素

在不同的团体中，团体领袖性格特点迥异，要与上司顺畅沟通，首要是了解他的性格特点和个人心理。除此之外，还有一些因素不能忽视。

（1）适当的时机。

（2）适当的地点。

（3）提供极具说服力的事实依据。

（4）预测质疑，准备答案。

（5）突出重点。

（6）切勿伤及上司自尊。

二、向领导汇报的技巧

（一）口头汇报的原则

1. 汇报的“5W1H”原则

Who——何人（人）；

When——何时（时间、时期）；

Where——何地（场所、位置）；

What——何事（对象、理由）；

Why——何因（目的、理由）；

How——怎样发生的（方法、顺序）。

秘书汇报工作时，说话既清楚简练，又分寸得当、逻辑性强，令人信服，领导一听就会明白，且容易产生心理上的共鸣；否则，漫无边际、逻辑混乱，领导就会不知所云，产生反感。秘书在向领导口头汇报时，只要按照“5W1H”的原则提纲挈领进行，一般都能收到良好的汇报效果。

2. 提示

（1）如果你与领导关系密切，汇报工作可能变得简单；如果你是新手或与领导关系一般，就一定要注意汇报工作的时机和方式。

通常要先在汇报之前准备相关资料，把汇报的主题以及相关情况掌握清楚了，相关资料准备齐全了再找领导。

（2）要留意汇报的现场反应：人的心理过程具有外显性（通过语言、姿态、脸色、眼神等流露出来），汇报者应分析对方的心理、情绪，调整语音语调，调整汇报内容或语言，或长话短说，或转移话题。

（3）汇报时禁用不紧不慢，节奏单调呆板、没有变化的语音语调；禁用口头禅“这个”“那个”“然后”“嘛”；更不能说话啰唆，颠来倒去。

（4）汇报时应该精神饱满，语言连贯流畅，节奏适当。

（二）口头汇报的类型

1. 告知性汇报

汇报内容为应该让领导知道或掌握的情况，如综合情况、专题情况、工作动态、活动安排及突发性事件的汇报等。对于这类汇报，秘书要运用逻辑性较强的语言进行客观表述，将时间、地点、人物、事件、原因、背景、开始、发展、结果以及利害关系等，实事求是、原原本本地汇报清楚，让领导一听就明白。

切记：一是不要含糊其词，表意不清，“据说”“估计”“也许”“可能”之类的模糊语言要避免；二是不要烘托渲染，不要在汇报中添加任何感情色彩和描绘成分；三是不要妄加评论，更不能将自己的分析猜想作为事实汇报，要谨防出现“我认为”“我考虑”“我想”等字眼；四是不要遗漏重点，要讲究一定的逻辑层次，不可“眉毛胡子一把抓”，讲到哪儿算哪儿。

2. 请示性汇报

秘书要经常就工作中的问题向领导请示。请示与告知性汇报的区别在于：不仅要领导掌握情况，还要领导给予明确的答复。因此这类汇报要注意：一是陈述要全面，让领导通晓情况便于决策；二是陈述与请示二者要有因果关系；三是请示要具体、简洁，请示的问题不宜太笼统、范围不宜太大，宜简短、精练。

3. 建议性汇报

在日常工作中，领导有时会就秘书所汇报的事情征求秘书的意见和看法，这时秘书可以视情况而定。有把握时，秘书可以直截了当地将自己的建议和意见一条条地罗列出来，供领导参考，但一定要注意用语如“您看这样行不行”“可不可以”“好不好”“是不是这样办”等设问句；没有把握时，秘书可以对领导说：“我对这事不是很清楚，所以我说的意见不一定正确……”

措辞得当、用语稳妥、谨防出现偏激的用语是给领导提建议的关键。提意见时，最忌讳的用语就是“你应该……”“你必须……”。

三、向领导请示和汇报的程序和要点

(一) 程序

(1) 仔细倾听 (5W1H)：记录→复述→确认。

(2) 探讨可行性：快速反应、行动步骤和难以解决的困难。

(3) 拟订计划：将工作进度列成明确的时间表。

(4) 总结汇报：进程中和完成后（经验与不足）。

(二) 请示与汇报的态度

(1) 尊重而不吹捧。

(2) 请示而不依赖。

(3) 主动而不越权。

■ 实训任务

● **能力目标：**

能够进行各种类型的汇报。

掌握告知性、请示性、建议性汇报的语言。

● **知识要求：**

汇报的类型。

口头汇报顺序与语言。

● **任务描述：**

汇报有三种类型：告知性、请示性、建议性，三者之间既有差异，也有共性。了解其差异，才能正确选用不同的方式，熟知其共性，就能掌握各种汇报共通的语言表达。唯有如此，才是懂得了怎样具体地做好每天程序化而内容丰富的汇报工作。请在实训中总结各种汇报的异同之处。

● **操作说明：**

1. 分组，每组不超过 4 人。

2. 规定操作频度与强度，每人必须不少于一次组内发言，不少于 5 分钟。

3. 评测。

● **训练步骤：**

1. 分组操练→组内互测互评。

2. 教师抽检二至三组，给出本次实训课堂成绩。

● **训练内容：**

1. 阅读2003年温家宝总理接受香港凤凰卫视记者采访的一段发言。

（1）请用笔画出这段话中所有的数词。

（2）数词并非是枯燥无味的，请说一说，数词在这里的作用。

（3）这段话层次分明，请指出它有几个层次，以及这段话的主旨是什么。

瑞士前驻华大使曾经说过我的脑子像computer（电脑），我的脑子里确实装了许多数字。这些数字有使我高兴的，也有使我忧虑的。

譬如说，中国改革开放以来，GDP的增长速度年均在9%以上；中国近5年尽管受到“亚洲金融风暴”的影响，GDP的增长年均在7%，去年达到8%。目前中国的外汇储备达到3 000亿美元等，这些是使我高兴的。但是，有些数字恐怕连记者也不完全清楚，比如中国的劳动力有7亿4千万，而欧美所有发达国家的劳动力只有4亿3千万。中国每年新增劳动力1 000万；下岗和失业人口大约1 400万；进城的农民工一般保持在1亿2千万。中国面临巨大的就业压力。中国13亿人口中有9亿农民，目前没有摆脱贫困的有3 000万左右，这是按每年人均收入625元的标准计算的。大家知道，这个标准是低水平的，如果标准再增加200元，农村贫困人口就是9 000万。中国东西部差距很大，大家恐怕只是从概念上了解。我想说一个数字，中国沿海五六个省市GDP超过全国GDP总值的50%。

这几个数字，已经点出了三个问题：农村问题；就业和贫困人口问题；东西部地区差距问题。因此，当好中国的总理不容易。如果要我说现在的心情，我觉得身上的担子有千斤重。

2. 请阅读表5-1。

（1）根据表中提供的汇报技巧，结合学习与工作经验，写出你成功汇报的具体事例。

（2）将你写的事例文本改写成脚本。

（3）角色扮演，拟真汇报。

表5-1　口头汇报技巧

技巧	具体做法	效果
明确目标 有的放矢	弄清什么时候汇报 弄清汇报什么	使汇报目的明确
先总后分 巧分层次	1. 事先总结汇报的内容 2. 将汇报内容归纳为三大项 3. 区分汇报内容的层次，加深领导印象 4. 加入专业名词，使汇报内容凸显深度	使汇报内容层次清晰

续前表

技巧	具体做法	效果
巧用素材 精确数字	1. 善于把第一手材料融入口头汇报中 2. 巧用数字，如果需要的话，精确到个位数，提高汇报内容的可信度	使汇报内容可信度强
抓住中心 用例典型	1. 运用第一手材料 2. 选用典型事例或材料	使汇报内容重点突出
用语朴实 态度乐观	1. 一般不用修辞，不讲究声情并茂 2. 注重客观真实，言简意赅，态度立场明确 3. 措辞得体，角度适当	使汇报语言得体，角度适当
多种形态 能简能详	1. 可视情况使用多媒体、纸质材料等不同形态辅助口头汇报 2. 制定详略两套方案，视具体情况决定汇报的详略	使汇报内容更具体，并体现灵活性

任务二 了解性格各异的上司

知识目标

1. 了解上司的性格。
2. 培养与领导沟通的能力。

任务描述

顾婷在亨通公司见习两个月，很敬佩秦秘书的职业能力，觉得秦秘书平易近人，但他平时并不喜欢多说话；而张科长则跟什么人都自来熟，似乎更容易接近；李部长则只有一次把小顾叫去送文件，他十分严肃，顾婷在他面前简直什么话也不敢说。一天小顾见秦秘书不忙，便想问问他：怎样才能从容地跟不同的领导沟通？秦秘书没有就事论事，而是教给小顾规律性的应对方法。

任务分析

和不同的领导打交道，首先要了解领导的性格类型及交际风格。虽然人是形形色色、复杂多样的，但可以归纳出有限的几种类型。根据不同类型性格的上司的话语习惯，采用有效的沟通方式：或直截了当，与之开门见山汇报情况；或有问有答，并提出建议方案……

成果示例

秦秘书说：见什么人说什么话是沟通成功的法宝之一。人人都知道“见什么人说什么话”，但未必人人都了解交际的对象是“什么人”。所以，你首先了解对方的交际风格，才能知道他与人交际的习惯是什么，才能再进一步找寻与之沟通的合适方法。

顾婷说：嗯，我在书上读到，人际风格有四大种类，您看：

分析型——果断性很差，感情流露少，说话啰唆，难做决定。

和蔼型——果断性较差，感情丰富，说话较慢，温情脉脉。

表达型——果断性较强，热情幽默，说话夸张，常用动作。

支配型——果断性很强，感情流露少，说话直接，喜欢指挥。

秦秘书接着：对，想一想，王总属于哪个类型？我属于哪个类型？小顾你给我们对号入座一下。

顾婷：哦……

秦秘书：再想一想，你可以用什么方式与他、与我沟通比较合适？

顾婷：嗯……我得慢慢想一想。

秦秘书：你看没有哪一种人的人际风格特征是十全十美的，而且你的领导不一定会跟你的风格同类型，作为秘书，这就要让我们自己的交际风格具有可塑性——做到“见什么人说什么话”。

■ 成果评析

秦秘书教给顾婷的方法是，给领导按照类型分类，一种类型的上司用一种合适的方式去沟通。

上司的性格多种多样，秘书无法挑选与自己性格相类似的上司相处，工作的性质需要秘书把自己的交际风格变为“可塑型”的，以适应职业环境的需要。

■ 必备知识

秘书是为领导提供辅助管理和综合服务的人员，其与领导沟通的好坏直接决定了他的工作绩效。对于秘书而言，如果能够做到得体和有效地与领导沟通，就能真正成为领导的“贴心人”。

一、与领导沟通的原则

与上司说话，不是难在有礼，而是难在得体。因此，必须掌握以下这些原则。

（一）了解领导，适应领导

面对陌生的领导，大多数人都有一种本能的隔膜感、畏惧感和提防警戒心理。因此，秘书在与新任领导沟通之前，应该对领导的社会背景、性格特点、事业目标、工作作风、个人好恶和语言习惯等有比较清楚的了解。这样，说话才会有针对性，才能易于被领导接受。

总之，一个精明的领导总是欣赏那些了解他的脾性、能根据他的心境和愿望行事的下属。

（二）不卑不亢，有礼有节

秘书的工作性质决定了其与领导接触的机会很多。与领导相处，首先要做到谦逊有礼，有些话应该尽量避免在领导面前说，比如“随便，都可以！”“这事儿你不知道！”“这事你不懂！”“不行是不是？”等，这些都是对领导不敬的语言。但这也不是要秘书在领导面前低三下四，唯唯诺诺的人绝不会是领导欣赏和重用的人。秘书应该在保持独立人格的前提下，采取不卑不亢的态度。

（三）有问必答，分寸得当

领导常常会就有关工作与秘书谈话交流。此时，秘书应冷静思考，有问必答，言之有物，言而有序，并且一定要注意仅答其所问，绝不随意发挥。遇到难以回答的问题，不要回避，不要推诿，应该大方地如实说明情况或者虚心向领导请教。

（四）维护领导的形象

没有哪个领导不看重形象，并且往往把它看作衡量下属对自己是否尊重、自己是否具有权威的标志。如果秘书不懂得这一点，轻者会受到批评，重者会被暗中压制，不得重用。

维护领导的形象是秘书与领导相处时应该特别注意的方面。比如，当领导讲话出现差错时，不要立即指出并予以纠正，否则，领导会觉得有失脸面，降低威信。

二、领导者的类型

（一）老虎型的领导者

他充满自信、竞争心强、主动且企图心强烈，是有决断力的领导者。一般而言，这类领导胸怀大志，勇于冒险，看问题能够直指核心，并对目标全力以赴。在领导风格及决策上，强调权威与果断，一切均以目标和实质性的成果为导向，擅长危机处理，适合开创性与改革性的工作。

（二）孔雀型的领导者

这类领导人际关系能力极强，擅长口语表达，很会沟通激励并带动气氛，是宣扬理念、塑造愿景的能手。喜欢与人互动，重视群体的归属感，善于透过人的关系发挥影响力。富有同情心并乐于分享，具有鼓舞性和带动性，善于交际。

（三）考拉型的领导者

这类领导平易近人、敦厚可靠，强调和谐合作、避免冲突与不具批判性，在行为上表现出冷静自持的态度；注重稳定与中长期规划，常会反思自省，即使面对困境，亦能泰然自若，从容应付；决策方面需要较充足的时间，意志坚定、步调稳健。

（四）猫头鹰型的领导者

这类领导稳重，行为中规中矩，很有责任感，行事条理分明，一切根据制度与规定，重视承诺与纪律，有完美主义的倾向，让人非常信赖；重视是非对错，追求精益求精；分析力强，要求标准高，不能容忍错误且自律甚严。

（五）变色龙型的领导者

这类领导适应力及弹性都相当强，对内擅长协调，对外擅长整合资源，以合理化及中庸之道来待人处事；没有预设立场，不走极端，柔软性高，擅长谈判斡旋，手腕圆融。

三、与不同领导的沟通技巧

与各种不同性格的领导的沟通技巧如表 5－2 所示。

表 5-2　与各种不同性格的领导的沟通技巧

领导风格	倾向	沟通技巧
控制型	直接下命令，不允许部下违背自己的意志，关注工作结果而不是过程	直截了当，开门见山，干脆利落地谈话；尊重领导的权威，称赞其成就而非人品
互动型	亲切友善与部下相处，愿意聆听部下的困难和要求，努力营造融洽的工作氛围	公开、真诚、具体地赞美；态度友善和蔼，留意肢体语言；开诚布公地当面沟通，切勿背后议论
实事求是型	按照自己的行事标准要求部下，注重问题的细节，善于理性思考	直接进入主题；对关键细节加以说明

实训任务

● **能力目标：**

能分析自己的人际风格特征。

熟知上司性格类型。

培养自己具备与不同性格领导沟通的能力。

● **知识要求：**

上司的性格分类。

应对不同性格上司的方法。

● **任务描述：**

与上司相处之道，关乎两方面因素：秘书自己的人际风格特征、上司的性格类型，所谓“知己知彼，百战不殆”。对沟通主体双方有了必需的了解，秘书才能做到“见什么上司，说什么话”。请自测你的人际风格特征；总结归纳针对不同性格上司的沟通技巧。

● **操作说明：**

1. 分组，每组不超过 4 人。
2. 规定操作频度与强度，每人必须不少于一次组内发言，不少于 5 分钟。
3. 评测。

● **训练步骤：**

1. 自测，组内互评。
2. 分组角色扮演。
3. 两两小组之间组员一一结对子交流。
4. 教师在课堂上巡视，给每组评出实训成绩。

● **训练内容：**

1. 了解和分析自己的人际风格特征，不仅有利于与上司沟通，对秘书在工作中与同事、下属、客户沟通都很有益。

（1）对照表 5-3 自检——你属于哪种类型？

（2）你属于哪种类型，你的交际能力如何？

（3）你属于哪种类型，这种类型存在什么缺点？怎样完善你自己？

（4）你的同学、朋友属于哪种类型的？你在表 5-3 中选择怎样的沟通方式才能获得预期效果？

(5) 这一次的人际风格特征自我分析，给你的启示是什么？（提示：A. 人在年轻的时候往往喜欢跟与自己志趣和行为方式类似的人相处、共事。B. 但是工作关系限制我们自由选择合作伙伴，宽容、欣赏和利用彼此的不同，就成了重要的品质。C. 成熟的一个重要标志，就是在多大程度上你能跟不同的人形成互补关系。）

表 5-3　人际风格类型

人际风格类型	特征	沟通方式
分析型	严肃认真，有条不紊，语调单一，真实，寡言，表情单一，动作慢，遵守逻辑，语言准确，注意细节，注重个人空间	注重细节；守时；尽快进入主题；认真记录；避免过多的眼神和身体接触；多用专业术语及数据、图表；语速适中，声音柔和
与分析型人沟通的关键技巧——说话的方法和态度要更加正式		
和蔼型	合作，友好，赞同，耐心，轻松，在办公室摆放家人照片，表情和蔼，目光接触频繁，说话慢条斯理，声音轻柔，多用鼓励性语言	首先与其建立友好关系；多加赞赏（尤其对其家人照片）；保持微笑；语速放慢，鼓励并征求其意见；保持频繁的目光接触
与和蔼型人沟通的关键技巧——建立亲密的个人关系		
表达型	外向，直率友好，热情，不注重细节，令人信服，幽默，合群，活泼，动作和手势多，语调丰富，说服力强，常借助物体表达	声音洪亮，热情活泼；使用与其相似的动作和手势；注意从宏观引导；说话直截了当；对细节进行确认并经常提醒对方
与表达型人沟通的关键技巧——给予其充分的时间表达自己		
支配型	果断，指挥人，独立，能力强，表情少，情感内敛，审慎，有作为，有效率，目光接触，语言直接，语速快有说服力，目的性和计划性强	回答准确及时；常用封闭式问题体现效率；提供依据和创新思想；讲话直截了当，节约时间；声音洪亮，充满信心；直奔主题；目光接触；身体前倾
与支配型人沟通的关键技巧——直截了当地快速步入正题		

2. 你的上司属于哪种类型？如何避免沟通障碍？

(1) 根据表 5-3 给出的类型，请写出应对的策略。

(2) 组内分工每人挑选一种类型，编写秘书与领导对话的脚本。

(3) 设置情景，分角色扮演脚本。

A. 领导待人随和，平易近人。

B. 领导面相严肃，说话时不苟言笑。

C. 领导属于“曹操”型，猜忌多疑，对于下属说到的一些事情往往会想了又想，哪怕是一些在下属看来很不起眼的事情。

D. 领导属于冲动型，情绪容易波动。

提示：

A——秘书从心理上易于接受此类领导，谈话自然不会很拘谨，但切忌以为领导“好说话”，言行上就“掉以轻心”，以致超越了与领导谈话的界限和范围。

B——秘书与之沟通时往往小心翼翼，谨慎交谈，但切不可因为紧张而遗漏一些重要事项，从而给领导留下办事不牢的印象。

C——秘书与这种领导说话必须曲直相宜，该曲则曲，当直则直。对于没有把握的事情，尤其是涉及人际关系的事情，一定要慎之又慎，以免引起是非。

D——秘书了解了领导的脾气、性格后，与领导沟通时应“见机行事”。

3. 洛顺的小说《市长一秘的机关心经》中，秘书杨文重毕业于名牌大学，学问很高，文笔功夫过硬，但是他性格内向，不善言辞，更不喜与领导套近乎。E市的市长换了三任：李务刚—周启武—邱志恒，性格各异。虽然新市长看重他业务能力强，可是与他沟通起来总觉得他顾虑多，有所保留。请指出杨文重身为秘书，他的人际交往风格有什么缺陷？应该怎样改善？

4. 小组讨论，共同完成表5-4。

表5-4　与上司沟通的常用话语

参考句型	好处
我们似乎碰到一些状况	示例：以最婉转的方式传递坏消息
我马上处理	
某某的主意真不错	
让我再认真地想一想，三点以前给您答复好吗？	
我很想知道您对某事的看法	
是我一时失察，不过幸好……	
谢谢您告诉我，我会仔细考虑您的建议	（面对批评）
我需要某某的帮助	

任务三　学会建议、劝说等技巧

■知识目标

1. 学会接受领导指示的技巧。
2. 学会建议、劝说的技巧。

■任务描述

黄璐实习了一段时间后，感觉向领导汇报工作，只要兢兢业业、踏踏实实准备材料，思路清晰，话语合乎规范，基本上已经能够胜任了。但是向上司提建议就不是那么好驾驭的工作了，特别是明明很有道理的事情，经理却拒不同意。黄璐对此最犯难了。她决定向老秘书讨教。徐秘书有十来年的工作经验，她为小黄细致地做了介绍。

■任务分析

给领导提建议，劝说上司重新审视已定决议，修正其不合理之处，或重新决策，这需要秘书有相当好的口才和丰富的经验。一些细节和外部条件，如建言时上司的心情是否愉悦、建言的方案的优越之处是否明显、数据从哪里来、是否具有强有力的说服力，都是给上司提建议并成功说服他的重要因素。因而对实习秘书小黄来说绝非易事。

成果示例

黄璐给徐秘倒了一杯茶，聆听老秘书的经验之谈。

徐秘：向领导做汇报是秘书的基本功，建议和劝说则需要练就上乘的本领了，你现在还不具备，不要紧，慢慢在工作中学习，把翅膀练硬。

我给你讲两个例子吧。

有一次公司营销业绩出现了滑坡，在工作总结汇报会上，董事会对此表示了明显的不满，李总经理很郁闷。第二天，供货商好像商量好了似的一窝蜂地来催款，气得他只想骂人。

这时人力资源部张总监急匆匆地来找李总。我赶紧叫住他：张总监，您有好消息吗？要是您的事不急的话，改天再来吧。李总正在气头上呢！您要是现在进去没有好消息告诉他，说不定他也会跟你急呢。

张总监当然听从了我的劝说。要是我按常规替他通报让他进去见总经理，二人必定闹得不愉快。

还有一次，我见会议室只有李总一个人在，决定向他进谏。李总没有阻止我，我就说：

我想提两点建议。一是建议公司对营销经理的流失原因及流失方向进行深入的调查。据原来和我同宿舍的姚莉透露，她是被我们的同行有意挖走的，并且她在现在的公司已经升为主管了。所以我个人认为，营销经理的流失原因可能不单纯是待遇低这么简单。二是建议我们公司在人员聘用合同上增加保密条款，这样可以在一定程度上限制营销人员随意离职，我有一位同学，他们公司就是这么做的。当然，这些只是我个人片面的所闻所想，请李总参考。

李总听了，说我提供的信息和建议很好，采纳了我的建议，立即叫人力资源部进一步落实。

黄璐听了，暗自佩服，下班后，在笔记本上写下心得。

成果评析

1. 徐秘书经验丰富，她对事实的把握是她与领导沟通成功的要诀。

2. 阻止、建议张总监与总经理见面合乎情，避免了二人见面张总监遭到训斥、被当作出气筒的尴尬，又防止了领导层因李总的情绪不当而产生不应有的矛盾。

3. 应对营销经理流失原因的进谏成功，则建立在徐秘书掌握的事实基础上，她的两个建议合乎理亦合乎情，完全从公司的利益出发，得到总经理的认可就顺理成章了。

必备知识

一、接受领导指示的技巧

秘书被领导叫去接受指令时，爽快地回答“好”是非常重要的。当你用明朗的态度回答“好的，我一定完成任务！”或“我会尽最大努力去做！”时，你的领导心里就会有一种满意感、放心感和信任感。

（一）认真听取指示，不打断不插话

领导在交代工作时已经想好了交代的顺序，如果在领导交代工作过程中突然打断他的说话，提出自己的疑问，就很容易影响领导说话的思路，这样做是很不礼貌的。所以，应当先让领导把话讲完，然后再提出疑问和意见。

（二）应答及时

在领导发布指令时，秘书要用点头或轻声应答“嗯”“好的”等语言来及时表示已经清楚、明了工作的内容和要求。此时，切记不能神情木讷、毫无表示，否则领导根本就无从了解你是否已经明白他的意图。

（三）委婉阐述自己的意见

当秘书对领导的指示有自己的看法或是更好的办法时，可以坦率地阐述自己的意见，但一定要注意说话的技巧。如：“经理，您的想法我很理解，我会按您的要求去做的。同时，关于××环节，您看可不可以这样安排……”

二、给上司提意见、建议的技巧

给上司建言有三个步骤：

第一步，提出可供上司选择的方法（方案、建议）2～3个；

第二步，说一个你喜欢的方法（方案、建议）；

第三步，说出每个方法（方案、建议）的优缺点及可能发生的后果。

具体而言：

（一）适事

“事”指的是紧急的、重要的、上司需要知道的事；发生了错误需要纠正、补救的事；经反复思考确认合理的事。

（二）适时

“时”指的是面对重大紧急事项，上司急需对策时，下属应快速提出执行措施；任务转化、变更时，下属要有高度的预见性和参与意识；一般的事，在上司空闲、心情好时说，否则不要讲话。

（三）适度

显而易见的事，点到为止；上司一时接受不了的事，可过一段时间再提，让上司有个思考过程，不要一味纠缠不休；先说重点，简明扼要，讲上司最关心、最喜欢听的，不要讲上司不感兴趣、不喜欢听的。

三、劝说领导的技巧

公司领导刚愎自用、自以为是，听不进不同的意见，为了组织的利益，作为秘书该怎样劝说他？中层经理给上司提了一个很好的建议，但是上司不肯采纳，为了公司的发展，作为秘书该怎样劝说他？

（一）秘书身份与劝说的意义

善于进谏是改变领导初衷的方法之一。一个优秀的秘书，不仅表现为对领导的言听计从，努力完成领导交办的工作任务，而且表现为善于给领导出主意、想办法。尤其是当领导者的决策、指示不符合客观实际甚至出现错误时，秘书能够通过努力，使领导改变初衷，这是非常可贵的。

因工作性质的关系，一般来讲，领导对秘书的进谏是持欢迎态度的，秘书如果能讲究进谏的技巧，领导会更加乐于接受谏言。这对于秘书发挥领导的参谋助手作用，是十分重要的。

（二）进谏时不容忽略的细节

当你准备给领导进谏时，一定要注意方式和方法。尤其要注意以下两点：

1. 分清场合，说话得体

领导都很注重自己的威信，因此在提出不同意见时，要注意场合，一般不能在领导心情不愉快时或公众场合给领导提意见。话不能说得太绝对，太肯定，要留有余地。如“张总，您刚才说的观点完全错了，我认为事情应当这样处理……”，这样的语言会让领导十分尴尬。

2. 要语气平和，方式巧妙

人人都有自尊，尤其是领导，因此在提意见时语气应平和，方式要巧妙。

（三）劝说领导的技巧

想给领导提建议，就要举出一些能证明你的建议是正确的事实，并将这些事实以一种能清楚地表达出你的思想的方式提出来，最后的结论则由领导自己去定。要注意，提出一种特定的政策或行动步骤，还不如得出几种可行性的方案，充分说明其利弊得失，然后请领导决定取舍。

（1）关于将意见变通为问题。抓问题不是越多越好，而是越精越好，最好是“抓住一点，不及其余”，在最要害的问题上做文章。

（2）学会提几个方案给领导选择，将各种方案的优缺点陈述得越充分越透彻，领导采纳你的意见和建议的可能性就越大。

（3）客观而婉转地向领导提供“因其决策不当而带来负面效应”的信息，促使领导重新认识原决策，进而修正原决策或做出新决策。

（4）随时给领导改变决策“留面子”“下台阶”，千万不可把领导的改变归功于自己的进谏，要让领导的改变顺理成章、水到渠成。

（5）多用数据和事例，增强说服力；说话简明扼要，重点突出。

（6）预测上司的质疑，先做应对准备。谈话过程中要面带微笑，充满自信。

实训任务

- **能力目标：**

能掌握接受领导指示的技巧，并在实际中使用。

能掌握建议、劝说的技巧，并能够有效建言、劝服。

- **知识要求：**

接受领导指示的技巧。

向领导提建议的方法。

劝服领导修正政策的技巧。

● **任务描述：**

由易到难，先完成接受上司指示的技巧和训练。再按照训练内容提供的材料操练向领导建言的技能。（另外，请思考：在向领导提建议或劝说他之前，你需要做哪些铺垫？如果劝说并不成功，你反遭到上司的训斥，怎么办？）

● **操作说明：**

1. 分组，每组不超过 8 人。
2. 角色扮演。
3. 评测。

● **训练步骤：**

1. 分组操练→组内互测互评。
2. 提交答案文本，教师抽检某三组，给出本次实训课堂成绩。

● **训练内容：**

1. 接受指示训练

上午 10 点，总经理一到办公室就交代秘书：通知公司所有副总，10 分钟后到小会议室开会；通知公司所有中层干部，半个小时后到大会议室开会，上级部门会来人宣布重要事项。（背景：A. 小会议室正在开工程审查会；B. 公司有副总 4 人，陈副总有事外出。）

训练方法、要求：每两人一组，一人任领导，另一人为秘书，领导向秘书交办事情，秘书接受领导指示。进入角色，认真体会秘书接受指示时应该使用的技巧；换角色再训练一次，互相交换训练的体会。

2. A 是秘书，B 是上司。比较（1）、（2）两段对话，说说（1）中 A 与上司沟通的失误原因，指出（2）中 A 与上司沟通成功的可取之处。

（1）A：“何总，您看明天开会怎么样？”

B：“我明天没空。”

A：“那您什么时候有空？”

B：“看一下吧？可能下周一、周二吧？有空再说！”……（两人散去）

（2）A：“何总，您看明天开会怎么样？”

B：“我明天没空。”

A：“那后天怎么样？”何总没讲话，便接着问：“您看后天早上怎么样？”

B：“后天早上恐怕有点困难。”

A：“那么，何总，您看后天下午 3 点怎么样？”

B：“那就后天下午。”

A：“何总，到了明天上午，我再提醒您一下，您看可以吗？”

B：“好的。”

3. 英国莱斯特大学管理哲学博士曾仕强先生，受邀参加一个很有名气的公司战略扩张会议。公司总经理主持会议，说明了会议的议案是什么，请大家畅所欲言，不要有所顾虑。

有一个资历较老的干部站起来发言，但是这位总经理在会上不停地与别人讲话。事后曾先生问总经理："你是总经理、会议主持人，你要人家发言，人家发言你就讲话，不听，你是什么意思？"总经理回答说："我要给那个发言的人一个信息：'你少讲一点好，免得搞得气氛不好。'"原来总经理在暗示他的下属"他不想听那些话"。

(1) 你是秘书，总经理的办法你能不能拿来用？

(2) 列举出合乎秘书身份的阻止领导干部话语的方法（尽可能多）。

4. 总务处处长有一个很好的关于节约公务车使用经费的建议，但是总经理误解了他的意思，且认为节约是小事，开源才是公司发展的大事。你赞同总务处处长的建议，认为缩减这笔开支对公司意义重大，准备说服领导采纳总务处处长的建议。

请你拟写文稿，扮演秘书，说服上司。必须达到以下 6 点劝说的要领。

(1) 劝说时机，选择恰当（领导心情愉悦，精力充沛时）；

(2) 面带微笑，充满自信（音量适中）；

(3) 亲切友善，尊敬领导；

(4) 资料翔实，数据确凿（想一想可以从何处获取）；

(5) 设想质疑，事先准备；

(6) 简明扼要，重点突出。

第六单元 秘书职场沟通 2——与同事、下属沟通的口才

任务一　有效下达命令

知识目标

1. 认识内部沟通及其重要性。
2. 把握秘书与同事、下属沟通原则的要点。
3. 了解有效下达上级指示的方法。

任务描述

每年逢公司的业务淡季，总经理都会到集团下属单位调研，均由秦勉全程安排并陪同。贺总交给秦勉两份名单，一份是即将前往调研的三个下属单位名单，一份是调研的陪同人员名单。秦勉怎样做好与调研单位的沟通工作？

任务分析

贺总亲自带队调研一事，秦秘书要与被调研单位——下属单位的责任人或其办公室主任进行及时和即时的沟通。在与下级的沟通中，秦秘书的言语要做到客观、清晰，把行程与要求交代清楚。同时，具有权威，毋庸置疑，又不能摆架子，打官腔。

成果示例

7 月 5 日，总经理贺铸决定去下属的 A、B、C 三个单位调研。

调研组共 5 人，分别是陈副总、财务总监、人力资源总监、技术总监和秦勉。

时间：在 7 月 10 至 20 日。

调研背景信息：A、B 两个单位上年的绩效考核为优，C 单位仅为合格。贺总早就对

C 单位的经理不满意了，多次在半公开场合提出要更换 C 单位的负责人。

首先，秦秘书把要做的工作分为两个阶段：

一是调研前，通知被调研单位调研活动的行程安排、人员配备等，以便被调研单位做好准备。

二是调研过程中，及时与被调研单位衔接好调研活动。

其次，他列出以下清单：

1. A、B、C 三个下属单位的责任人及其办公室主任的名单与联系电话。
2. 在三个下属单位调研的具体日程。
3. 对各调研单位提出接待安排的工作要求。
4. 传达调研内容，提请各单位领导做好资料准备。

接着，秦秘书拟写书面通知和日程安排表。

然后他依次给三个调研单位的办公室主任或行政秘书打电话、发传真/邮件。

调研背景中的信息，秦秘书只字未向调研单位提及。

7 月 10 日，调研团来到 A 单位……

成果评析

1. 此次调研，总经理亲自出马，秘书应高度重视对上司命令的有效传达，不可掉以轻心，并要求下属单位也高度重视。
2. 秦勉的工作习惯永远是值得秘书好好学习并长期保持的——在做事之前先分析、列清单，然后再实施。
3. 把调研的日程、调研组人员名单、接待规格等客观信息逐一准确无误地通知给三个单位，并提请他们及时落实。
4. 贺总对 A、B、C 的评价，秦勉既未增加主观评价，也没有向下属单位透露。

必备知识

一、与下属、 同事——内部沟通

（一）下行沟通

一些大型企业往往下设很多子公司或分公司，而总部则是企业运转的轴心。企业的上级领导向下级发布命令、指示、通知、通报等。这便形成一种自上而下的沟通，由上级向下级传递信息。

（二）平行沟通

平行沟通是同级之间传递信息，如员工之间的交流、同一层级不同部门的沟通等，是秘书与自己同级别的同事之间的沟通，具有业务协调性质，例如完成上行沟通（向领导汇报）、下行沟通（到下级单位调研）都可能需要平行沟通对象——同事的协助。

（三）与下属、同事——内部沟通的共性

（1）都属于内部沟通，虽然这两种沟通的侧重点不同，但仍属于企业内部的沟通。

（2）秘书与二者的沟通都含有以下共同点：

1）有效地向部下、同事下达上司的指示和命令。

2）获得部下、同事的协助，完成上司交代的任务。

3）所谓“部下”是指企业的下属单位，秘书与之仍然是同事关系。

4）秘书的身份地位与二者是平等的，并不具有“发号施令”的权力，需要更多的沟通技巧与之融洽人际关系。

基于以上内部沟通的共性分析，本单元将秘书与下属、同事的沟通放在一起讨论。

（四）秘书与下属、同事人际关系破裂的弊端

如果秘书不能与下属、同事正常沟通（不仅指示下达不顺畅，还可能产生不协调的情绪），员工就不能把上级的意图转化为自己的行动，无法实现管理者的决策；部门之间、员工之间不协助和团结，甚至产生矛盾和冲突，将会给企业带来损失。由此可见其间秘书扮演的上情下达、平行协调角色的重要意义。

二、沟通的主要内容

秘书与下属、同事的沟通，主要包含以下内容：

（1）传达命令，阐明工作程序，发布政策。

（2）对组织内部存在的各种问题提出意见和建议，以便经理人员或者员工进一步改进和提高。

（3）评价员工的工作，了解员工。

（4）向同事提出协助的请求，获得协助，共同完成任务。

三、沟通总原则

秘书要遵守与下属、同事的相处原则，总体上说有如下七点：

（1）修身养性，公道正派。

（2）彼此尊敬，平等交流。

（3）创造机会，建立良好关系。

（4）控制情绪，避免争执。

（5）语言礼貌、得体，重视非言语沟通。

（6）不传递不利于团结的话语。

（7）善用赞美、劝导、拒绝、批评等方法。

四、准确无误地传达领导意图

秘书经常受命要将领导指示传达到各部门，因此秘书应当掌握下达命令的技巧，正确传达命令意图，使部下积极接受命令。

【案例】

小张，请你将这份调查复印2份，在下班前交给总经理，请留意复印的质量，总经理要带给客户参考。

【评析】

不要小看这一个小小的指令，它包含了传达指令的各个必备要素：

按照5W1H方法分析这个命令所传递的重点：时间、地点、执行、为什么目的、需要做什么工作、怎么样去做、需要多少工作量。

从秘书发话的角度看，正确传达命令意图。

从如何使部下积极接受命令的角度看，态度和善，用词礼貌，让部下明白这件工作的重要性。

(1) 抓住领导指示的要点，确保同事获得准确信息。

秘书在聆听领导的口头交代时，应有集中的注意力、灵敏的反应力、牢固的记忆力，必要时用笔做记录，切实弄清传话的中心意思，记住领导反复强调的话。

(2) 只传达领导命令的内容，不传达评价语。

领导对部门或同事的批评意见，宜由领导与同事个别交谈，秘书不要介入其中。秘书在传话时应把不利于工作和同事关系的言语舍去，把过头的话删去，只讲对工作有利、对团结有利的意见。

如果秘书担当将总部的精神传达到各基层企业的任务，或是陪同总部领导前往基层调研，与基层企业的负责人直接对话。这种情形下，秘书应该注意以下两点：

(1) 思路清晰，表述清楚，带有权威性。

一般来说，总部对基层企业都是发布指令性的要求，秘书向基层员工传达的工作，都代表着领导的旨意，有很强的权威性。管理层级或职衔越高，所说的话就越重要。因此，秘书在和基层沟通前，要仔细考虑说话的内容，理清好思路，将事情一件件摆出来，一条条将要求提出来，但注意不要轻易发表言论，不要带有个人感情色彩。

(2) 避免盛气凌人、官气十足。

在秘书与基层沟通之前，基层员工心理上会认为你就是领导了，你应该以谦和的态度、平等的口吻、亲切的语气与之交谈，完全不必摆出高高在上的架子或以领导的口气来说话，这样非但得不到尊重，还会让基层员工产生反感情绪。

秘书在与基层负责人谈话时，特别要注意顾及负责人的面子，千万不要将总部领导对该负责人的不满在基层其他员工面前表露出来。

实训任务

- **能力目标：**

重视内部沟通。

能有效地向下属传达上司的指示。

- **知识要求：**

内部沟通的重要意义及沟通原则。

有效下达上级指示的方法。

- **任务描述：**

秘书传达上级指示的目的是使命令得到执行，让部下正确了解意图、容易接受、愿意去执行——这样上司的命令才是有效下达。请从下属接受的角度，总结如何能提升接受命令的意愿的方法。

- **操作说明：**

1. 分组，每组不超过 8 人。

2. 小组讨论。

3. 提交讨论结果的文稿。

● **训练内容：**

1. 从习近平的发言中，总结下达指示者需要学会的沟通技巧。

习近平同志曾说："我们有些领导干部不会说话，主要表现在：与新时代群众说话，说不上去；与困难群众说话，说不下去；与青年学生说话，说不进去；与老同志说话，给顶了回去。"

（提示：让下属"听得清、听得懂、听得进"。）

2. 上司的命令，属下会有意愿下的执行与无意愿下的执行，其结果将产生很大的差异：有意愿的部下，会尽全力把命令的工作做好；无意愿的部下，心里只想能应付过去就好。改变部下陷于"命令—服从"的固有认知，使其有意愿地执行，沟通方式需要做哪些改进？

（提示：转换角色，从命令接收者的角度，讨论传达命令的沟通技巧。）

3. 编写命令，扮演秘书角色，传达命令。

（注意，有些命令不是接受者很愿意执行的，例如在寒冷的冬天跑操、频繁的大扫除等，考虑如何有效地传达，并被及时执行？）

（1）替班主任传达通知。

（2）替教务秘书传达通知。

（3）替宿舍管理员传达通知。

（4）……（其他命令）

4. 戴尔·卡耐基是世界闻名的口才专家，请阅读下面这个例子，做评析。

以提问代替命令

卡耐基与美国优秀传记作家伊达·塔贝尔讨论起了如何与人相处问题。

塔贝尔说，在她写《欧文·杨传》的时候，曾拜访过一位与杨先生共事3年的人。那位先生说，他从来没有听见杨指挥别人——他只是建议，不是命令。例如，欧文·杨不会说："去干这个，干那个"或"别这么做，别那么做"，他会说"你可以考虑这样"或"你觉得那样有用吗"……他常常在口述一封信后说："你觉得这样如何？"在接过助手写的信之后，他会说，"也许这样写比较好。"他不教助手做什么，而让他们自己去做，让他们自己在错误中学习。

卡耐基认为：像这样的办法，容易使人改正错误；像这样的办法，保全了他人的尊严，给人一种重要感，所以，他会与你合作，而不是抵抗。无礼的命令只会导致长久的积怨——即使能改正他人明显的错误。

训练内容1参考答案

让下属"听得清、听得懂、听得进"。基本原则是"善听、慎说、会问"。

善听，即尊敬和重视部下。倾听部下的建议、意见、不满，甚至牢骚，允许部下把话说完。

慎说，即说具体的事，找原因，想办法，说出自己的意见，不评价部下的人品，不说

“我真没想到你是这样的人，我当时真的是瞎了眼”。

会问，上司是问问题的人，不是给答案的人。会问即上司问问题，让部下感觉上司问得自然、贴切。

训练内容 2 参考答案

（1）态度和善，用词礼貌。

小张，请你进来一下。

小李，麻烦你把文件送去复印一下。

（2）让部下明白这件工作的重要性。

小于，这次项目投标是否能成功，将决定我们公司今年在总公司的业绩排名，对公司来说至关重要。希望你能竭尽全力争取成功。

（3）给部下更大的自主权。

这次展示会交由你负责，关于展示主题、地点、时间、预算等请你做出一个详细的策划，下个星期选一天我们要听取你的计划。我已经协调好了财务部，他们会提供你需要的报表。

（4）共同探讨状况、提出决策。

我们都了解了目前的状况是这样的，一起来讨论一下该怎么做？

（5）让部下提出疑问。

询问属下有什么建议：小王关于这次投标方案，你还有什么意见和建议吗？

采纳部下的好意见并称赞：关于这点，你的意见很好，就照你的意思去做吧。

上述这 5 个传达命令的沟通技巧能提升部下接受命令、执行命令的意愿，领导的意图才能被部下积极的执行，才会让部下感受到处于一个开放、自由、受尊重的工作环境中。

训练内容 4 参考答案

戴尔·卡耐基倡导“以提问代替命令”，从中我们可以领悟：与人交流时，选用正确的语言方式表达自己的意见是聪明之举，是营造和谐人际交往氛围、成功推进工作的诀窍之一。

任务二　善于传递话语

■ 知识目标

1. 正确传递各种信息。
2. 坚守传递话语原则，维护企业内和谐的人际关系。

■ 任务描述

张明吃苦耐劳、业务能力强，但他与商场部罗总发生分歧，于是向宋总经理递交辞呈，准备辞职离去。宋总知道张确有过人之处，非常想重用他，便与罗总沟通，希望留下人才。罗总考虑到宋总的面子，决定用张之长而避其短，加强公司业务发展。罗总的助理小黄是和张明无话不谈的好友，罗总便将向张传递挽留意向的任务交给了小黄，罗总把小黄叫到办公室，一五一十说了原委。小黄怎样向张传话，达到公司留下张的目的？

■任务分析

小黄与张明的谈话，其目的就是完成总经理交代的传话任务。小黄传递给张的话语就要有所选择，只传递给他领导对他的正面评价。为罗下一步找张谈话，做成功的铺垫，使张能按照宋总经理的意愿留在公司，为公司所用。

■成果示例

罗：黄助理，听说你和张明关系很好。常联系吗？他这个人太自负，不把任何人放在眼里，不改变恐怕没人愿意与他长期合作呢。

黄：是的。看他碰壁以后，能不能学会吃一堑，长一智。

罗：不过他优势还是较突出的。踏实肯干，做事能力强。（稍停）这样，你找个时间去和他谈谈，（又稍停）让他知道我有想法请他继续在我这儿做。

（小黄接受了任务，主动约了张明出来喝茶。双方寒暄一阵后。）

黄："这段时间罗总可焦头烂额了！你不在商场部的这几天，罗总管了东头没顾上西头，没少出乱子。"

（张很是疑惑。）问："不是还有其他人嘛？"

黄："罗总都不太满意。"

（张没有出声。）

黄："罗总天天跟我提到你，你知道他怎么评价你吗？"

张："一定是说茅坑里的石头——又臭又硬咯。他以前就这么说我的。"

黄："罗总说你是一个缺点很明显，优点也很突出的人。还说要是你能安心在一个地方做下去，必定能干一番事呢。"

张举起杯子："喝茶，别说了。"

两人又聊了些别的，之后各自回家。

过了三天，罗总找到张明，说："你都不知道我现在忙成什么样子了。做事也不顺，老挨上面的批。你在的时候我们干得多红火啊。我说啊，你能不能别走了？要不，帮我一阵忙也好啊。再说你也喜欢做商场这个行当。"

张本来就后悔当初太冲动，又听小黄说罗总其实挺看重自己的，现在罗总又亲自请他回来，便爽快地答应了

后来：张对罗特别尊重，成了罗的得力干将。他刚愎自用的缺点也改掉了，懂得了凡事要好言好语与人沟通。

■成果评析

1. 小黄准确理解了罗的意思（之后才能将罗的意思准确地传递给张）。
2. 他选择了合适的时机——受挫的张放下傲气，静下心来听黄说话。
3. 合适的地点——喝茶处所。
4. 筛选传递的话语内容——只传罗总背后赞扬张的话语，不传"他这个人太自负，

不把任何人放在眼里，不改变恐怕没人愿意与他长期合作呢”。

5. 用其他人与张对比，暗示罗对张的器重。

6. 小黄有选择地传给张的话，是张愿意接受罗的直接召见谈话，并留下来，以及后来与罗真诚合作的重要原因。由此可见，秘书传话的技巧以及重要价值。

必备知识

秘书是单位各职能部门间沟通的桥梁，也是外界与单位联系的桥梁。在工作中少不了要向各方面口头传递各种信息：或是代人传话，或是表达自己的意图。

掌握传话的技巧与原则，是秘书成功沟通的基本功之一，它关系到企业内部的和谐，关系到员工团结一致、全心全意为企业出力。

一、他人话语的传递

(一) 他人话语传递的基本要求

上传下达，沟通左右，是秘书的工作职责。在领导与职能部门间、领导与群众间、领导成员之间，都常常让秘书代为通报情况、商议事情。秘书在传递他人话语时，最基本的要求就是准确无误、不失真。不允许粗心大意错传、漏传信息，更不允许在传话过程中随意添枝加叶，或掐头去尾。

(二) 他人话语传递的技巧

秘书在口头传递信息时，除了要传得准确外，还应该传得巧妙，以利于增进团结和协调一致地工作。这就要求秘书掌握以下话语传递技巧。

1. 分析传话内容，只传那些应该传的话

即从搞好团结和工作的愿望出发，对领导交代的传话内容进行分析，当好参谋，对那些不该传的话，要向领导提出建议。

领导间的批评意见，宜由他们个别交谈；需要集体讨论才能解决的重大问题，建议开会讨论；内容不正确、不周密、容易引起误解的话，要巧妙地请求传话方进行修正。

2. 抓住传话要点，确保受话方获得准确信息

为此，秘书在听取领导口头交代时，应有集中的注意力、灵敏的反应力、牢固的记忆力、机智的组合力；在传话内容较多时，应能去粗取精，理出头绪，抓住要点。切实弄清传话的中心意思，记住领导反复强调的话，没听清楚的内容可向领导提问，重要的问题还可将记录向领导复述一遍。传话时，不要妄加评论和加进自己的观点，不说含糊不清或可能引起误解的话。

3. 选择传话时机，使同事特别是领导有一个良好的受话环境

在领导心情不佳时，与群众聚会时，与外单位领导交谈时，领导家庭成员在场时，都不宜传话。因为，无论传话内容如何，都要使领导有个能冷静思考的环境，否则，就可能促使领导把考虑不周的意见拿出来，有时还可能对秘书产生厌烦感。

4. 适度讲究礼节性言辞，融洽同事之间的感情

秘书代人传话时，不仅要把礼节性言辞表达出来，而且还应适度渲染。如代主管领导向副职领导传话，可突出商议、信任、称赞的言辞；代同级领导间传话，可突出协商、帮

助、支持的言辞。运用渲染性礼节言辞，要态度诚恳、渲染适度，还应掌握人们的心理性格特点。对好胜心强的人，可稍加赞扬；对喜欢直来直去的人，最好不加渲染。

5. 在叙述中显出评价，激励受话方奋发向上

这是秘书的精明之举，如向某部门经理传达另一部门经理对某工作的布置或处理意见时，可在陈述中不露声色地强调其为工作着想的意图，激励受话者干好工作。当某同事的意见有创见时，可在传话时用叙述的方法做出评价，使另一位同事产生超过对方的冲动感，释放出最大的能量；当某同事意见不够周全时，传话中可用叙述的方法给予恰当的评价，促进其他同事产生补缺的行为动机。

6. 舍弃某些言语，防止产生矛盾

如几个同事在一起议论工作，可能涉及某不在场同事的是非，秘书绝不能在传话时犯自由主义。同事间有些意见不一致是正常的，秘书不能进行录音式的传话。正确的做法应是把不利于团结的言语舍去，把过头的话删去，只讲对工作、对团结有利的话就行了。

二、自己意图的传递

秘书工作中经常要传递他人的话语，而更经常的是表达自己的意图。清楚而正确地表达自己的意思无疑也是非常重要的。可从如下三个方面去注意。

（一）选用正确的句式

不同的句式包含的感情色彩是不同的。有的句式是客观的，能得到听话人的积极回应；而有的句式则是以先入为主的方式，暗含着说话人的先期判断，往往容易引起听话人的不快；有时，有些句子还会包含着对别人的否定态度，更加会让人形成情感上的抵触，不容易得到听话人的积极回应。

如：询问同事的工作任务是否完成，应该说："你做完了吗?"不应该说："你还没做完吗?"

想提醒同事下午约定的开会时间要准时到会，应该说："下午 2:30 开会，请大家按时到。"不应该说："下午 2:30 开会，别又迟到了"等。

（二）选用正确的语气

秘书的工作琐碎繁杂，头绪万千。往往你正在做甲项工作，就又有人来要求你做乙项工作了。这时你就需要给对方一个回复，告知对方你对完成各项工作的时间安排。这种时候，最容易出现的情况是：因为忙碌、压力而情绪易于波动，随意使用不易被人接受的语气说话。

正确的处理方式应该是客观说话，不带不良情绪。如：老板临时外出。办公室里，你正忙着为老板准备外出的文件袋。一两个同事相继到办公室，询问其他事情，你的回应应该是心平气和地告知："请稍等，刘总正等这几份文件，我先拿过去，回头谈你这件事。"不应该满脸不耐烦地说："等一下不行吗？没看见刘总正催我拿文件吗?"

（三）选用积极的语言方式

无论在工作中还是生活中，我们都有可能碰到不容易解决的难题。当我们有了困难，需要共同探讨，寻求解决问题的方法时，表达自己意见的语言方式非常重要。冷静分析，提供解决问题的建议，就是积极的语言方式。埋怨不断、牢骚满腹，就是消极的

语言方式。积极的语言方式不仅能提供解决问题的建议，而且能够激励团队成员，集中集体的智慧，共同战胜困难。而消极的语言方式不仅不能提供有效建议，而且还会打击团队成员的热情和信心，甚至会造成互相埋怨、推卸责任等局面，不利于问题的解决。

实训任务

• 能力目标：

能够正确使用传递话语的方法。

懂得筛选、去除不该传递的话语。

• 知识要求：

传递话语的方法与原则。

• 任务描述：

上级文件、命令的客观信息，应该全息、零损耗传递，做到即时与及时，准确无误。上司对下属的评价信息、同事背后互议的信息，则应该有选择地传递，只传利于工作和组织团结的话语。请通过练习把握。

• 操作说明：

1. 分组，每组不超过 4 人。
2. 每人必须做足训练频度。
3. 角色扮演，分组操练。
4. 两组一对，展示、评比。
5. 班级内交流。

• 训练内容：

1. 准确传达文件精神

从院系办公室借几份文件（内容涉及新政策的更好）。

扮演“领导人”向组内成员宣读文件，重点可做重复，但不做解释。听者做笔录，若遇听不懂时，可以小声交头接耳，不宜当场向“领导人”发问；事后再问亦可。

组员复述文件精神，考察他人话语传递是否准确。小组内进行评议，达到互相启发、共同提高的目的。

2. “拷贝不走样”小组竞赛

一小组同学以耳语的方式提供材料给另一组的第一位同学，再由这位同学以耳语的方式传给第二位，依次往下，最后一位同学公布答案。提供材料的同学检查其答案的完整性。

3. 办公室，同事们合作整理一份材料。由其中一位负责统稿后交领导审核。一稿时，其他同事交稿拖沓，耽误了时间，致使领导来参加讨论时，还在统稿中。布置写作二稿时，为避免再次出现交稿拖沓的情况，该统稿负责人要提醒其他同事。

（1）分角色扮演一稿、二稿创作过程，及领导参加讨论的情景。

（2）组员分别帮统稿负责人说二稿时提醒其他同事的话语。

4. 秘书代表领导到下级单位去调查了解情况（例如下级单位没有完成工作任务，却摆出了很多理由）。请扮演秘书，说开场白。

任务三　学会赞扬与求助的技巧

■ 知识目标

1. 学会赞美同事。
2. 构建和谐的同事关系，获得协助。

■ 任务描述

文字秘书小孙眼睛红红地来找秦勉诉苦，希望得到秦的指点。原来今天周总经理办公室的桶装纯净水喝完了。小孙正好要去做会议记录，她一边站起来准备去会议室，一边急急地对打字员张姐说：“张姐，崔总办公室没水了，你给他送桶水去吧。”没想到张姐毫不留情面：“你才来几天，不过就是一个小秘书，居然指挥起我来了！”小孙想知道以后遇到此类事情该怎么与同事沟通？

■ 任务分析

首先要让小孙认识到此次沟通失败原因在她自己身上，张比孙年长，理应受到尊重，请求协助的话语应当用充满真诚、带商议征询口吻。其次她应该明白同事之间的和谐人际关系平时就需要构建起来。

■ 成果示例

秦勉：第一，你不该在急匆匆的情况下仓促与张姐沟通，即使你那时候真的很忙。更不能忘记使用带“请”的祈使语气。

第二，请人帮忙，别那么急就直奔主题，得有点前奏吧，先从别的话聊起，哪怕只有一句哦。这样让别人先感受到你的友好态度啊。

想一想，今天张姐穿什么衣服了？或者发型漂亮吗？先赞美她几句。或者她最近有没有说起她的孩子的事情——那可是令张姐很骄傲的呢，你先夸夸她的孩子。

有了这些开场白（一定不要以为这些是废话），然后你再请张姐帮忙，话说出来就水到渠成了。

另外，平时和同事就要多沟通，建立良好的、和谐的朋友关系，对你开展工作可有用了，不妨照我说的去试试——看看你能获得什么？

这次的事嘛，我建议你找你们办公室没人的时候，给张姐道个歉，虽然她也有不妥之处，但是我相信你先道了歉，以后她一定会很帮你的！

小孙：哦，还有这么多窍门哪，看来我得好好学习才行！嗯，谢谢您！听您的，我这就找张姐去。

■ 成果评析

1. 秘书工作繁忙，身居枢纽地位，但不是神人，必然有需要同事帮助的时候和事情。

2. 秘书和同事是平等的，应当以诚相待。

3. 平时就积累“人气”，不要到用得着人家的时候，才沟通。

4. 向同事求助，无论多么忙碌、着急，必要的开场白和尊重、客气话语仍不能省略，否则欲速则不达。

5. 赞美对方是最佳的良好沟通和话语引发的开端。

必备知识

赞扬的技巧概括起来有四点：态度真诚；内容具体；注意场合；间接赞美。

赞美作为一种沟通技巧，不是随意说几句恭维话就可以奏效的，有一些技巧及注意点。

一、赞扬的态度要真诚

赞美必须真诚。每个人都珍视真心诚意，它是人际沟通中最重要的尺度。古人说得好：“精诚所至，金石为开。”如果在交往时不是真心诚意，那么要与他人建立良好的人际关系是不可能的。所以在赞美同事时，必须确认被赞美的人的确有此优点，并且要有充分的理由去赞美他。

二、赞扬的内容要具体

赞扬要挖掘具体的事实评价，除了用广泛的用语如“你很棒”“真不错”，最好要加上具体事实的评价。例如：“你这套衣服配你的皮肤正合适”“你的调查报告中关于技术服务人员提升服务品质的建议，是一个能针对目前问题好的解决方法。谢谢你能提出对公司这么有用的方法”“你这次处理客户投诉的态度非常好，自始至终婉转、诚恳。不简单!”

三、注意赞美的场合

赞扬别人，对被赞扬的人而言，当然受到的鼓励是最大的。但是你采用这种方式时要慎重，因为被赞扬的表现若不是能得到大家客观的认同，其他人难免会有不满的情绪。假如是公开赞扬，最好是能被大家认可的。当然如果是非正式的，你尽可以对被赞扬者表达你对他的欣赏，看到对方的优点，及时赞美。

四、适当运用间接赞美

所谓间接赞美就是借第三方的话来赞美对方，这样比直接赞美对方的效果往往要好。

见到你属下的业务员，对他说：“前两天我和刘总经理谈起你。他很欣赏你接待客户的方法，你对客户的热心与细致值得大家学习，好好努力，别辜负他对你的期望。”无论事实是否真的如此，但他对你的感激肯定会超乎你的想象，而且他会受到极大的鼓励，竭力为公司出力，做得更好。

间接赞美的另一种方式就是在当事人不在场的时候赞美，这种方式有时比当面赞美所起的作用更大。一般来说，背后的赞美都能传达到本人，这除了能起到赞美的激励作用外，更能让被赞美者感到你对他的赞美是诚挚的，因而更能加强赞美的效果。所以，作为一名秘书，你不要吝惜你对属下、同事等他人的赞美。

总之，赞美是人们的一种心理需要，是对他人敬重的一种表现。恰当地赞美别人，会给人以舒适感，同时也会改善与集团内的人际关系。所以，在沟通中，秘书必须掌握赞美他人的技巧。

■ 实训任务

• 能力目标：

能够发现他人身上值得赞美之处。

能够在寻求帮助时使用必要的铺垫（开场白）。

重视平时人际关系的建立与培养。

• 知识要求：

赞美的技巧。

寻求协助的前奏。

• 任务描述：

虽然“金无足赤，人无完人”，但是谁也不可能一无是处，每个人身上必然有值得赞美的闪光点。一个同事如果在你眼里没有任何长处，你可能就不会产生与之交往、沟通的欲望——必须明白，你的观点有错误。请发现你身边的他人的优点，与之建立和谐的人际关系，为你在工作中获得协助奠定基础。

• 操作说明：

1. 分组，每组不超过 8 人。

2. 小组讨论。

• 训练内容：

1. 小组内讨论。

（1）互相寻找组员身上的闪光点。

（2）当面赞美对方（必须是真实的优点）。

（3）寻找其他小组组员的优点，在组内陈述他们身上值得自己赞美的地方。

2. 小组内讨论

（1）哪些事情你（秘书）无法亲力而为，需要得到同事的帮助？请列出。

（2）你（秘书）需要得到以上帮助，平时需要与他们有什么沟通？

（3）你（秘书）会打字、会开车、会说英语……你认为还会需要同事的协助吗？

3. 请通过下列问题测评自己与同事的沟通能力。

（1）面对同事的缺点和错误时，你会怎样做？

A. 委婉沟通，引导发现

B. 直言相告

C. 跟我的关系不大

（2）发现同事的优点或者同事取得好的业绩时，你会怎样？

A. 及时赞美和祝贺
B. 非常关心，想学习其经验
C. 羡慕
(3) 当你听到同事在背后说别人的坏话时，你会怎么办？
A. 不传话
B. 有时会加以制止
C. 在一定范围内告诉别人
(4) 你和同事之间经常怎样看待对方？
A. 相互讨论双方的优点
B. 相互讨论双方的缺点
C. 能很好地谈论对方
(5) 表达时，你会注意自己的语气和语调吗？
A. 每次都非常注意
B. 重要场合下会注意
C. 很少注意
(6) 你在表达时，如何把握词语的使用？
A. 总能找到准确的词语
B. 偶尔找不到合适的词语
C. 经常词不达意
(7) 同事在工作中出现重大错误时，你会怎样做？
A. 直言相告并帮助补救
B. 告知上级并共同补救
C. 视关系而定
(8) 当同事对你的工作提出意见时，你会持何种态度？
A. 积极沟通，找出差距
B. 接受意见，自我检查
C. 表面接受
(9) 当你和同事出现误会时，你会怎么办？
A. 及时沟通，消除误会
B. 通过第三方沟通
C. 等待对方找自己沟通
(10) 当你进入一家新公司时，你如何认识新同事？
A. 主动认识每个人
B. 积极认识部门里的人
C. 在工作中慢慢熟悉

(提示：选 A 得 3 分，选 B 得 2 分，选 C 得 1 分。24 分以上，说明你与同事的沟通能力很强，请继续保持和提升；15～24 分，说明你与同事的沟通能力一般，请努力提升；15 分以下，说明你与同事的沟通能力很差，急需提升。)

任务四　学会批评与否决的技巧

知识目标

1. 学会拒绝同事、属下不合理的要求。
2. 学会批评的技巧。

任务描述

陈萍的手机最近成了热线，各部门的分管领导频频打电话来，询问董事会对人事任免的动向。陈萍非常为难。日常工作中，她经常要处理上级来文、来电，参加单位高层领导的重要会议并做记录，因此对重要信息掌握较多，甚至对领导的意见分歧也是了如指掌。但是秘书工作的纪律她很明白，此时此事必须守口如瓶。她被那些分管领导逼得真想把董事会议内容一吐了事，实在憋屈得很，于是找秦勉聊聊天，听听他的高招。

任务分析

在与同事交往过程中，有些人总是有意无意地向秘书打听一些信息，如机构的变动、个人职位的升迁、工资待遇等事关切身利益的事情，有的同事甚至打听单位的一些商业机密。如果秘书嘴不严，随意将重要信息泄露出去，很容易给领导的工作造成被动，甚至给所在单位带来经济损失，这样性质就十分严重了。

成果示例

陈萍：秦大哥，救救我吧，我都快给这帮人烦死了！

秦勉笑笑：呵呵……事关重大，小陈呐，一个字都不能漏哦。

来，给你讲个例子。

库房的葛玲，原来是机要秘书，平时主要负责厂部机要档案和行政公章的管理。行政主任请葛玲盖章，文件内容是向上级部门请示集资筹建职工宿舍楼。主任特别叮嘱她：“此事刚刚开始运作，厂里缺房的困难户很多，千万不要对外讲。”

葛玲和马鸣是自小的好朋友，马鸣等着房子结婚正着急呢，葛玲就悄悄告诉了他，他又告诉了他的女朋友……消息就传开了。可想而知，那些缺房户咋跑动吧。领导恼火了，一定要查清消息传播源头……

陈萍：那要是你，怎么回我的那些电话呢？

秦勉眨眨眼睛：这你还不会——不妨这么试试？看看他们还来烦你不？

——嗯嗯，这件事我不太清楚，你最好还是去问问相关部门吧，他们对情况可能熟悉些。

——咳咳，好像是吧，会议纪要很快就会发下来了，到时你就知道了。

——要是还穷追不舍，你可以正式回绝他：对不起，会上规定了不能对外说的，希望你能理解，不要为难我了！

记住啊，咱们做秘书一定要保持清醒的头脑，能说的点到为止，不能说的委婉拒绝。

陈萍：好！我试试，改天请你喝茶，秦秘书长！

成果评析

1. 把好口风是秘书不可缺少的职业素质。

2. 要拒绝透露这些信息，但秘书又不具有最高首长的地位，拒绝的时候不能因此而得罪他人。这就需要学会拒绝的技巧。

3. 让打探消息的人体会到秘书不泄密是职业要求，体会到秘书严守秘密也有无奈，从而体谅其苦衷。

4. 拒绝的话语、口气要委婉。

必备知识

一、委婉拒绝

秘书不能用“我不能泄密”或“不能违反原则”简单地拒绝对方。听者会认为秘书不近人情、假正经。严重的会导致双方人际关系的破裂。

秘书坚持自己的原则和立场时，又不能伤害对方的感情，就需要学习委婉拒绝的技巧。

（1）让对方把话说完——让他感到你的诚意，感受你接下来的拒绝不是出于“不愿”，而是出于“不能”。

即使对方一开口你就知道自己要拒绝他，你也要等到最后让对方把话说完，这至少表示了你的诚意。因为从你的角度看是拒绝对方，但从对方的角度来看，他是在说服你，你不能让对方扫兴，甚至破坏双方的关系。

（2）态度坚决，明确地说“不”——不留下错觉。

明确地拒绝，不让对方产生以为自己还有希望的错觉。态度坚决而明确地说“不”，这是拒绝过程中最重要的一步。

（3）说明拒绝的理由——理由尽可能地合理。

秘书的地位无势，无法压人，只能以理服人，而且为自己留有余地，已建立的良好人际关系基础还要维持，以后彼此还要继续协助工作呢。特别要申明你所拒绝的只是一件“事”，而不是他这个“人”。

比较下面两句，哪一句更好？

“我不能为你做这件事……”

“我不能为这件事泄密……”

不能用今天拖明天、明天拖后天的方式回绝，尝试一下秦勉教陈萍的话语。

（4）提出可替代的方案——带积极成分的拒绝方式。

能积极为对方寻找代替方案，使对方更能理解你的“不能”。你应尽可能地为对方提出可替代的方案，并确认对方对替代方案的看法：“如果……您看这样可以吗？”如果对方接受了你的提议，那你也要表示感谢：“感谢您的谅解！”这样，即使你没有给对方帮忙，他也会被你的诚意所感动。

二、批评的原则、策略和技巧

为了工作的顺利展开，秘书有时会遇到不得不否定同事的情况。反之，一味迁就或做老好人，建立不起自己的风格和威信，很可能会妨碍秘书的上传下达，影响工作效率。

善用批评训导部下的方法。批评训导既是一种教育部下的方法，也是下行沟通的一种有效方法。

（一）批评的原则

用放大镜看待自己的错误，用缩微镜看待别人的错误。

（二）批评的策略

欧美一些企业家主张使用“三明治策略”，即赞扬—批评—赞扬。也就是说，在批评别人时，先找出对方的长处赞美一番，然后再提出批评，而且力图使谈话在友好的气氛中结束，同时再使用一些赞扬的词语。

（三）批评的技巧

1. 批评训导部下的整体要求

（1）以赞美开头。对受批评训导者的优点和积极面认同、赏识、肯定、赞美。据心理学研究表明，被批评训导的人最主要的障碍就是担心批评会伤害自己的面子，损害自己的利益。所以在批评前帮他打消这个顾虑，甚至让他觉得你认为他是“功大于过”，那么他就会主动放弃心理上的抵抗，对你的批评也就更容易接受。

（2）批评错误的行为，不评判整体的人。不要去批评整体的人，而应批评部下具体的行为、行动和表现。多用事实性语言，少用概括性语言。也许部下只是一次无意的过失，你若上升到了个人能力、道德、品质和素质的高度去批评他，很可能会使部下感觉到受到攻击而产生防卫心理，导致部下情绪变坏，沟通无法进行。

（3）不伤自尊与自信。批评训导时，为了不伤害部下的自尊与自信，可以采用如下语言技巧：“我以前也犯过这种错误”“每个人都有低潮的时候，重要的是如何缩短低潮的时间”“像你这么聪明的人，我实在无法同意你再犯一次同样的错误”“你以往的表现都优于一般人，希望你不要再犯这样的错误”。

（4）友好结束。每次批评训导都应尽量在友好的气氛中结束，这样才能彻底解决问题，在结束时，应该对部下表示鼓励，提出充满感情的希望。可以说“我想你会做得更好”“我相信你”并报以微笑。让部下把批评训导当成是你对他的鼓励而不是一次打击，增强改正错误、做好工作的信心。

（5）适当地点，不要当着众人的面批评训导。心理学理论揭示，上司在部下的同事面前惩罚下属，等于对这个部下惩罚了两次。因此不要当着众人面批评训导部下。最好选择单独的场合，如独立的办公室、安静的会议室、午餐后的休息室、楼下的咖啡厅等，都是较好地方。

2. 批评训导部下的基本方式

（1）基本型：直截了当地说出自己的想法意见。这种方式适合于会前、会后沟通或单独沟通。

（2）谅解型：同情部下，但仍说明自己的需要。如某公司要裁员，小李被辞退了。你对他说："小李啊，公司的裁员计划我也很无奈，因为公司现在的情况不太好。但是，小李你别难过，我会想办法把你介绍到其他公司去，帮你找一个合适的机会。还有，如果你离开公司以后，生活真的有困难，请一定告诉我，我会尽力帮助你的，保持联系。"他离开的时候心里肯定暖呼呼的，如果你以后有什么地方需要他，他一定会不遗余力地来帮助你。

（3）提示型：指出部下过去的承诺与现在的情况有所出入。

（4）直言型：提醒部下，他的行为对单位和领导有不良影响。

（5）警戒型：告诫对方若不改邪归正，会有什么后果。

（6）询问型：希望了解他人的立场、感受或愿望。

实训任务

- **能力目标：**

会坚持原则，委婉拒绝。

能恰当使用批评。

- **知识要求：**

委婉拒绝和批评训导的技巧。

- **操作说明：**

1. 不分组。
2. 事先将训练材料发给学生，课后完成。
3. 课堂上展示答案，看谁能提供多样的答案；比较谁的答案合理性成分最多。

- **训练内容：**

1. 如你的朋友要你加入某个科研小组，而你没有这个兴趣和愿望。你怎样拒绝？
2. 上司要求你承担一项你认为无法胜任的工作，你怎样回答？
3. 有同事经常占用办公室的电话接打私人电话，影响了公司的工作，领导让王鹏去说服他。

（1）请评析小王的劝服方法。

（2）学习小王的劝服方法。

（3）体会这件事貌似很难办，如果你肯像小王那样动脑筋，也可以收到既完成领导交代的任务，又并无得罪同事之处。

小王是这样完成任务的：他想了两套方案，试图劝服同事。

方案一

第一，在同事手机没电或没带的情况下，主动借出自己的手机给同事使用。

第二，在不是上述情况下，则采用半开玩笑的口吻："我提醒你哦，等下领导看到要扣工资的哦"！如果是分线电话就说："当心哦，领导听着呢。"

第三，确有公务或急事的情况下，提醒正在通话的同事，请其让出电话。如果是分线，则提醒说领导马上要用电话。

方案二

（1）办公室管理制度中包含有电话机的使用规定。

（2）在办公室人员工作会议中，强调办公室管理制度，列举办公室管理中存在的问题（包括占用办公室电话接打私人电话的现象），共同提请办公室人员注意。这位同事如果是个聪明人，就应该会明白。这样做既顾全了同事的脸面，又能把事情解决。

5. 阅读表 6－1。

（1）从中学习批评的方法，体会其巧妙之处。

（2）举出更多的例子，填在表 6－1 中。

表 6－1　批评的方法示例

批评法	情况	批评语
暗示式	员工迟到	帮我看一下，现在几点了
模糊式	整顿工作纪律	近来我们的纪律总的来说是好的，但也有个别员工表现较差，比如有的迟到早退，有的上班时间吹牛谈天……
请教式	修正错误	如果按你这种想法，那这个计划是不是都得重新制作
安慰式	布耶评莫泊桑诗作	你这首诗，句子虽然疙里疙瘩，像块牛蹄筋，不过我读过更坏的诗。这首诗就像这杯香槟酒，勉强还能吞下

训练内容参考答案

1. 你可以说："我很佩服你们的协作和钻研精神，今天邀我参加，是对我的信任，我感到非常荣幸。可惜我太忙了，一点时间也没有，以后再说吧。我会主动与你们联系的。"

2. 上司要求你承担一项你认为无法胜任的工作，你可以这样说："这项工作确实很重要，您要我做这件事，是对我的信任，我非常高兴。但我觉得我无能为力，肯定无法做得让大家满意，您能不能再考虑一下，有没有其他更适合的人选？我恐怕难以胜任。"

3. 小王想制止同事占用办公室电话接打私人电话，两套方案都切实可行，最好配合着使用。这样，既能达到劝服的目的，又能保全同事的脸面。可见，与同事的相处，是需要进行艺术处理的。

第七单元 秘书职场沟通3 ——与客户沟通的口才

任务一　认识客户角色、接近客户

■知识目标

1. 了解外部沟通对企业的价值。
2. 了解与客户沟通的条件。

■任务描述

广义的客户指企业以外的所有外部沟通对象，狭义的客户主要指与公司有业务往来的商业客户。小王接到营销部的通知，他有一个与客户沟通的任务。小王应该从何起步，着手做与客户接触的准备工作？

■任务分析

仍然是那句老话，知己知彼，百战不殆。与客户沟通的第一步，不仅仅是认识客户，而且还要熟知自己的产品。客户中有熟人，但多数是初次接触的陌生人，怎样与客户建立初步的联系，由生疏而熟悉，需要在接触客户之前做准备功课，多方了解客户的信息。

■成果示例

小王的企业生产钢笔，他要约见购买企业产品的某教育集团（初中部）代表。约见客户之前，小王向师傅请教：应做哪些准备？

师傅边说，小王边记录。

1. 了解产品知识

说明产品特征和产品型号，具体而言，产品特征：（1）钢笔外形美观、独特；（2）用不透气塑料制成的密封性能良好的笔胆；(3) 新型笔尖，用高新尼龙材料制成；(4) 笔杆设计合理，符合力学原理；(5) 颜色多种多样，可供任意挑选产品型号；(6) 表现购买者高雅的审美情趣，赢得他人的羡慕与欣赏；(7) 减少墨水使用，吸一次墨水可以用更长时间；(8) 笔迹漂亮，书写流畅，用力大也不会划破纸张；(9) 握笔舒适，减少疲劳感觉；(10) 可以让喜欢不同颜色的使用者均有所爱。

2. 了解客户基本情况与需求

该教育集团（初中部）代表学生集体购买，消费的标准是什么？学生的购买能力如何？购买目的是什么？是否是校方为学生集体购买考试用笔？

这样能为客户提供有针对性的指导意见（产品利于考试书写的优点）；对方购买量大，企业可给出的让利是多少，为与客户的进一步商谈提供条件。

3. 准备沟通客户的基本方法

例如：(1) 试着以客户的立场，重新仔细阅读产品目录等资料。(2) 向已经买进、使用该商品的人请教其使用效果。(3) 倾听商品的开发者、设计者对商品性能所做的说明……

成果评析

1. 熟知自己企业的产品，才能够在约见客户时提供全面的介绍，避免一问三不知的局面。

2. 事先对客户基本情况与需求有所了解，才能投客户所好、所需，有的放矢地与之沟通。

3. 从客户的立场出发审视本企业的产品。

4. 虽然还没有与客户进行实质的沟通，但小王做足了准备功课，已经向成功沟通迈出了一大步。

必备知识

一、外部沟通与客户

前几个单元所学习的技能，都是在企业内部进行的沟通，主要是企业内部包括与上级、平级、下级之间的沟通。

与客户的沟通属于企业的外部沟通。广义的客户沟通所涉及的范围很广，如与商务客户、供应商、政府部门、媒体甚至公众之间的沟通。

对外沟通包括回答对产品或服务的询问，说服客户购买产品或服务，澄清供应商的说明、赊账、催款，与政府机关沟通，宣传企业形象等。书面的可以通过邮寄带有公司Logo的商务信函来完成。

满足客户的要求会使企业重新定义自己。因为，要想成功，企业就必须忘记自己而关注客户的要求，并试图去满足他们。

沟通是满足客户要求的中心。对客户的要求要讨论出解决办法，然后，好主意就要传递给公司所有的人。

良性循环的客户沟通是发展企业经营、扩大企业影响的重要手段。它关系到企业能否立足与拓展的命运。

狭义的客户指商业客户，本单元所指即此。

二、沟通客户的条件

(一) 了解产品和服务

(1) 了解产品的生产过程：尤其是使用何种独特的工艺。

(2) 了解产品的基本特征：规格、性能、材料、特点等。

(3) 了解产品的使用方法：会熟练操作和使用产品。

(4) 了解产品的功能特点以及能带给顾客的利益；顾客更感兴趣的主要是产品的利益而不是产品的特征。

(5) 企业为顾客提供哪些服务：产品价格体系、交货体系、交货期限以及相应的售后服务——送货上门、终身维修等。

(二) 了解客户基本情况

(1) 一般情况：姓名、别名、年龄、性别、民族、出生地、文化程度、职称、信仰、居住地、邮政编码、电话号码等。

(2) 家庭状况以及主要成员情况：单位、职业、职务、收入、价值观、特殊偏好、购买与消费的参照单位等个性资料。

但要注意，不可侵犯客户的隐私。

(三) 了解客户需求

(1) 购买的主要原因。

(2) 需求的详细内容和需求的特点。

(3) 需求的排列顺序。

(4) 可能支付的购买能力。

(5) 购买决策权限范围。

(6) 购买行为在时间、地点、方式上的规律。

(四) 懂得接近客户的基本方法

方法一：试着以顾客的立场，重新仔细阅读产品目录等资料。

方法二：向已经买进、使用该商品的人请教其使用效果。

方法三：再次倾听商品的开发者、设计者对商品性能所做的说明。

方法四：重新将其他公司的目录与自己公司的商品做一比较与检查。

方法五：教给新人商品知识（教给别人同时也是一种学习）。

方法六：与领导、行销人员讨论商品，吸收他们的知识。

方法七：试着列出没有把握回答的问题。

方法八：利用一定数量的方法作为说明的手段（口头、实物、说明书等）。

■ 实训任务

● 能力目标：

能搜寻资料和接触实物了解企业产品；能从客户的立场出发审视企业产品。

能了解不同客户的不同购买需要。

● **知识要求：**

狭义的客户所指。

与客户沟通之前的准备。

● **任务描述：**

企业的产品不下十种，怎样做到对产品了如指掌？购买同一种产品的客户不尽相同，怎样尽快了解不同客户？请列出获得并掌握以上信息的方法。

● **操作说明：**

1. 分组，每组不超过 4 人。
2. 每人必须做足训练频度。
3. 角色扮演，分组操练。
4. 两组一对，展示、评比。
5. 班级内交流。

● **训练内容：**

上网查找、阅读联想计算机的产品特点，完成训练项目。

1. 了解产品。用表格方式列出产品的特点及其吸引客户的因素。
2. 列出你所属的营销部可提供的销售服务及售后服务。
3. 用口语把 1、2 表述给小组成员听。
4. 列出产品的购买者可能会是哪些层次的（年龄、文化、职业等）。
5. 针对不同的客户，你准备重点介绍产品的哪些方面？
6. 公司将代销新产品，你用什么方法和途径了解新产品的信息？

任务二　沟通中的客服技能

■ 知识目标

1. 学会接待客户。
2. 学会获得客户的好感。
3. 学会与不同类型客户的沟通。

■ 任务描述

小王充分掌握了企业产品的各方面信息，客户的资料他也阅读了很多，已经胸有成竹了。明天要正式与客户见面，作为新手，小王还是有些忐忑，他又来找师父，请师父再叮嘱几句。师父传授了什么法宝给小王？

■ 任务分析

小王与客户见面，就进入了与之实质性的沟通阶段。小王应具备必要的客户服务技能，如礼貌接待客户，在初次见面中博得客户的好感等。

成果示例

小王：师父，您再给我讲讲——我明天就和客户见面了，这会儿有点紧张。

师父：别怕，你只要按照规范去做就能成功，师父相信你。我只提醒你特别注意以下几点：

1. 接待客户，态度要积极，一定要礼貌地打招呼。
2. 正确使用体态语，一定要笑脸相迎。
3. 把真诚的自己以及你背后的企业介绍给顾客。
4. 诚心对待顾客，让客户愿意接纳你，愿意接近你。
5. 热情、耐心地为客户介绍产品，解答疑问。
6. 交谈中进一步了解客户需要的服务类型和数量。
7. 敏锐察觉客户的购买意愿。
8. 满足客户需要，达成营销。
9. 感谢，道别，恭送客户。
10. 客户走后，自己才能离开。

小王：谢谢师父！我一定照您指导的去做，我想，我能够与客户沟通成功的。

师父：好！哦，还有些细节要记住，熟悉顾客的名字——一口能报出来；带一点儿小赠品给客人……

成果评析

师父传授的是规范的客服技能，也可理解为是与客户沟通的全套程序，虽然很基本，无甚稀奇之处，但正是需要这样中规中矩地去做，才能获得客户的认可。不应因其事小、易为就忽视它。

必备知识

一、积极接待客户

(一) 礼貌地打招呼

致意：微笑、起立、点头、举手、欠身。

介绍：自我介绍、介绍他人、他人介绍。

握手：注意要领。

名片："奉"与"恭"。

称呼与寒暄：称呼得体，宜用尊称，寒暄符合礼节。

(二) 友好的肢体语言

肢体语言的宜与忌见表7-1。

表7-1 肢体语言的宜与忌

宜	忌
做手势时五指并拢，手掌展开	双手背在身后
运用手势强化表达	手势过多
时常变换手势	手插在口袋玩小东西，双臂抱胸，用手指着别人

（三）适当的面部表情

面部表情的宜与忌见表 7－2。

表 7－2　面部表情的宜与忌

宜	忌
微笑	皱眉
眼睛直视对方	瞪眼
生气勃勃	目光游离不定
肯定地点头（不要太频繁）	张大嘴巴打哈欠

二、在销售商品之前先销售自己

把竭诚为客户服务的思想纳入自我介绍，态度要诚恳、尊重、有风度。

三、进一步了解客户需要

（一）了解客户需要的服务类型和数量

根据客户的不同需要做不同的介绍：产品性能、配置还是售后服务。

（二）诚心对待顾客，迅速打开客户“心防”

AIDMAS 接近法：引起客户的注意—使客户对产品产生兴趣—激发客户的购买欲—给客户留下好印象—促使客户行动—令客户感到购买满足。

（三）针对不同客户有效倾听、反馈与提问

聆听 6 要素：SOFTEN，见表 7－3。聆听原则的宜与忌见表 7－4。

表 7－3　聆听 6 要素

SOFTEN	
SMILE	微笑
OPEN	开放的姿态
FORWARD LEAN	身体前倾
TONE	音调
EYE	目光交流
NOD	点头

表 7－4　聆听原则的宜与忌

宜	忌
改换一下说法，重复讲话人所说内容，表明自己已经理解对方	打断对方谈话
使用聆听 6 要素，提出适当的以及有关的问题	左耳进，右耳出，心不在焉地半路改变别人的话题
发表相似的看法，使谈话顺利进行	随意评论对方的观点

四、满足客户需要

（1）提出具有帮助性的建议。
（2）提供多样的选择。
（3）检查客户满意度。
（4）超出客户期望的解决方法——客户服务的最高境界。

五、获取客户好感的6原则

（1）给客户良好的外观印象。
（2）记住并常说出顾客的名字。
（3）让你的客户有优越感。
（4）替客户解决问题。
（5）自己保持快乐开朗。
（6）恰当利用小赠品。

■实训任务

• 能力目标：

能掌握客服技能。

能与不同类型的客户沟通。

• 知识要求：

客户服务技能。

获取客户好感的原则。

• 任务描述：

“人上一百，五颜六色”，不是每个客户都非常愿意与你合作的，如何应对不同类型的客户，你就需要掌握更高层次的沟通技巧。学会分析和处理客户的异议，对成功沟通起很大作用，请在实训中强化练习。

• 操作说明：

1. 课前将训练内容发给学生。

2. 分组，每组不超过4人。每组内必须做到每人不少于两次组内发言，每次不少于5分钟。

3. 将讨论写成文本提交，角色扮演。

• 训练内容：

1. 按照下面文字，扮演角色的动作、表情。

当别人将你介绍给客户时，你应作何反应？

起立：走上前去，目视对方，神情愉快或面带笑容。

握手：向对方致意并复述一遍他或她的姓名。

交换名片：（机会合适时）。

交谈结束时，你应该做什么？

道别：交谈结束时要友好道别。

送行：送客户登上交通工具，目送其离去。

2. 测试你受准客户欢迎的程度。

按表 7－5 的内容给自己打分，并评价自己受客户欢迎的程度。

表 7－5

检测项目	细则	得分
保持良好的个人形象	发型整洁（2 分）	
	衣着得体（2 分）	
记住并常说出客户的名字	知道客户的业余爱好（4 分）	
	了解客户的工作成就（4 分）	
让客户有优越感	能有针对性地称赞客户（5 分）	
	语言得体，令客户愉悦（3 分）	
	充分尊重客户的意见（3 分）	
替客户解决问题	了解客户的行业特点（4 分）	
	知道困扰客户的瓶颈问题是什么（5 分）	
	能及时反馈产品改进方案给客户（4 分）	
	以客户为中心（3 分）	
自己保持快乐开朗	与客户交谈时面带微笑，亲切自然（3 分）	
	每天上班前自我沟通 3 分钟，保持愉悦自信的工作状态（5 分）	
	用友善的态度来面对客户公司的每一位员工（3 分）	
利用小赠品	通过小赠品传递友好的信息（2 分）	
	通过小赠品完成公司对外形象宣传（2 分）	

45～54 分：你肯定是一位很受客户欢迎的业务员，你已熟练掌握了接近客户的技巧。

30～45 分：你的沟通技巧受人称道，你可以对照表 7－5 进一步完善自己的沟通技巧。

15～30 分：你的业务沟通能力已经有了一定基础，仍有很多需要改进的地方。

0～15 分：你的沟通能力不怎么样，不过别灰心，尽力学习，会有很大进步。

3. 讨论：影响消费者购买动机的家庭因素有哪些？并总结这些因素会怎样影响客户的购买意愿。

提示：影响消费者购买动机的家庭因素有：(1) 家庭结构形态；(2) 家庭生命周期阶段；(3) 家庭购买决策结构的差异。

4. 讨论：客户有哪些类型？沟通中如何应对不同类型的客户？

提示：客户的性格差异等。

5. 对客户的异议进行分析和处理。

(1) 把分析和处理填入表7-6中。

(2) 分角色扮演。

表7-6　对客户异议的分析与对策

异议	分析	对策
太贵了……		
让我想一想……		
我想比较一下……		
我想同××商量一下……		
我买不起……		
我回头再来……		

训练内容3参考答案

影响消费者购买动机的家庭因素有：

(1) 家庭结构形态：三代同堂；小家庭（父母加一个小孩）；核心家庭（二人世界）；单亲家庭（单身父母加一个小孩）。

(2) 家庭生命周期阶段：初婚期；生育期；满巢期；空巢期；鳏寡期。

(3) 家庭购买决策结构：角色分配（发起者、影响者、决策者和采购者）；家庭分工（子女教育、家务、钱财管理、日常采购等）；家庭气氛。

训练内容4参考答案

(1) 沉默的客户。

详细了解其背景，认真观察其言行，鼓励其发言，提供样品，详细介绍，表现热情、耐心、持重、谦虚的态度，打消其顾虑，争取客户的信任和支持。

(2) 虚荣心强的客户。

称赞客户的眼光，告诉其商品所具有的豪华、罕见、高级等特性，满足其虚荣心。

(3) 吹毛求疵的客户。

不可直接与之争辩，可以委婉地说："是的，您讲得很有道理，值得我们在今后的工作中改进。然而，正如您所知，尽管我们产品还存在某些缺陷，但是在目前，我们的产品在市场上还是具有相当的竞争力的，这一点您还是认可的吧。"

(4) 犹豫不决的客户。

正面介绍产品，示范操作，让客户自己动手，给客户看权威部门的鉴定书，对客户的正确意见给予积极的及时的肯定。

(5) 很有主见的客户。

记住客户的地址和姓名，下次对方再来的时候能正确称呼其名，使其感觉受尊重。重视客户的自我见解，巧妙应答接待。

(6) 豪爽干脆的客户。

介绍产品时要开门见山，简明扼要，突出重点。如果客户明确回答不需要，切不可纠缠不休，要尊重客户的意愿。

训练内容 5 参考答案

见表 7-7 的内容。

表 7-7　对客户异议的分析与对策示例

异议	分析	对策
太贵了……	客户有点动心，想买一个，但是不想花那么多钱。不是买不起，而是价格超出了预算。他需要更多信息	我们的产品永远都是质价相等的。如果您购买了这种产品，您一定会觉得物有所值
让我想一想……	客户有点被吸引。但是拿不准，需要花时间想一下不买的理由，需要更多被说服的理由	好的，您可以好好考虑几分钟。我随时准备回答您的任何问题
我想比较一下……	客户动心了，想买一个。但是他无法确定这个产品和别的类似产品相比是不是最好的	我肯定，您不会接受质量不如这个的产品，对吧？您不会把钱投到不提供这种服务的公司吧
我想同××商量一下……	客户对这种产品有兴趣，就要打算购买了，但是他不着急，需要商量一下再说	我想，如果您的××也亲眼看见了这种产品，一定会说服您立刻购买的
我买不起……	客户喜欢这种产品，但是他不想用他的钱购买这种昂贵品。再拿几件来让他挑一挑，他还需要更多信息	我知道您还有其他东西要买。但是如果你觉得这件划算，我们肯定不会让你吃亏的
我回头再来……	客户对这个产品暂时还缺乏信心，不想冒险行事	先生，不会再有比今天更好的机会了，为什么不抓住时机呢

任务三　与客方企业的沟通

■ 知识目标

1. 提高与客户沟通的口才技能。
2. 代表企业与客方企业沟通的技能。

■ 任务描述

企业设有专门的营销部门，秘书作为企业的综合协调部门，跟随上司或直接代表本企业与对方企业沟通。这种场合下，秘书的言行举止有什么要求？请学习并总结。

■ 任务分析

这与个人客户接触不一样，秘书代表了企业的形象，也代表上司（当秘书直接代表企业时），责任更重大。但是秘书是集团成员，作为办公室代表，可以求得同事的协助（例如产品的介绍达不到悉数掌握时，可请部门派人来介绍），而秘书主要起协调作用。

■成果示例

中秋节快到了，一家大型企业来到沃尔玛超市，准备采购一批节日物资发放给员工。行政主任于菲接待了他们。

在听取客户的想法后，于菲明白这是一笔大宗业务。但是她对超市的具体货物并不详细了解。

她当即打电话给相关业务部的经理孟子峰，请他们一起来同客户商谈这笔买卖。于菲在其中充当了下级与客户之间的中间人角色，起协调作用，使双方达成沟通，并成功做了这笔生意。

对话

于菲：孟经理，您好！请您到我办公室来一下好吗？有家大企业要采购节日物品。麻烦您跟他们当面沟通一下。

于菲（对客户经理）：王总，请您稍等，孟经理马上来，他给您的介绍会比我更在行。

孟子峰匆匆赶来。

于菲为孟与王介绍，寒暄，营造和谐、轻松的谈话气氛。

…………

孟与王沟通很顺利。沃尔玛超市做了笔大买卖。

王总离去时，于菲一直送他到轿车前。

于菲：王总，下次我们去您那儿参观，可以吗？

王经理：当然，欢迎欢迎！

于菲：好，我向董事长汇报。您有空来喝茶！再见！

■成果评析

1. 于菲获得企业内部部门主管的协助，与客方企业沟通。
2. 作为秘书，于菲很好地起了沟通内外的协调作用。
3. 对孟与王均礼貌相待，无失偏颇。
4. 善始善终，恭送对方经理离开。
5. 表达继续往来的意愿，奠定与客户的后续沟通。

■必备知识

每个企业都设有专职营销的部门，由该部直接与客户进行沟通。作为企业的综合协调部门，办公室也经常性地要跟随领导或代表企业与客户进行接触。

秘书在这种场合下的言行举止应该把握以下三点：

一、营造良好的谈话氛围

在与客户沟通时，秘书说话一定要视现场情形而定。一般而言，职场外交中的交谈，首先就是要设法营造一个轻松的谈话气氛，秘书要善于周旋于客户与领导之间，将客户与领导的心理距离拉近。因此，在接待客户之前，秘书要尽可能地知晓客户各方面的情况，尤其是重要客户，秘书应尽量了解其性格、爱好、语言习惯等，从细微之处很自然地把话题打开。说话时的气氛好，客户容易放下戒备心理，倾心畅谈。当然，秘书此时还要注意自己的身份和地位。当有领导在场时，秘书切记不可喧宾夺主，谈话只能是“补位”而不是“越位”。

二、全面介绍企业情况和产品情况

与客户交流，自然免不了要向对方介绍企业情况和产品情况，这两项内容是主宾双方的共同基本话题。对于企业的基本情况，秘书应当全面掌握，而对于产品情况，秘书也应当基本了解，当然越熟悉越好，这样你就能心中有底、有条不紊，给客户留下良好印象。如果这种情形发生于领导或营销人员不在场时，此时秘书的业务素质就能得到淋漓尽致的体现。试想，当客户问及上述情况时，秘书什么也答不上来，这个谈话还能进行下去吗？客户会不会想：“这个企业派一个什么都不懂的人来接待我，未免太不重视我们了！算了，我们换个厂家吧！”

如果秘书只熟悉企业情况而确实不了解产品情况，怎么办呢？

秘书可以多向客户介绍企业的基本情况包括企业的发展历程、近年来的业绩、经营理念、对客户的服务承诺、客户反馈的信息等，让客户对企业产生信任感、安全感。而后再将产品图册展示给客户，说：“对不起，我确实不了解产品情况。这样吧，请先看看我们的产品介绍，待会儿营销经理会向您详细介绍，行吗？”

诚实的待客比虚假的应付会让客户满意得多。

三、防止泄漏商业秘密

在介绍产品时，客户总会详细地打听有关产品的性能、特点、技术要领以及价格等。秘书一般会对企业的商业秘密略知一二，这时秘书一定要讲究分寸，最好是把话题引开，回避与客户谈及商务部分和核心技术部分，而不是采取生硬的口吻直接接拒绝客户的提问。

■ 实训任务

- **能力目标：**

能掌握与客户沟通的口才技能。

能在本企业与客方企业沟通中起协调作用。

- **知识要求：**

代表企业与对方企业沟通的技巧与原则。

- **任务描述：**

与客户沟通的常用语有哪些？请总结归纳。

- **操作说明：**

1. 分组，每组不超过 4 人。

2. 角色扮演：1人：客户企业代表；3人：本企业人员：1人扮演领导，1人营销部门负责人，1人秘书。

3. 提交角色模拟脚本。

● 训练内容：

1. 使用营销专门词语

（1）用“我们”“咱们”“我”代替“你们”“你”，拉近和客户的距离感，表明我们是一起面对问题。如：

习惯用语：你的名字叫什么。

专业表达：请问，我可以知道你的名字吗？

习惯用语：你必须……

专业表达：我们要为你那样做，这是我们需要的。

习惯用语：你错了，不是那样的！

专业表达：对不起我没说清楚，但我想它运转的方式有些不同。

习惯用语：如果你需要我的帮助，你必须……

专业表达：我愿意帮助你，但首先我需要……

习惯用语：你做得不正确……

专业表达：我得到了不同的结果。让我们一起来看看到底怎么回事。

习惯用语：注意，你必须今天做好！

专业表达：如果您今天能完成，我会非常感激。

习惯用语：当然你会收到，但你必须把名字和地址给我。

专业表达：当然我会立即发送给你，我能知道你的名字和地址吗？

习惯用语：你没有弄明白，这次听好了。

专业表达：也许我说得不够清楚，请允许我再解释一遍。

（2）引用客户的话：您刚刚提到、您曾经说过……

（3）把你的观点讲成是与客户共同探讨的观点——我们刚才探讨过……

（4）不断用“姓+职位（职称、尊称）”称呼客户。

（5）赢得客户的信任——肯定没有问题、当然没有问题……

（6）用“同时”取代“但是”。

（7）多用序数。如：

客户：你们如何保证能够在4小时内赶到我们公司来维护设备呢？

业务员：先生，你的这个问题问得非常好，我们有三个措施来保证服务到位。第一，我们有全天24小时的电话指导服务和在线网络服务；第二，我们公司有专门的客户服务部，有5位全职的技术工程师；第三，我们公司有3部售后服务车，接到电话，我们会在最短的时间内，开车到贵公司来进行维修。你对我们这个服务体系感觉怎么样？

客户：感觉挺好的。

2. 阅读案例并讨论

A. 业务代表A、B各是怎样称呼商家的？

B. 二人与客户沟通的结果为什么不一样？业务代表B的巧妙之处在哪儿？

C. 与客户沟通的口才决定沟通的成败，沟通的成败导致业务的成败。请联系自己的实际体验，说说曾有过的成功与失败。理解沟通在与客户交往中的重要性。

（1）业务代表A：你好，我是光明公司的业务代表黎明。在百忙中打扰你，请教有关贵店目前使用收银机的事情。

商家：你认为表店里的收银机有什么毛病吗？

业务代表A：并不是有什么毛病，只是想是否已经到了需要更新的时候。

商家：对不起，我们暂时不想考虑换新的。

业务代表A：不会吧！对面小超市已经更换了新的收银机。

商家：我们目前没有这方面的预算，将来再说吧。

（2）业务代表B：刘经理吗？您好！我是光明公司的业务代表黎明，经常经过贵店。贵店生意一直都是这么好，实在不简单啊。

刘经理：你过奖了，生意并不是那么好。

业务代表B：贵店对客户的态度非常亲切，您的员工训练有素。对街小超市的老板，对您的经营管理也相当佩服呢。

刘经理：张老板是这样说的吗？他经营的店也是非常好的，事实上，他也是我一直作为目标的学习对象。

业务代表B：不瞒你说，张老板昨天换了一台新功能的收银机，非常高兴，他提及刘经理您的事情，因此，今天我才来打扰你。

刘经理：哦？他换了一台新收银机？

业务代表B：是的。刘经理，您是否也考虑要换一台新的收银机呢？目前您的收银机也不错，但是新的收银机有更多的功能，速度也较快，让你的客户不用排队等太久，因而会更喜欢光顾您这里呐。请刘经理考虑考虑这款新的收银机吧。

刘经理：嗯，我考虑考虑，过几天答复你。

业务代表B：好的，刘经理，我过几天再给你电话。祝您生意兴隆！再见！

3. 综合训练

（1）邀请对方企业代表前来洽谈商务。模拟情景，四人沟通，对方与本企业顺利达成购买协议。

（2）邀请对方前来参观商品展销会。模拟情景，四人沟通，秘书负责会展介绍，营销部负责人对产品作详细介绍，由总经理代表企业与对方谈生意，双方顺利达成买卖协议。

（3）假设你是电信公司的营销经理，公司安排你去某事业单位销售，请你记下与客户单位秘书接触过程中的体会，并与其他经理进行交流分析。

训练内容2参考答案

比较（1）和（2）中业务代表A和B与客户沟通的话语，A业务代表在初次接近客户时，直接就问对方收银机的事情，让人有突兀的感觉，遭到商家反问："店里的收银机有什么毛病？"然后该业务代表又不知轻重地抬出对面的小超市已购机这一事实来企图说服商家，就更激发了商家的逆反心理。

业务代表B，却能把握打开客户"心防"、首先推销自己两个原则，和客户以共同对话的方式，在打开客户"心防"以后，才自然地进入推销商品的主题。B业务代表在接近客户前先做好准备的工作，能立刻称呼刘经理、知道他店内的经营状况、清楚对面张老板是他的学习目标等，这些细节令刘经理感觉很愉快，业务代表和他的对话就能很轻松地继续下去，这都是促使业务代表成功的条件。

任务四　接待客户来访

知识目标

1. 了解接待程序。
2. 掌握接待用语。

任务描述

客户代表明天来访，陈董要马敏练练胆子和身手，指名由马敏和他一起接待客户，马敏今天就穿上了特地买的新衣服，又向秦秘书请教明天怎么做才合适得体。秦要求做做准备的功课是哪些？

任务分析

接待工作对秘书的口才是个考验，秘书要接待什么人能说什么话，善打圆场，善补漏洞，能即席发言，能脱稿讲话。另外马敏是新手，还需了解接待的程序。

成果示例

秦勉：马姐，你这身衣服和化妆已经很得体了。建议你还要做这些准备，你看，我给你写在便签上了。

第一，明天要接待的客人的资料都在我这儿，你抓紧时间研读，了解客人的信息，知道他们的姓名、职位等，你才能说出合适的话。

第二，了解接待的一套程序。

第三，接待程序中秘书主要使用口语和体态语，你得好好背背。

第四，到时候，要灵活，懂得随机应变，例如不要跟每个客人都说“您好，欢迎！”跟背书似的，你不是手上有了他们的资料嘛，根据老的小的男的女的，换换说法……

马敏：嗯，记住了，马上就来准备。您先去忙，我看了资料，有问题再向您请教。

成果评析

1. 接待客户来访，工作中主要以见面直接口头沟通为主，口才能力重要，因为是接待客人，所以相关的礼貌用语应该熟知。

2. 了解程序，是遵守工作的规范。

3. 马敏如果是有心人，应该总结秦勉所给予的指导，秦勉善于站在高处教给马敏规律性的学习方法，而非就事论事。

必备知识

接待工作中少不了秘书的身影，扮演着接待工作的主角，接待工作对秘书的口才能力素质要求很高，秘书要接待什么人能说什么话，善打圆场，善补漏洞，能即席发言，能脱稿讲话。

一、接待的六个环节

（一）迎接

当客人来访时，应立即从座位上站起来，很有礼貌地说："请进。"如是熟悉的客人，应先说："欢迎，请进！"如是陌生人，见面可用提示性语言："您是……"表示询问，让客人先自我介绍，然后表示欢迎，并可直接问明客人的来意。

（二）引导

引导客人去办公室或接待室就座。在拐弯或上楼时，应说："请这边走"，并用手示意。若引导距离较长，应与客人边走边谈，活跃气氛。当把客人引导到领导办公室或接待室，要对客人说："这里就是。"

（三）介绍

客人与领导初次见面一般由接待人员介绍。介绍时，秘书除了礼貌地用手示意外，还要介绍被介绍人的所在单位、职务、姓名，如"这位是××公司总经理×××先生"。介绍时应注意顺序，先把身份低、年纪轻的男性介绍给身份高、年纪大的女性。

（四）问候

向对方问好，以示友好和关心。在彼此不太熟悉或初次见面的人之间，宜采用一般性问候，可以说："您好""一路辛苦了"；对于关系密切、比较熟悉的人来说，则问候的内容可包括对方的健康、工作及家人。但也要注意分寸，免生不快或尴尬。

（五）交谈

交谈要因人而异。对前来研究问题、商量工作的客人，要用商量、征询的语气交谈。对来求助的客人，要语气平和，给对方一种信任感，你可以说："这事只要有可能，我一定尽力而为。"对前来提供信息的客人，要说："谢谢您的费心！"交谈要注意保持友好的气氛，避免不礼貌的言谈举止。自己有事外出时，要客气地对客人说："对不起，失陪一下，我有点急事需要处理，您坐，我马上就回。"

（六）送行

送客人要送到门外，并说些告别语，如："您走好，欢迎再来！"等。送别客人不要急于回转，客人请主人"留步"后，主人要目送客人走远招手"再见"后再回转。

二、常用接待敬语

接待用语是秘书表达感情的一种方式，是实现交往目标的润滑剂。接待用语要适应接待时的环境、条件、目的等，只要让人感到自然、亲切、热情就可，一般没有固定的模式。

常用的接待用语有：

（1）表示欢迎之意时，如"见到你很高兴""欢迎光临"。

（2）表示谦虚之意时，如“招待不周，请多包涵”“工作刚刚起步，请指教”。

（3）表示关心之意时，如“近来可好，工作忙吗?” “最近公司效益如何，业绩还好吧?”

（4）表示赞赏之意时，如“您的报告我听了，很精彩，很有思路”“您最近越来越精神了，显得好年轻!”“好久不见，您是越来越漂亮了!”

（5）表示了解之意时，如“我可是久闻大名了”“我看过你的很多文章，很有见解”。

（6）表示理解、感激之意时，如“辛苦了，感谢你们的辛勤付出”。

（7）表示同情之意时，如“干工程真不容易，没年没节的”。

中国是礼仪之邦，古人为我们留下了很多宝贵的接待敬语。表7－8中的接待敬语如能应用得当，对秘书开展接待工作大有裨益。

表7－8　各种场合中的常用敬语

场合	敬语	场合	敬语
初次见面	久仰	很久不见	久违
请人批评	指教	请求原谅	包涵、见谅
请人帮忙	劳驾	请予方便	借光
麻烦别人	打扰	祝贺别人	恭喜
请人解答	请教	请人指点	赐教
托人办事	拜托	赞赏别人	高见
看望别人	拜访	接待宾客	光临
中途退场	失陪	等待客人	恭候
请人勿送	留步	注意身体	保重
欢迎购买	光顾	归还物品	奉还
囊中羞涩	惭愧	客人文章	大作
自己文章	拙作	请人收礼	笑纳
给你送礼	薄礼	领导讲话	指示

除了接待客户的来访，企业的领导还会组织或参加客户组织的社交活动，社交有助于人们加强与社会各方面的联系，建立良好的人际关系，从而获得大量的信息。秘书少不了在社交活动中充当重要的角色。

社交活动中，秘书要注意以下四点：

（1）增强角色意识，不可喧宾夺主。

如果角色意识不强，就会对自己所担当的角色认识不正确、不深入、不全面，以至于发生角色混淆的错误。之所以有些秘书在工作中发生越权越位，以领导的口吻来说话，原因之一就是秘书角色意识不强，有时自觉不自觉地忘了自己是一个秘书，而扮演了领导的角色。

（2）热情大方而不失常态。

秘书在为人处事、待人接物上要讲究方式，注意礼节礼貌，对人对事都要热情大方，但要注意场合，不能因一时激动而失去常态。

（3）语言幽默而不轻浮庸俗。

语言风趣幽默是智慧的表现，在社交中有奇特的效应。但应用这类语言艺术要看时机，不能在严肃的场合、严肃的问题上“插科打诨”；要看对象，要让对方和周围的人能听懂理解才有幽默效应；要适可而止，否则易流于轻浮。

（4）老练成熟而不轻易动怒。

老练成熟是社交中上乘的修养，是秘书不断进取追求的目标。轻易动怒既对动怒者不利，使人感觉其缺乏修养，也对动怒的对象不利，伤和气，损友情。老练成熟的秘书能摆正感情与理智的关系，既重感情，更靠理智行事，遇事冷静思考，多为对方着想，对人平和礼貌。

三、秘书的社交语言

（一）注意适时

说在该说时，止在该止处。见面时及时问候；分手时及时告别；失礼时及时道歉；请教及时解答；求助及时答复；等等。

（二）注意适量

适量既指说话的多少适当，也指说话的音量适宜。适量与否应以是否达到了说话目的为衡量标准。

（三）注意适度

适度主要是指根据不同对象把握言谈的深浅度，根据不同场合把握言谈的得体度，根据自己的身份把握言谈的分寸度。当然，体态语也要恰到好处。

实训任务

- **能力目标：**

能掌握接待客户的口才技能。

能按照接待程序接待客户。

- **知识要求：**

接待的口语与肢体语言。

掌握接待程序。

- **任务描述：**

按照初次见面的条件，接待来访者。客户千差万别，使用接待程序和常用语以不变应万变，再根据客户的差异灵活使用语言。请在实训环节中实践（并使用秘书礼仪与职业形象设计课程中学到的接待礼仪）。

- **操作说明：**

1. 分组，每组不超过5人。
2. 角色扮演：客户企业代表，3人（设置性别、职位、年龄等差异）；领导，1人，秘书，1人。
3. 在班级展示。
4. 提交角色模拟脚本。

● 训练内容：

1. 远大公司一行人风尘仆仆远道来访。拟写情景模拟脚本，请接待客人。

（1）安排客人下榻。

（2）安排公司的车接客人从住地到公司会议室。

（3）在公司门口迎接—安顿客人在会议室与上司洽谈—送客。

2. 鹏程公司受行业协会委托，承办本年度的新春酒会，接待来客中发生了不愉快，请应对。

前段时间合顺工程造价咨询公司的好几名骨干人员集体跳槽，被同行通兴公司高薪挖走了。通兴公司吸纳了合顺公司的几名骨干人员后，很快就接下了好几个项目，而这几个项目正是合顺公司所关注的。合顺公司张总很恼火。

秘书王强陪同张总参加鹏程公司举办的行业协会新春酒会。

通兴公司的钱总主动过来与张总握手："张总，祝您公司新年新气象！"

张总："谢谢，也祝你们新的一年有新进展！"

王强："得了，钱总，别装了，挖人家墙脚，还有没有职业道德？"

鹏程公司秘书见状，连忙说："……"（请使用多个应对方案）

（1）

（2）

（3）

3. 接待与公司社交，秘书的口语能力分量不轻，请阅读下面几段话，分析为什么秘书要说这些看上去是"废话"的话[①]：

（1）您看，这么晚了还来打搅您，真过意不去。您要休息了吧？真对不起……

（2）我不同意这个意见！我明确表示不同意。不管你怎么看，我就是不同意。

（3）那不是我说的，我怎么会那么说呢？您想，我会那样说吗？那确实不是我说的。

任务五　调研与访谈

■ 知识目标

1. 了解调研与访谈等企业的外部沟通技能。

2. 了解调研与访谈时与客户的有效沟通。

3. 掌握访谈中必需的会议主持技能。

■ 任务描述

××公司组织的联络员调研活动，旨在以最近的距离倾听企业客户的心声，收集公司

① 为了增强表达效果，有时不得不说一些"废话"，这是必要保留的语言的"冗余度"。这三句"废话"的"话外言"是：第一句话表示道歉，重复几句显示了态度的诚恳；第二句话表示了说话人态度的坚决和不容置疑；第三句则是说话人急于表白自己而采取的必要的重复。

合同的执行情况，并征求一线员工的意见和建议，为公司的新决策提供依据。华军是办公室主任，陪同公司首席代表张良一同前往客户企业调研。华军如何主持调研完成这次的工作？

任务分析

华军主持两项工作来完成这次的任务：

1. 主持召开座谈会，邀请客户企业单位领导、部门领导及一线员工的代表参加。
2. 座谈会后，与抽取的客户单位领导、部门领导及一线员工个别交谈。

成果示例

访谈是调研工作实施的实质性行为，调研涉及秘书的两项技能：主持会议能力；个别谈话能力。

华军作为办公室主任，陪同张良一同调研。事实上调研活动要由华军策划与主持才能完成。

调研活动的目的在于，为本公司领导层的正确决策提供现实的参考和依据。那么，这就要求调研活动从客户中来，到客户的一线员工中去，倾听对方的声音。调研活动等于是调研员与对方的信息交流和沟通。这种交流和沟通主要是通过集体访谈和个别访谈的方式进行。访谈活动中，调研员所具有的沟通的艺术和技巧直接决定了调研结果的真实性和可靠性。

首先，华军出发到客户企业之前，请对方秘书协助，定好了参加座谈会的人员名单，布置好会场。

其次，抽取了个别交谈人员名单。

再次，预约与会的客户单位领导，防止会议时间与领导的工作安排冲突。

最后，拟写发言稿，拟写提问句，制作调查问卷。

座谈会设在大会议室，音响设备很好。华军主持会议，请张良作指示……（调研过程中，秘书扮演副手角色。）

个别访谈地点设在贵宾接待室，华军带着笔记本和问卷在此恭候每位谈话者……

完成在客户企业的访谈，张良带着华军与主人道别，返回公司。

华军整理调研材料，撰写报告，提交张良，向上司汇报。

成果评析

1. 华军对调研目的很明确。
2. 调研工作的安排，显现华军的秘书风格，踏实、细致、有条不紊。
3. 沟通组织内外的能力强。
4. 具备调研与访谈口才。

必备知识

一、调研

调研的主要任务是从复杂的现象中分辨出相对明晰、相对确实的客观事物，搞清楚

"是什么"；通过思维活动，探索出隐藏在现象背后的本质及其发展规律，回答"为什么"；在这个基础上提出办事的方法和措施，解决"怎么办"，用以指导工作，减少工作的盲目性，增加决策的科学性。调研是秘书的工作内容之一。一般秘书不作为调研的"主体"，而是"从体"，即跟随领导或作为调研组成员之一到基层或外部详细了解相关情况。

二、访谈

访谈是秘书口才的重要组成部分，是秘书口才在调研工作的具体体现。认识访谈、讲究访谈的技巧，无论对于秘书开展调研，还是提高口才，都有重要的意义。

（一）访谈的形式

访谈有两种形式：

（1）集体访谈法。集体访谈一般以座谈会的方式进行，参加会议的人不宜太多，三五个、七八个即可。

（2）个别访谈法，即调查者与被调查者面对面进行交谈、讨论。

（二）访谈的技巧

1. 深入基层

真正高质量的调研，特别是事关全局的重大决策性调研，不亲临现场、耳闻目睹，很难做出科学的分析预测和准确全面的判断。对于秘书来说，只有做到亲自口问、耳听、心想、笔记，调研的成果才会切实可靠。

2. 掌握主动

访谈者要使整个访谈活动处在一个有序可控和高效运转状态。

一要及早亮出谈话主题，引导对方围绕主题说话。

二要随时变换角度，包括思维角度、认识角度、叙述角度，以求得对素材的全面了解，求得素材的最大价值。

三要突出重点，既要引导对方畅所欲言，全面反映情况，又要注意引导被访者对关键环节和问题做出最充分的陈述。

3. 创造轻松气氛

访谈中常会出现访谈对象迟迟不谈、场上沉闷的气氛，为此，要设法消除对方的心理障碍因素，点出一个具体话题，帮助对方理出头绪。也可针对某一具体问题发问，指明一人发言，以此作为突破口，循序渐进。还可以讲些风趣幽默的话，活跃场上气氛，创造轻松的访谈氛围。

4. 巧妙启发诱导

启迪引导访谈对象谈出访谈者所需了解的东西。有些被访者由于受性格特点、语言表达能力等局限，或者三言两语便无话可说，或者词不达意、颠三倒四、答非所问。这就需要访谈者巧妙、合理、恰当地启发诱导，通过一些提示，使被访者从纷繁的事物中找到头绪，并在其陈述中，随时引导，防止其离题千里。

（三）访谈的注意事项

秘书访谈前要做好充分的准备，即设计好调查方案，拟好调查提纲。访谈时应注意以下三点：

（1）举止要自然轻松，语言要通俗易懂，要营造良好融洽的交谈气氛，消除对方的拘束情绪。

（2）要用平实和善的语言取得对方的信任和理解，绝不能用凌驾于对方之上的言行，否则得不到对方的支持，也就得不到真实的调查材料。

（3）要清楚达到什么目的，准备提哪些问题，重点是什么，防止偏离调查提纲。提问时措辞要明确，注意问题的顺序以及问题的前后衔接，要注意引导，避免漫无边际的闲谈。

（四）晤谈用语

1. 进门语：同主人见面后，要立即打招呼

（1）如果是初访，一般需要自我介绍；如果没有预约，一般要表示歉意。可以说："啊！一直想来拜访，今天如愿以偿了！""初次登门，就劳您久等，真不好意思！"

（2）如果是重访，一般只需简单地说一句"好久没来看你了"，或者说"我们又见面了，我上次来，是一个月以前吧？"

（3）回访大多出于礼仪或答谢，通常可以这样说："上次劳您跑了一趟，我今天登门拜谢来了。""您上次刚走，我们就想，无论如何要到府上再谢谢您！"

（4）礼仪性访晤大多与唁慰、祝贺、酬谢等有关，进门语要同有关的唁慰、祝贺、酬劳的内容联系起来，比如可以说："一直没有机会登门，今天给您拜年来啦。"

2. 寒暄语

（1）话题应由双方都熟悉或有兴趣的事物自然引出。

寒暄的内容常常是天气冷暖、工作忙闲、学习好坏、身体健恙、最近活动、朋友过从、亲属今昔等。但是，寒暄时具体谈什么，要有所选择。要善于从贴近处挑选双方均有兴趣或均有鲜明感受的话题。例如，天气特别冷，可从注意身体谈起；对方近日获奖，可从工作、学习谈起；身体有病，则从强身保健谈起。

总之，话题需出于自然，包括墙上挂历、耳际音乐等，都可引起寒暄语。

（2）建立认同心理。

多寻找共同语言，以求得对方在心理上的接近趋同。通过寒暄，构建起与对方沟通的桥梁，使谈话自然而然地深入下去。

甲：这幅画是你自己画的？画得真不错！

乙：你过奖了，我不过在业余艺校学了几天。

甲：你也进过业余艺校？

乙：怎么？听口气，你也不是外行。

甲：我在鲁迅业余艺校跟××老师学过画。

乙：真的？太好了，我们都是××老师的学生。

（3）创造和谐气氛。

寒暄的目的，就是创造和谐气氛。访晤，如果缺乏一个和谐的气氛，就不是一次成功的访晤，甚至可以说失去了价值。所以，寒暄时双方的语言要诚恳，而不可虚情假意；要坦率，而不可吞吞吐吐；要自然，而不可卖弄做作。特别是，要由衷地关注对方的苦乐，急人所急，爱人所爱，并以相应的语言表达自己的真实情感。这样，才有利于创造出越来

越投机的和谐气氛。

3. 晤谈语

晤谈同一般性的交谈没有大的区别。值得注意的是，晤谈语要符合交谈双方的身份特点；交谈时的用语和口气，要顾及对方的辈分、地位等；内容要“扣题”，紧密围绕谈话背景和谈话目的展开；态度要热情亲切，不能给人敷衍的印象。如果访谈地点是在受访者的家里，说话就要“嘴下留神”，力避不宜被家属知晓的内容。

4. 辞别语

与进门语相照应，并且不要忘记再次表示唁慰、祝贺或谢忱，最后请主人“留步”。例如可以说：“今天初次拜访，十分感谢您为我花了这么多时间！”“这件事就拜托你了，非常感谢！”

三、主持会议技能[①]

开会的目的自然是讨论的事项能通过会议获得有效的解决，一个无序、缺乏条理的会议，只会是浪费大家的时间与企业的资源成本，因此会议主持人是会议中的灵魂人物，他影响整个会议的运作与实质效益，掌握好会议的主持语言将有利于提高秘书的基本素质。

(一) 会议主持人的职责

1. 说好会议的开场白

在会议开始时简要说明召开会议的目的、内容和要求，必要时应先介绍与会人员。一般是先按职位高低介绍领导，再介绍其他与会人员。如“请大家安静，会议现在开始。在正式开会之前我先给大家做个介绍。今天参加会议的有公司徐×副总经理……今天召开本次会议的目的是……讨论的内容有三个方面，一是……二是……三是……”

2. 创造良好的会议气氛

许多会议存在的问题是与会者呆板拘谨，发言不积极。这时主持人应尽量打消与会者的疑虑和顾忌，鼓励与会者互相启发、互相补充、互相对话、互相争论。如“就上述三个方面的内容请大家畅所欲言，充分发表意见。大家不要有什么顾虑，请大胆直言，陈总今天来到工地亲临我们的会议就是想充分听取基层的意见，所以有意见就尽管提，有问题就尽管问”。

3. 推动会议的进程，控制好会议的时间

会议过程中尽量不要拖延；发现会议讨论离题或有些拖延时，主持人应立即设法调整到正常的议程中来。当会议讨论得差不多时，可征求参会领导的意见，准备结束会议。如轻声问：“徐总，时间也差不多了，您看是不是讨论暂就到此。还请您做个总结发言吧。”

4. 做总结发言

会议结束时，主持人应就本次会议做个简单的小结，如“今天的会议开得很成功，大家提出了很多好的意见和建议，我都详细做了记录，回公司后我们一定组织相关部门认真讨论研究，制定相关的制度和措施。刚才陈总的讲话精神请大家一定认真地领会、思

① 主持会议是秘书沟通能力中重要的一项技能，此处，借访谈会议主持引出“学会主持会议”，本书中不再单列任务。

考，并贯彻到今后的实际工作中去。因时间关系，今天的会议到此结束，谢谢大家！”

5. 要善于对各种发言进行鉴别、综合和分析

当发言人结束讲话时，主持人要用简明的语言说出此位发言人的发言要点并做适当评点。如“刚才马工就一线员工的心理状态做了较实际的发言，谈出了大家的一些真实感受，说得很好。希望大家不要有顾忌，想到什么就说什么”。

6. 发现会议中的亮点

当主持人意识到参加会议的领导对某个话题比较关注时，主持人可进行深入的提问，以便较全面地掌握情况。如“你刚才谈到的人性化管理，一直是公司领导所倡导的，就此你能不能谈得再深入一些？比方说作为一线员工你认为公司的哪些政策或措施需要改进、如何改进才能体现人性化管理？”

（二）机智处理会议上的意外情况

1. 应对发言离题万里

必要时主持人可插话提示，但应注意提示方式，不能因此而挫伤发言的积极性。如“关于刚才发言的这位同志谈到的人员待遇问题，我们过段时间将召开专题会议来研究，今天会上就不展开讨论了”。

2. 应对会议冷场

冷场是会议中常见而又使主持者颇感难办的事。冷场的原因不同，处理的方式也就不同：

（1）与会者无思想准备，一时难以发言。这时主持者应鼓励大家谈不成熟意见，边讨论边完善。

（2）与会者对所讨论的议题不理解，不明白，无从开口。这时主持者应详细、明确地交代议题，对与会者进行启发。

（3）会议议题直接涉及与会者多数人的利益，因为顾虑而冷场。主持者应先鼓励与其利益关系不太大的人，或大家公认比较正直、公道的人先发言，然后逐步深入。

（4）会议议题有一定难度和复杂性，一时不易提出明确意见。主持者可启发大家开动脑筋，由浅入深，逐步接触问题实质。也可选择分析能力强的同志先发言，打开突破口以引导大家发言。

3. 应对会中的窃窃私语和争论不休

（1）应对窃窃私语：用眼神阻止；停下发言让他们先安静下来；对私语者说：“请把你们的意见大声说出来，好让每个人都能从你们的讨论中获益”；直接要求私语者就某个问题发言。

（2）应对争论不休：重复争论者的意见，显得你已经接受了它们；把争论者的观点大声念出来，包括其中的谬误，然后交给大家讨论；直接批评是不可取的。

（三）会议总结的语言技巧

会议总结是主持者对会议情况的归纳性陈述，是对会议的画龙点睛。会议总结发言的方式一般有以下几种：

1. 穿珠式

与会人发言中有很多有价值的东西，但由于各人掌握的情况有限，这些思想的火花也

只是散落在发言人的其他话语中。主持人应该站在更高的层次上，用发展的眼光将这些零星的观点穿起来，形成有价值的会议总结。

2. 归纳式

与会者列举了许多互相有联系的事实，但对这些事实还只是停留在感性认识阶段，主持者可用归纳法，从中找出规律性的东西。

3. 升华式

与会人员各自表达自己的思想观点，或许对有些问题可能涉及一二，但没指明问题的本质和核心。主持人需要对大家的观点进行提炼，给予升华，将与会者想到但没有明确表达的意思总结出来，使大家的认识水平提高一个层次。

实训任务

- **能力目标：**

能掌握到客户企业调研的技能。

能主持会议（大中小型）。

能进行个别会谈。

- **知识要求：**

调研与访谈。

会议主持。

- **任务描述：**

腾达商业集团公司要召开年终总结表彰大会。领导商议，由新上任的行政秘书陈萌主持会议。陈萌因第一次主持这样的大会，不免紧张。请设想你是陈秘书，怎样顺利完成这次的主持任务？

- **操作说明：**

1. 角色扮演。

2. 调研访谈分组，每组不超过 6 人。1 人为调研领导，1 人为秘书，其他人为客户企业访谈代表。

3. 会议主持不分组，1 人为秘书（主持人），1 人为领导（主要发言人），其他人做听众，兼任讨论人（会议中举手发言）。

4. 提交角色模拟脚本。

- **训练内容：**

1. 给腾达商业集团公司陈秘书支招。

（1）找出公司多次大型会议的会议记录，仔细研究会议主持人的发言。

（2）安慰、鼓励："小陈不用紧张，你只要注意主持时更多关注参会的人和会议本身，而将自己忘掉，会议就会成功。"

（提示：强调会议的主体是参与者，将精力放在与会者身上才能更有效地把握会议的进程。如果秘书将注意力集中在自己身上，主持时总在注意自己所说的话语气好不好、修辞当不当、下面还要说什么等，就是舍本求末，会议就会因为没有强有力的控制和引导而不能达到效果。）

(3) 开会时，陈萌按罗经理的指点，密切注意发言人的发言，注意会议本身的进程、主题等。

(4) 主持中，恰到好处地对发言人的发言进行评价、用语言推动大会的进程。

(5) 在以上分析的基础上，你来扮演小陈，主持会议。

2. 秘书主持会议时，应声音洪亮，有一定感染力。同时还要注意在会上不要炫耀自己，不要以与众不同的姿态和语调讲话，忌各种语病，忌语无伦次、缺乏自信。

关注同学分别扮演陈秘书主持的会议，注意记录会议主持人的表现，并做出评价。

3. 采访学校奖学金/助学金/三好学生/书法比赛奖……获得者。

(1) 采访前事先收集被访学生的综合情况，明确访谈的中心话题。

(2) 事先确定想了解的问题。

(3) 预约访谈者。

(4) 在访谈中使用技巧。个别言谈要掌握克服交谈障碍所采取的策略、手段和方法。对于不愿吐露真情、守口如瓶的人，需要根据其身份和处境，研究设问策略：

一是提问因人而异；

二是提问可由近及远、由易到难、由表及里、由此及彼；

三是可正问、反问、侧问、设问、追问；

四是出其不意，提出对方非回答不可的问题。

4. 根据下文提供的信息，两人一组，交替扮演周仓库和范文，练习访谈技巧。

周仓库是恒达商业集团公司行政部的文字秘书。“五一”国际劳动节就要到了，行政部主任黄磊交给他一项任务，写一篇专题新闻报道，宣传公司获省“五一”劳动奖章的劳模范文同志。接受任务后，周仓库认真阅读了手头上的一些文字材料，他认为挖掘的深度还不够。于是，他决定：与范文同志进行一次面对面的访谈。

5. 省造价工程咨询协会龚秘书长等一行二人，来合顺工程造价咨询有限公司，调研该公司的造价咨询工作开展情况。请模仿华军的调研程序，分角色扮演调研座谈会和个别访谈过程。

6. 阅读下文，提出应对策略。

龚秘书长对合顺公司的工程造价咨询工作开展情况非常满意。调研结束时临近下班，张总盛情挽留龚秘书长一行共进晚餐。

在酒店包厢里，秘书费华热情招呼大家入座。酒过三巡，大家正喝得尽兴时，不知谁说一句“包厢光线太暗了，把灯打开吧”。费华笑着说：“还用开灯吗，我们这里不是有光亮亮的一盏白炽灯照着吗?”

场内气氛顿时冷下来，原来随同龚秘书长来的一位老同志因脱发头顶光光的，听费华这么一说，当即脸上有点挂不住了……

第八单元 现代介质沟通1——电话沟通口才

任务一　了解电话沟通礼仪

■ 知识目标

了解电话（含移动电话）沟通礼仪。

■ 任务描述

小王到某企业当实习秘书，他看秦勉在办公室非常忙碌，就经常帮秦秘书接听电话，接触多了，小王想完整地了解电话礼仪，好好补补课堂上尚未实践的环节。秦秘书因为太忙没时间一一指导，便给了小王几段秘书考试的视频，让他自己去看并写出答案，然后再抽空指导小王。

■ 任务分析

信息时代，电话已成为一种成熟的便捷的交际工具；凭借电话，秘书能够跨越空间障碍与无法见面的人实现有声语言沟通，也能够迅速得到信息反馈，免于来回奔波于沟通双方之间。

虽然双方看不到对方的表情，但是可以从对方的口吻中感受到彼此的情绪。秘书使用这一沟通方式，首先有必要全面了解电话的基本礼仪。

■ 成果示例

一、小王观看视频

办公室电话响起。秘书钟苗在伏案写作。

铃声依旧在响。钟苗这才搁笔拿起听筒。

钟："喂?"

王总经理："钟苗啊，我叫你找德语翻译的事怎样了?"

钟："哦，是王总啊，我好不容易找到一个，我马上联系她!"

钟苗挂了电话。

王："咦? 怎么挂了?"

钟苗给德语翻译韩明明打电话。

钟："喂，韩老师，我们王总找你有事，你马上过来一下吧。"

韩："请问——您是哪位?"

钟："哦，我是远大公司的钟苗，前天我联系过你，我们找你翻译商务订单函。"

韩："哦，小钟，你好！我现在在外面呢。"

钟："你马上过来一下吧。我在办公室等你啊，快点!"

韩："哦，好吧。我交代一下我这里的事，看能不能赶过去。"

钟苗给王总打电话。

钟："王总！我给德语翻译打过电话了，她马上过来。我一会儿带她到您办公室去。"

王："哎哎哎——钟苗！你等等——你还没问我有没有时间就把人家叫来啦? 我马上要到市里开会呢……"

二、小王一一指出秘书钟苗未能遵守电话礼仪之处

1. 不及时接听来电。

2. 王总经理话还没说完，钟苗就挂机，很不礼貌。

3. 给韩老师打电话：(1) 未做自我介绍；(2) 未使用礼貌用语（反倒是韩老师跟她说"你好"）；(3) 未征询韩老师，就以命令的口吻叫韩赶紧来公司；(4) 不应该用催促的语气说"快点"。

4. 未征询领导的意见，就在电话里告知王总——等韩来了去王的办公室（俨然成了安排领导的人）。

三、小王拿了自己做的"功课"，去见秦秘书

秦秘书看了很满意，又说了一些事例给小王听。

成果评析

电话沟通不是面对面的沟通，有它的特别之处。需要沟通者依据其特殊的交际环境和介质，遵守必要的礼仪。

电话礼仪讲究接、挂机的时间与先后顺序。因为不是面对面，只听得见对方的声音，如果不是非常熟悉的，对方就不知道你是谁，所以拨出者应当自报家门。

让对方从声音和语言里，听出你的恭谦、尊敬……

以上都是钟苗未能做到的。作为秘书，当以此为反面例子，引以为戒。

必备知识

一、重要的第一声

当你一接通电话，就能听到对方亲切、优美的招呼声，心里一定会很愉快，对对方就

有了较好的印象。同理，如果你让对方在电话里听到你的第一声“您好！这里是远大公司。”——声音清晰、悦耳，你就给对方留下了好印象，对方对你所在单位也会有好印象。因此电话沟通时，应有“我代表单位形象”的意识。

二、声音中的喜悦心情

对话双方看不到对方的表情，但是可以从对方的口吻中感受到彼此的情绪。所以要保持良好的心情，这样即使对方看不见你，从欢快的语调中也会被你感染，给对方留下极佳的印象。面部的表情会影响声音的变化，因此即使在电话中，也要抱着“对方看着我”的心态去应对。

三、端正的姿态

电话沟通过程中绝对不能喝茶、吃零食，即使是懒散的姿势对方也能够“听”得出来。如果你打电话的时候，仰躺在椅子上，对方听你的声音就是懒散的、无精打采的；若坐姿端正，身体挺直，所发出的声音也会亲切悦耳，充满活力。因此打电话时，即使看不见对方，也要当作对方就在眼前，尽可能注意自己的姿势。

四、清晰、明朗的声音

声音要温雅有礼，以恳切之话语表达。口腔与话筒间应保持适当距离，适度控制音量，以免听不清楚、产生误会，或因声音粗大，让人误解为盛气凌人。

五、接听迅速、准确

工作人员业务繁忙，桌上往往会有两三部电话，听到电话铃声，要准确迅速地拿起听筒，以长途电话为优先，最好在两声之内接听。电话铃声响一声大约 3 秒钟，若长时间无人接电话，或让对方久等是很不礼貌的，对方在等待时心里会十分急躁，你的单位会给他留下不好的印象。即便电话离自己很远（听到电话铃声后，附近没有其他人），我们应该用最快的速度拿起听筒，这样的习惯是每个办公室工作人员都应该养成的。如果电话铃响了 5 声才拿起话筒，应先向对方道歉；若电话响了许久，接起电话只是“喂”的一声，对方一定十分不满，会给对方留下恶劣的印象。

六、记录认真、清楚

随时牢记 5W1H 技巧，所谓 5W1H 是指：（1）When（何时）；（2）Where（何地）；（3）Who（何人）；（4）What（何事）；（5）Why（为什么）；（6）How（如何进行）。在工作中这些都是十分重要的，对打电话、接电话具有相同的重要性。电话记录既要简洁又要完备，有赖于 5W1H 技巧（详细内容请阅读本单元任务二）。

七、有效电话沟通

上班时间的电话几乎都与工作有关，公司的每个电话都十分重要，不可敷衍，即使对方要找的人不在，切忌粗率答复“他不在”即将电话挂断。

接电话时应确认对方身份、了解对方来电的目的，如自己无法处理，也应认真记录下来，委婉地探求对方来电目的，就可不误事而且赢得对方的好感。也要尽可能问清事由，避免误事。对方查询本部门其他单位电话号码时，应迅即查告，不能说不知道。

对对方提出的问题应耐心倾听；表示意见时，应让他能适度地畅所欲言（除非不得已，否则不要插嘴）。其间可以通过提问来探求对方的要求与问题。注重倾听与理解、抱有同情心、建立亲和力是有效电话沟通的关键。

接到责难或批评性的电话时，应委婉解说，并向其表示歉意或谢意，不可与发话人争辩。

电话交谈议案，应注意正确性，将议案完整地交代清楚，以增加对方认同，不可敷衍了事。

如需要查寻数据或另行联系之查催问题，应先估计可能耗用时间之长短。若查阅或查催时间较长，最好不让对方久候，应改用另行回话之方式，并尽早回话。以电话索取书表时，应立即记录在案把握时效，尽快地寄达。

八、挂电话前的礼貌

要结束电话交谈时，一般应当由打电话的一方提出，然后彼此客气地道别，应有明确的结束语，说一声："谢谢，再见"，再轻轻挂上电话，不能只管自己讲完就挂断电话。

实训任务

- **能力目标：**

能在电话沟通中遵守规范的礼仪。

- **知识要求：**

电话沟通礼仪。

- **任务描述：**

电话沟通时，通话双方互相看不见对方，使用哪些手段，让对方（你的客户、领导、下属、同事）感受到：你尊敬他、你和他通话很愉快、你以协商的态度与他讨论问题……

- **操作说明：**

1. 分组，每组二人，二人在隔开的空间（不共处一室）。
2. 角色扮演，分别转换为推销员、客户、秘书、领导、下属、同事……角色。
3. 使用道具，模拟电话铃声等。

- **训练内容：**

1. 使用下面这个脚本打电话。

（1）模拟电话铃。

（2）体会章程的电话礼仪。

打印机的电话销售

销售员："您好，请问，李冷先生在吗？"

李冷："我就是，您是哪位？"

销售员："我是××公司打印机客户服务部的小章，我叫章程，就是公司章程的章程。资料记录，你们公司去年购买的××公司打印机，对吧？"

李冷："哦，是，对的。"

章程："保修期已经过去了 7 个月，不知道现在打印机怎么样啊？"

李冷："好像你们来维修过一次，后来就没有问题了。"

章程："太好了。我给您打电话的目的是，这个型号的机器已经不再生产了，以后的配件也比较昂贵，提醒您在使用时要尽量按照操作规程，您在使用时阅读使用手册吗？"

李冷："没有呀，不会这样复杂吧？还要阅读使用手册？"

章程："其实，还是有必要的，实在不阅读也是可以的，但寿命就会缩短。"

李冷："我们也没有指望用一辈子，不过，最近业务还是比较多，如果坏了怎么办呢？"

章程："没关系，我们还是会上门维修的，虽然收取一定的费用，但比购买一台全新的还是便宜的。"

李冷："对了，现在再买一台全新的打印机什么价格？"

章程："要看您要什么型号的，您现在使用的是××公司 3330，后续的升级产品是 4100，不过主要看一个月大约打印多少 A4 的纸张。"

李冷："最近的量开始大起来了，有的时候超过 1 万张了。"

章程："要是这样，我还真要建议您考虑 4100 了，4100 建议一个月正常的纸张使用量是1.5万张，而 3330 的建议月纸张是 1 万张，如果超过了会严重影响打印机的寿命。"

李冷："你能否给我留一个电话号码，年底我可能考虑再买一台，也许就是后续产品。"

章程："我的电话号码是 888×××转 999。我查看一下，对了，您是老客户，年底还有一些特殊的照顾，不知道您何时确定要购买，也许我可以将一些好的政策给您保留一下。"

李冷："什么照顾？"

章程："4100 型号的，渠道销售价格是 1 210 元，如果作为 3330 的使用者购买的话，可以按照 8 折处理或者赠送一些您需要的外设，主要看您的具体需要。这样吧，您考虑一下，然后再联系我。"

李冷："等一下，我要计算一下。我在另外一个地方的办公室添加一台打印机会方便营销部的人，这样吧，基本上就确定了，是你送货还是我们来取？"

章程："都可以，如果您不方便，还是我们过来吧，以前也来过，容易找的。看送到哪里，什么时间好？"（具体落实交货的地点、时间。）

2. 模仿上面的脚本，自己编写（可以短一些）脚本，然后表演：分别和领导、同事、客户等不同的人礼貌地进行电话沟通。在你的脚本中使用以下接、打电话常用礼貌用语。

（1）您好！这里是×××公司×××部（室），请问您找谁？

(2) 我就是，请问您是哪一位？……请讲。
(3) 请问您有什么事？(有什么能帮您？)
(4) 您放心，我会尽力办好这件事。
(5) 不用谢，这是我们应该做的。
(6) ×××同志不在，我可以替您转告吗？(请您稍后再来电话好吗？)
(7) 对不起，这类业务请您向×××部（室）咨询，他们的号码是……（×××同志不是这个电话号码，他（她）的电话号码是……）
(8) 您打错号码了，我是×××公司×××部（室）……没关系。
(9) 再见！
(10) 您好！请问您是×××单位吗？
(11) 我是×××公司×××部（室）×××，请问怎样称呼您？
(12) 请帮我找×××同志。
(13) 对不起，我打错电话了。
(14) 对不起，这个问题……请留下您的联系电话，我们会尽快给您答复好吗？
3. 真实地打电话给114查询号码、给必胜客打电话询问外卖事宜。
(1) 以上接电话的人员是否遵守了电话礼仪？
(2) 从中你学到哪些优点？
(3) 哪些错误你要引以为鉴？

任务二　电话沟通情景分析法

知识目标

认识情景分析法在电话沟通中的作用。

任务描述

马敏在参加电话沟通技能培训时，听教员频繁提及“5W1H技巧”，她不是很明白，也不知道实际中怎么用。家里早就装了电话，现在也早就用上了手机，马敏没想到，和平时相比，工作时候的电话有那么多学问。她决定下课以后，详细问问教员，搞个明白，省得总请教秦勉，耽误他的工作。

任务分析

所谓5W1H是指情景分析法在电话沟通中的应用，通话双方要达成成功的沟通，需要考虑进行电话沟通的主客观条件，诸如一些特定的时间段（半夜三更）绝不能给人打电话，除非发生了极端事件，等等。

成果示例

教员：电话沟通情景分析是对通话的语境做分析，主观因素指人Who，客观因素指时间 When、地点 Where、事件 What、原因 Why 等。针对通话所处不同的语境，选择恰当的语言，调整说话情绪，保障沟通能够成功进行。

例如，我们打电话时考虑以下因素：

- 时间是否恰当。
- 环境是否安静。
- 情绪是否稳定。
- 内心是否真诚。
- 是否微笑着说话。
- 声音是否清晰、悦耳，语速是否适中。
- 坐姿是否端正。
- 信息交流对象的身份如何。
- 为什么通话。
- 说什么内容。
- 用什么句式、语气去说。
- 用语是否规范准确。

…………

现在，马敏，我给你一个任务，任务如下：

盛鸿酒店参加本市的“地球一小时”活动。打一个电话通知电房的工人，明天晚上 8:30—9:30 酒店熄灯一小时。打一个电话通知前台和餐厅，布置服务员准备“烛光晚会”要使用的蜡烛。

请你想一想，打这两个电话，你需要考虑的语境因素有哪些?

成果评析

情景分析法是针对电话沟通，解释如何“‘见’什么人，说什么话”，忽略 5W1H，沟通效果便会打折扣。

例如，假若不考虑“环境是否安静”，对方可能根本就听不清你说什么，假若嚼着口香糖通话，对方会生厌，内心对你不满，你的建议或生意就泡汤了。这些并不关乎电话线路是否畅通、手机价格是否昂贵、座机款式是否美观。

必备知识

情景分析法即 5W1H 技巧，也即 When、Where、Who、What、Why 和 How。在打电话时应注意使用情景分析法做好电话沟通计划，这也是通过电话成功实现沟通的关键步骤。

一、选择通话时间（When）

选择何时打电话是一种基本的礼貌，也是取得成功的前提。在打电话之前要非常清楚对方的工作性质和时间，否则时间选择不当，即使自身的业务水平再高，也不能达到预期目的。那么如何选择打电话的时间?

（一）通用时间规律

（1）工作日早上 8 点以后。

（2）节假日 9 点以后。

（3）三餐时间以外。

（4）晚上 9 点以前。

（5）办公电话宜在上班时间 10 分钟以后和下班时间 10 分钟以前拨打。

（二）人性化分析时间

1. 客户的职业因素

会计师：切勿在月初和月尾，最好是在月中。

医生：11 点以后与下午 2 点以前。

推销员：10 点以前或者下午 4 点以后。

行政人员：10 点前后到下午 3 点。

股票行业：避免在开市后，最好在收市后。

银行家：10 点前或下午 4 点后。

公务员：工作时间内，切勿在午饭前和下班前。

饮食业：避免在用餐时间，最好是在下午 3 点到 4 点。

律师：10 点以前或下午 4 点以后。

零售商：避免周末和周一，最好在下午 2 点至 3 点。

2. 一周工作日因素

星期一：这是假期刚结束上班的第一天，客户肯定会有很多事情要处理，一般公司都在星期一开会或者安排工作，所以大多会很忙碌，如果要洽谈业务，尽量避开这一天。

星期二到星期四：这三天是电话沟通最合适的时间。

星期五：一周的工作结尾，如果这时打电话过去，多半得到的回复是："等下个星期我们再联系吧！"这一天可以进行调查和预约的工作。

3. 一日 24 小时因素

早上 8:00—10:00：这段时间大多客户会紧张地做事，电话营销人员不妨也安排一下自己的工作。

10:00—11:00：这时你的客户大多不是很忙碌，一些事情也处理完毕，这段时间是营销的最佳时段。

11:30—下午 2:00：午饭和休息时间，不要轻易打电话。

下午 2:00—3:00：这段时间人会感觉到烦躁，尤其是夏天。

下午 3:00—6:00：努力打电话给对方，可在这段时间中取得沟通成功。

二、选择通话地点（Where）

良好谈话的氛围可以促使双方尽快进入角色，在有限的时间内达到通电话的目的。如果在一个嘈杂的环境里面，可能彼此交谈的话都不能听清楚，这会使得另一方产生反感的情绪而结束电话交流；在来电铃响起或者打电话给对方的时候马上结束和同事、朋友的嬉笑和谈话也是为了尊重对方，创造良好的谈话氛围，促成通话目的的实现；和对方通话时，如果是比较重要的商业信息，最好能在一个私人的空间里进行，避免泄漏信息，这是选择通话地点时应该注意的基本问题。

三、选择通话对象（Who）

在通话前要知道你准备和谁交谈，通话时要弄清楚是谁在和你交谈，因此，在接通电话向对方表明身份之后要先确认对方身份，如果出现拨错电话的情况，这时你就要有礼貌地进行道歉；如果打电话的目的是想找决策者，但接听的是秘书或者其他人，不能因为对方没有决策权就摆出居高临下的态度，在措辞和语气上盛气凌人。切勿在介绍过自己以后不管对方是谁，就开始介绍自己的产品或者服务，这会给人感觉你在强迫别人接听电话，浪费双方的时间。

四、选择通话内容（What）

在通话时一般要考虑对方的时间安排，遵循“电话三分钟原则”，这也是基本的礼仪。因此，通话双方应该明白自己的主要目的是什么，用简练的语言清晰地表达自己的思想。切勿漫无目的地长篇大论，或者是语无伦次，这样不仅自己的目的没达到，也会浪费对方的时间，使其产生厌烦的情绪。

五、分析打电话的原因（Why）

在分析打电话的原因的同时，可以确定本次通话的预期目的。好的电话缘由可以避免对方产生反感的情绪。要做到你的电话不会给对方造成困扰，这也是电话沟通中应当注意的。

六、确定打电话的方式（How）

在接通电话后如何进行才能达到有效地沟通，从而达到双方通话的目的呢？虽然有很多方面的原因会影响通话的成功，比如：打电话的这一方是否做好了通电话的准备工作，包括是否明白客户的性质、公司的产品是否适合客户、是否可以应对客户的各种问题等。

但是在电话沟通中，对方不能看到你的非语言沟通表现出的信息，唯一可以判断你沟通的诚意的标准就是你的声音和措辞。

（一）声音

日本推销大师原一平说过：“音调的高低也要妥善安排，借此引起对方的注意和兴趣。”电话交流只有引起对方注意的时候才有继续通话的可能。声音包括：音量、语速、呼吸、发音。

1. 音量

你在电话里面的声音的大小应该与你和桌子对面的人交谈时的音量相同，即距离1～2米远。不能离话筒很近，这样对方会感觉很刺耳造成心烦；同时也不能离太远，这样的话对方可能听不清楚。如果对方的声音很小的时候一定要提醒对方，以免造成重要的遗漏。

2. 语速

电话沟通者要在 3 分钟内把电话沟通的目的表达清楚，但是这时候也不能不顾对方的感受，一定注意自己的语速，必要的时候可以延长交流的时间。如果说得太快，对方可能因为听不清楚而感到沮丧；如果说得太慢对方可能会不耐烦。

3. 呼吸

因为你是靠身体呼吸的，所以你呼吸的时候应该能感觉到自己起伏的胃部。这种呼吸方法可以使你更好地控制音量，使自己的声音更有“力度”，并保持适当的语速。

4. 发音

发音受到以下因素的影响：

（1）姿势。坐在椅子的前半部分，这样可以迫使你姿势端正，也可以使你的声音更有力，更清晰。如果你在说话中间突然站起来，对方可以感觉到有压迫和发怒的气势。

（2）妨碍物。千万不要在打电话的时候让口香糖、香烟以及糖果之类的东西在嘴里面咀嚼或者是停留，这些会和你的牙齿嘴唇发生摩擦，这种声音会让对方感觉到自己没被尊重。

（二）措辞

措辞主要是指在电话交谈中应该注意用语的技巧，慎用俚语、术语，多使用礼貌用语。

1. 俚语

和对方讲话的时候最好不要用俚语，虽然对方可能听得懂，但是会让人觉得你并不尊重这个场合，做事不够认真。

2. 术语和行话

客户当中可能很少是行家，他们只是对产品本身好奇，所以只要以最简洁的话把产品的好处和带来的服务介绍清楚即可。

3. 礼貌用语

教养体现于细节，礼貌的电话用语是必不可少的。当我们接起电话时要说：“您好……”然后先将自己的名字或者公司的名称报给对方；当我们打错电话时要道歉：“对不起，我拨错了号码”；当我们没有及时接听电话时，应该说：“抱歉，让您久等了”。在整个通话过程中注意多使用敬称和尊称。说完再见以后挂电话时要轻放话筒，这是一种无声的电话礼仪。

■ 拓展阅读

商务电话礼仪

国际商务运作离不开电话这一便捷的通信工具，当你的声音通过话筒传向世界各地时，是否也能做到彬彬有礼？

语调的魅力 用清晰而愉快的语调接电话能显示出说话人的职业风度和可亲的性格。虽然对方无法看到你的面容，但你的喜悦或烦躁仍会通过语调流露出来。打电话时语调应平稳柔和、安详，这时如能面带微笑地与对方交谈，可使你的声音听起来更为友好热情。千万不要边打电话边嚼口香糖或吃东西。

得体的问答 来电应在第二声铃响之后立即接听，在礼貌问候对方之后应主动报出公司或部门名称以及自己的姓名，切忌拿起电话劈头就问：“喂，找谁？”同样，来电话人需要留话也应以简洁的语言清晰地报出姓名、单位、回电号码和留言。结束电话交谈时，通常由打电话的一方提出，然后彼此客气地道别。无论什么原因导致的电话中断，主动打电话的一方应负责重拨。

电话留言　在商业投诉中，不能及时回电话最为常见。为了不丧失每一次成交的机会，有的公司甚至做出对电话留言须在一小时之内答复的规定。一般应在 24 小时之内对电话留言给予答复，如果回电话时恰遇对方不在，也要留言，表明你已经回过电话了。如果自己确实无法亲自回电，应托付他人代办。

留意时差　打电话前要搞清地区时差以及各国工作时间的差异，不要在休息日打电话谈生意，以免影响他人休息。即使客户已将家中的电话号码告诉你，也尽量不要往家中打电话。

恰当地使用电话　在美国你可以通过电话向一个素不相识的人推销商品，而在欧洲、拉美和亚洲国家，电话促销或在电话中长时间地谈生意就难以让人接受。发展良好商务关系的最佳途径是与客户面对面地商谈，而电话主要用来安排会见。当然一旦双方见过面，再用电话往来就方便多了。

■ 实训任务

- **能力目标：**

能够在电话沟通中运用情景分析法。

- **知识要求：**

熟知 5W1H。

- **任务描述：**

变换 5W1H——通话的时间、地点、对象、内容，给同伴打电话，看看沟通效果会发生什么变化？做出详细的记录，然后比较。体会通话中情景分析法的实用价值。

- **操作说明：**

1. 分组，每组二人，二人在隔开的空间（不共处一室）。
2. 角色扮演。
3. 使用道具，模拟电话铃声等。

- **训练内容：**

1. 分别在早上 7:00、中午 1:00、晚上 12:00 打电话给父母、在外地上学的同学。

（1）接听你的电话的人，态度如何？

（2）说说手机通信营销方案中闲时电话优惠跟情景分析的关系。

（3）哪些特殊人群才会对“夜话无眠”的消费优惠感兴趣？

2. 在电梯、地铁、地下通道、隧道里给同伴拨打电话。

（1）通话效果怎样？

（2）让同伴复述你的每句话。

3. 某家广告公司的销售人员张先生想和另外一家公司负责形象设计的经理讨论关于企业形象设计的业务，以下是销售人员的电话实况。

销售人员：“嗨，你好，张经理最近生意还好吧？我也姓张，500 年前我们还是一家呢，加入 WTO 了，是不是整天在想如何把企业的效率提上去呢？”

客户："你是谁啊？有什么事情吗？"

销售人员："你是张经理吗？我找张经理。"

客户："我是，你有什么事？"

销售人员："我是某某广告公司的，免贵姓张，请问张经理，我想找你们企业负责形象设计的人谈一谈。"

（1）这个电话是否表明了销售人员的主旨？

（2）如果你是销售人员，你会怎样说？

4. 与同伴模拟通话。比较：

（1）规范坐姿与懒散坐姿打电话，从听筒里能"看见"通话者的姿态否？

（2）用懒洋洋的声音和愉快活泼的声音打电话，听电话的人有什么感觉？

（3）说了十分钟，还没告诉接电话的人，你打电话的目的，他的情绪怎样？

（4）用同一个调子给领导、同学、客户打电话，听的人有什么反应？

任务三　掌握电话流程

■知识目标

1. 做好通话前的准备。
2. 掌握拨、接电话技能。
3. 掌握控制通话的能力。

■任务描述

缪欣欣学习并理解了电话沟通中的情景分析法，她希望在此基础上能够在实际中运用。秦勉建议小缪学习电话流程，这样，利于完整、全面地掌握电话沟通技能。请和缪欣欣一起勾勒出电话沟通流程。

■任务分析

电话沟通起始于打电话之前的准备，而不是铃声响起的刹那；电话沟通终结于通话信息整理与记录，而不是挂机的那一刻。学习者倘能从全程的角度了解电话沟通，将会登上相对的一个高度。

■成果示例

缪欣欣通过观察公司内外的电话沟通，加上查阅相关指导手册，总结通话流程如下。

1. 从信息的传播方向，通话有两种：拨打与应接。

2. 无论拨进与呼出，电话沟通的过程有三个阶段构成：准备阶段、通话阶段、结束阶段。

3. 实质性的通话阶段由有声语言沟通实现。

4. 通话流程图见图8-1。

拨打				应接
查找号码	→	准备阶段	←	准备记录
拿起话筒	→		←	拿起话筒
自我介绍	→		←	辨明对方
陈述内容	→	通话阶段	←	倾听发话
解答问题	→		←	提出疑问
征询意见	→		←	复述内容
告别对方	→	结束阶段	←	告别对方
放下话筒	→		←	放下话筒
补充记录	→		←	整理记录

图 8-1　通话流程图

成果评析

通话全程即学习和掌握电话沟通的步骤。

小缪既能从宏观上观全貌，又能从微观抓细节。

秘书的各项工作无不强调从“准备”阶段起步，电话沟通亦然。新手应该由此及彼，将这一原则迁移到秘书各种技能的习得与掌握之中。

必备知识

一、拨打电话的技能（准备打出的电话）

（一）准备工作

（1）筛选电话——列出去电清单，区分轻重缓急，集中拨打；

（2）物质准备和心理准备；

（3）拟就要点——打好详细的腹稿，排列讲话要点；

（4）为领导拨打电话——明确了解领导意图，不要事事请示，有结果后告知领导。

（二）巧妙地自我介绍，迅速说明去电目的

（1）自我介绍——如何恰当地自我介绍取决于什么因素？

（2）找到要找的人——注意姓名、部门、职务齐全。

（3）说明去电目的——简明扼要、复述要点、礼貌用语、语速适中、语调亲切自然、态度和蔼、随机应变。

（4）请人转达——内容完整精练；询问转告人姓名并记录，以备查找；向转告人道谢。

二、接答电话的技能

接答电话比打电话要求更高。

（一）迅速应接

铃响两声后的间隙，“铃响不过三”原则，39 秒印象。切记，在电话接通后，不能让职位高的等职位低的。

（二）介绍自己

语言规范（问候、自我介绍、表示愿意为对方效劳）、态度真诚（亲切、诚恳）。

（三）有效询问和回答

有效即合情合理，既要弄清对方身份和目的，又不使对方为难。坚持不报姓名、不说明来意就不能打扰上司的原则。回答时注意用规范的语言，维护领导和公司形象。

（1）询问的效果（见表 8-1）。

表 8-1　询问的效果

询问	给人的感觉
“你是谁?”	冷淡、枯燥无味
“你有什么事?”	
“我可以告诉汉斯先生是谁打来的电话吗?”	亲切、自然、不失礼貌
“我可以告诉她电话是关于哪一方面的内容吗?”	

（2）应答方式的效果（见表 8-2）。

表 8-2　应答方式的效果

应答方式	给人的感觉
“喂，你找谁？大声点，听不清。什么？找老马？老马不在！我说不在就不在!”（“啪!”的一声挂断电话）	不礼貌、缺乏耐心和责任感
“早上好！康华公司，秘书缪欣欣。请问找哪位？对不起，请大声一点，我听不太清。很不巧，马主任出差了，一周后回来。您看是到时再来电呢？还是等他回来后我转告他给您回电话?”	亲切、自然、礼貌，是正确规范的应答方式

（四）准确记录并引用对方的名字

（1）训练自己的听辨能力，完整准确记录，严格保密。

（2）按来电记录单的要求记录。

三、控制通话的技能

（一）有效地控制通话时间

通话时间掌控在 3～5 分钟为宜。

（1）应付无理的电话。

（2）秘书的挡驾作用。

（二）迅速引出正题

准确判断对方目的意图，尽快进入正题。

(三) 积极地听，满足通话人的需要

有反馈，有提问，注意避免导致误会的字眼。

四、正确结束通话的技能

(一) 规范、正确的结束语

最好用规范的结束语：预示结束+礼貌寒暄。

(二) 礼貌地挂断电话

(1) 如果接到的电话是找你的上级时，不要直接回答在还是不在，要询问清楚对方的姓名和大概意图，然后说帮您找一下。将所了解的情况告诉你的上级，由他判断是否接电话。

(2) 打电话时，列出要点，避免浪费时间。

(3) 在打电话之前，要准备好笔和纸，不要吃东西、喝水或抽烟，要保持正确的姿势。

(4) 如果你找的人不在，可以问一下对方什么时间可以再打电话或请其回电话，同时，要将自己的电话号码和回电时间告诉对方。

(5) 在给其他部门打电话时，要先报部门和姓名，这样可以避免对方因为询问你的情况而浪费时间。

■拓展阅读

打出电话

1. 首先报出自己的姓名、单位或部门名称。

说话节奏不能快，让对方听清楚。比如，“您好！我是××公司的××。请问贵公司的李经理在吗?”如果不是本人接的，等对方来接电话时，还应该再报一次自己姓名、单位和部门。秘书打电话介绍自己时，应该首先判断对方是否熟识，如果是不认识的人，应该进行详细的自我介绍（我是谁、我在哪个公司、是什么职务和身份）；如果是较为熟悉的人，可以直接报姓名，但仍然应该主动问好。

2. 然后简明扼要交代通话缘由。如果所需通话的时间长，应该询问对方是否方便。如果对方不方便，可以约定下次通话时间。如果想留言或想请对方回电话，要说清自己的电话号码和留言内容。

3. 注意使用文明礼貌用语。

待人真诚诚恳，谦和礼貌。开始通话，说声“您好”，通话结束，说声“再见”，使用礼貌规范的结束语，如“很高兴与您通话，我们希望能尽快见到您，再见”，“谢谢您，期待您的光临，再见”。

接进电话

1. 接听电话前。

(1) 准备笔和纸：如果大家没有准备好笔和纸，那么当对方需要留言时，就不得不要求对方稍等一下，而让宾客等待是很不礼貌的。所以，在接听电话前，要准备好笔和纸。

（2）停止一切不必要的动作：不要让对方感觉到你在处理一些与电话无关的事情，对方会感到你在分心，这也是不礼貌的表现。

（3）使用正确的姿势：如果你姿势不正确，不小心电话从你手中滑下来，或掉在地上，发出刺耳的声音，也会令对方感到不满意。

（4）带着微笑迅速接起电话：让对方也能在电话中感受到你的热情。

2. 接听电话。

（1）三声之内接起电话：这是星级酒店接听电话的硬性要求。此外，接听电话还要注意：

◆ 注意接听电话的语调，让对方感觉到你是非常乐意帮助他的，在你的声音当中能听出你是在微笑；

◆ 注意语调的速度；

◆ 注意接听电话的措辞，绝对不能用任何不礼貌的语言方式来使对方感到不受欢迎；

◆ 注意双方接听电话的环境；

◆ 注意当电话线路发生故障时，必须向对方确认原因；

◆ 注意打电话双方的态度；

◆ 当听到对方的谈话很长时，也必须有所反应，如使用“是的、好的”等来表示你在听。

（2）主动问候，报家门介绍自己。

（3）如果想知道对方是谁，不要唐突地问“你是谁”，可以说“请问您哪位”或者可以礼貌地问：“对不起，可以知道应如何称呼您吗？”

（4）须搁置电话时或让宾客等待时；应给予说明，并致歉。每过 20 秒留意一下对方，向对方了解是否愿意等下去。

（5）转接电话要迅速：每位员工都必须学会自行解决电话问题，如果自己解决不了再转接正确的分机上，并要让对方知道电话是转给谁的。

（6）对方需要帮助，大家要尽力而为：作为酒店的员工应尽力去帮助宾客，对于每个电话都能做到：1）问候；2）道歉；3）留言；4）转告；5）马上帮忙；6）转接电话；7）直接回答（解决问题）；8）回电话。

（7）感谢对方来电，并礼貌地结束电话：在电话结束时，应用积极的态度，同时要使用对方的名字来感谢对方。

（8）要经常称呼对方的名字，这样表示对对方的尊重。

■ 实训任务

● 能力目标：

能按照电话流程，规范地进行电话沟通。

● 知识要求：

拨出、接听电话的流程。

● 任务描述：

模仿缪欣欣的打电话流程示意图，把打出和打进电话流程分解出来，分别画示意图。

● **操作说明：**

1. 分角色进行模拟，可以分别模拟王经理、小李、孙主任，看看如何才能顺利完成电话沟通任务。

2. 分组进行，每组 3 人，规定每人需要承担一次小李的角色。

● **训练内容：**

1. 与同伴模拟打电话，填写来电记录单，符合以下要求：

（1）完整、简洁、准确。

（2）使用规范的来电记录单格式（现在为你提供的是格式之一）。

Telephone Message（电话记录）

Date（日期）____________________ Time（时间）____________________

From（来电者姓名、职务、电话）____________________________________

To（要找的人）______________________________

Message（内容）

Signed（记录人）________________

2. 拨打电话的准备。

（1）列出拨打电话的物质准备。

（提示：电话记录簿、笔、电话号码簿等。）

（2）列出拨打电话的心理准备。

（提示：设想对方情绪，做好应对准备等。）

（3）记录转打电话的内容。

姿态：在电话的前方，坐正；面带笑容；左手拿话筒；右手拿笔；口离话筒 1 厘米左右。

转达内容：自己的姓名—单位名称—电话号码—回电时间—转告的简要内容。

（4）客户来电时，领导在开会或会客，请给上司递纸条，告知其重要客户来电。请拟写纸条：________________________ [提示：××公司××来电，接（　　），不接（　　），请打钩。]

（5）对方来电时领导不在或无法接电话。

A. 告知领导回来时间，让其到时再打，你说：____________________________

请对方留下姓名和电话，领导回来后与其联系，你说：______________________

询问对方是否愿意与其他人通话，你说：________________________________

（6）电话结束时挂机：

A. 打出电话时

B. 应接电话时

C. 与职位很高的人通话

（提示：打出电话的一方在事情讲完后一般应主动提议结束通话并先挂断电话，以免浪费对方的时间；应接电话时，一般要在对方提议结束电话并挂断电话之后方可挂机；如果与职位很高的人通话，无论打出还是应接电话，一般都应在对方提议结束通话并挂断电话之后才可放下话筒。）

3. 拨打电话的程序。

（1）按重要程度整理欲拨出内容。

（2）确认对方单位、姓名及电话。

（3）自报公司名称及本人姓名。

（4）寒暄问候。

（5）商谈有关事项，确认注意事项。

（6）礼貌道别，轻放话筒。

角色模拟：根据拨出电话程序，拟写脚本，设置情景，拨打电话。

4. 接听电话的程序。

（1）听到铃声响两次之后拿起话筒。

（2）自报公司名称及科室名称。

（3）确认对方姓名及单位。

（4）寒暄问候。

（5）商谈有关事项，确认注意事项。

（6）礼貌道别，轻放话筒。

角色模拟：根据接听电话程序，拟写脚本，设置情景，接听电话。

5. 以下文为模板，同学三人角色扮演，其中一人为秘书，负责接听来电，细心听来电者的讲述，并复述相关要点，认真记录。向领导转告来电者的姓名、单位名称、来电时间、来电原因、回电号码。

“李主任，您好！十分钟前，×××公司主管×××打来电话，想要我们公司今年最新的产品目录，并想和您商谈相关合作事宜，他的电话是×××××××××××。”

（1）张总正在开重要会议，秘书小王代接电话，来电者是销售部门李主任，有重要的事情向张总请示汇报，请转达。

（2）在部门负责人外出开会时，公司秘书接到上级的紧急通知，要求相关部门开会，请向各部门负责人转达电话内容。

（3）小王今天高烧，正在医院挂水，打电话到李主任办公室请假，主任不在，小张代接并转达。

任务四　应对特殊情况

■知识目标

1. 掌握特殊情况下的电话沟通技巧。
2. 消除电话沟通障碍。

■任务描述

秘书小王在办公室接到电话，是一位客户买的公司产品有问题，对方很生气，秘书小王该如何应对。

■ 任务分析

客户已经生气，会有牢骚，秘书小王应该热情接待，不使矛盾升级，耐心地倾听对方产品出现的问题，稳定对方情绪，诚恳地提出解决办法。

■ 成果示例

客户："……"

小王："您好，您别着急，说清产品问题，我们了解情况后，会妥善处理。"

客户："……"

小王："好，您说得有道理。"

客户："……"

小王："谢谢您打电话来，我们以后一定加倍注意。"

■ 成果评析

1. 小王热情礼貌接待，可以防止矛盾激化。
2. 在缓解对方情绪时，首先肯定其合理成分。
3. 用肺腑之言感动客户，加深客户对公司的信任。

■ 必备知识

一、应对特殊事件的技巧

(一) 听不清对方话语

如果在通话过程中，听不清对方的话语，不应反问，应该礼貌地请求对方再说一遍。

(×)"咦?""什么?""哦?"

(√)"对不起，刚刚我没有听清楚，请再说一遍好吗?"

(二) 接到打错的电话

应该礼貌地告诉对方"您打错了"，或者询问对方"这是××公司，你找哪儿?"

(×)"你打错了!"

(√)"这里是 ABC 公司，请问你要哪里?"

(三) 遇到自己不知道的事

如果遇到自己不知道的事，不了解对方询问的相关事宜，也应礼貌应答，如"很抱歉，我不清楚，请稍等"。这时要理清头绪，了解对方真实意图。

(×)"我不知道！找别人吧!"

(√)"关于××事情，很抱歉，我不太清楚，请稍等，我让章主任来接电话。"

(四) 接到领导亲友的电话

亲切有礼，寒暄问候，应问清缘由，及时转接，留下良好的电话沟通印象。

(×)"他不在！你打他手机吧!"

（√）“你好！章主任在开会，我是他的秘书王玲，您有事情需要我转告吗？我记下来，等主任散会了就告诉他。您请讲吧！”

（五）接到顾客投诉、索赔电话

面对这样的客户，洗耳恭听，处之泰然，耐心冷静，化解矛盾相信“精诚所至，金石为开”，要亲切礼貌，耐心听取顾客意见，了解缘由，寻找解决方法，用真诚打动客户。

（×）“但是……”“话虽如此，不过……”

（√）“谢谢您打电话来。我们一定加倍注意，类似的事情绝对不会再发生了。”

二、应对电话障碍的技巧

如果你给对方打了上百次电话还是找不着要找的人，其实是遇到了电话障碍。常见的电话障碍如下所述。

（1）让你等了5分钟以上，还不让你与要找的人通话。实际上对方是让你自己挂线。

（2）每次致电，对方总是让你晚点再来电话。

（3）对方对你询问很详细，是为了更加了解你的意图，然后找到拒绝你的更好理由。

（4）当你报上自己的名字和公司时，对方就立刻告诉你，你要找的人在开会。

下面介绍一些应对电话障碍的技巧。

（一）与对方的助手搞好关系

这是你首先的策略，助手们是目标人物的左右手，很可能帮你解决困难。因此必须搞好与他们的关系，耐心地向他们解释你的意图，以及你想与决策人见面或谈话的原因。

1. 在电话中保持笑意

“即使在电话里也可感到你的笑意，因为这样有利于发展你们的谈话。”某位资深秘书如是说。

2. 请他帮助你

询问你来电的目的是助手平日工作的一部分。因此永远不该说：“这是私人电话”或“我想直接跟他谈”。宁愿讲：“你肯定可以帮我安排一个最佳的时机与他通电吧！”这个道理谁都明白：被别人要求帮助的人总是觉得有面子的。

3. 创造良好的人际关系

在电话交谈中尝试制造良好关系，最佳方法是引对方发笑，但要注意避免过多的恭维话，以免给人没有诚意的印象。

4. 要有说服力

障碍越难超越，就越说明助手是负责分担管理者一部分工作的，她不但负责过滤电话信息，而且会为上司选择最有用的建议。因此，你要用具有说服力的话语与之交谈。

5. 异性相吸

聆听一位异性的话总是较容易的。尤其如果你的声音够吸引人的话，异性相吸自然会起作用。“障碍”若是女性而你也是的话，则找你的男同事帮忙，反之亦然。

（二）懂得应付对方的反对

即使你已尽全力，对方的助手仍然坚决拒绝，那你就应该找到适当的论据来驳斥她，所谓“对症下药”。

1. 别一味相信她说的那一套

当她说“留下你的电话号码，待会儿我们回复”或“上司在开会，我不知道什么时候结束”。千万别相信这些谎话，应问她适合的时间，什么时候才能请领导接电话。如果你感到她的回答还是谎话就别留下姓名，晚点再来电。

2. 如果她说管理者没有时间

如果助手说：“管理者没时间”或“他在开会”，则应立刻回答：“什么时候打电话才能找到他？”“我们暂且定下会谈时间，然后迟些再确认，管理者不同意的话也可以取消。”

3. 采取你自己的形式联系对方领导

如果助手要你发一份传真过去，你则应该使用 E-mall，你最好知道管理者的电子邮箱并与之联系——他能不经“过滤”地直接收到你的信息，只要他感兴趣的话就可以立刻回电话。因此，你再致电助手时可以对他说，他的上司在 E-mall 中说了可以直接与他通电话。

拓展阅读

自己打错他人电话

当拨通电话后，应当先自报一下家门并证实一下对方的身份。如果自己先发现打错电话，切不要“咔嚓”一声就把电话给挂了，这样做是极不礼貌的。这时可以先说一句：“对不起，我打错电话了，打扰您了。”并等对方先挂掉电话。

如果是对方提示你打错电话了，应立即向对方表示歉意：“对不起，打扰您了。”如有必要，可以向对方说一遍自己拨打的电话号码，以确认是否号码有误，然后向对方致谢并再次致歉：“谢谢，打扰你了。”

接到他人打错的电话

当接到电话，却发现对方打错了，不要冷漠地说声“打错了”，便“咔”的一声挂断电话。

如果对方拨打的是你家中电话或手机，应礼貌温和地告诉对方“抱歉，您打错了”，对方若说“对不起”时，你可以回答：“没关系，再见！”

如果是办公室电话，也不要觉得打错的电话与你的公司或单位毫无关系。发现对方打错了，应态度和气地对对方说“请问您拨的电话号码是什么？这里是某某公司，号码是某某号”。对方可能就会意识到拨打错了。

经常出现的情况是，对方找你的同事，但拨错分机号，或者总机转错了，这时可以主动告诉对方：“您要找的×××的分机号是×××，请您重拨一遍。”如果你不知道准确号码，可以提醒对方重新拨打总机查询。总之，亲切友善地做出应答，会提升你和公司的形象。

相反，简单粗暴地挂断电话，会让对方感到很不愉快，“态度多恶劣！”即使他想道歉说声对不起，也被噎回去了。

■实训任务

- **能力目标：**

应对特殊情况如何接听电话。

- **知识要求：**

分辨各种不同特殊情况，掌握积极妥善处理技巧。

- **任务描述：**

张总经理夫人来电话找他，李琴忙着赶制文件，根本顾不上寒暄问候，而是直接将电话转给领导就完了。当晚夫人对张总说："今天接电话的人，不懂礼貌，真差劲。"今天张总正在给部门主管开会，这时他的母亲打来电话，说身体不适。秘书小王该怎样吸取李琴的教训，妥善处理这个电话？

- **操作说明：**

1. 分组进行，每组2人。
2. 分角色进行模拟。
3. 模拟后讨论互评。

- **训练内容：**

1. 填写表8-3，并在实际中应用。

表8-3 特殊事件电话应对与改进计划

特殊事件电话	以前如何应对	改进计划
听不清对方的电话		
接到打错了的电话		
遇到自己不知道的事情		
接到领导亲友的电话		
接到客户投诉、索赔电话		
补充		

2. 根据以下提供的来电情况，请你和同伴模拟打电话应对。

（1）来电者使用了你不理解的专业术语，你听不懂。

（2）你正在通电话的过程中，另一部电话也响了。

（3）你接到打错的电话，对方却没意识到打错了，仍在滔滔不绝地讲电话。

3. 请阅读下面接线员接听客户的投诉电话。

（1）接线员是否弄清楚了客户打电话的主要目的？

（2）接线员是否了解客户的资料？

（3）如果你是该公司的接线员，你认为自己应该怎么应答客户？

客户："是天宁公司吧，我姓张，我有些问题需要你们处理一下！"

接线员："你好！张先生，我可以帮您什么？"

客户：“我使用你们的笔记本电脑已经快 1 年了，最近我发现显示器的边框裂开了。因为我知道你们的电脑是 3 年保修，所以想看看你们如何解决？”

接线员：“您是指显示器的边框裂开了？”

客户：“是的。”

接线员：“您碰过它吗？”

客户：“我的电脑根本没摔过；没有碰过，是它自动裂开的。”

接线员：“那不可能。我们的电脑都是经过检测的，不可能。”

客户：“但它确实自动裂开的，你们怎么能这样对我？”

接线员：“那很对不起，显示器是不在我们 3 年保修范围之内的，这一点在协议书上写得很清楚了。”

客户：“那我的电脑就白裂开了？”

接线员：“那很抱歉；我不能帮您。请问还有什么问题吗？”

客户：“见鬼去吧！”

4. 应对电话障碍的训练。

和你的同伴一起做，一个扮演营销员，另一个扮演接线人。

(1) 设法从态度恶劣的接线人那里得到总经理的信息。

(2) 克服情绪，使用中性语气与接线人交谈。

营销员：“您好，我是宏达公司，请您告诉我一下总经理的电话。”

接线人：“你谁呀？他不在。”

营销员：______________________________

接线人：“不在不在，你这人怎么回事？告诉你他不在，你还打什么？”

营销员：______________________________

接线人：“干吗告诉你！以为你是谁呀？”

营销员：______________________________

接线人：“说了又怎么样？”

营销员：______________________________

接线人：“我为什么要告诉你？”

营销员：______________________________

接线人：“你问总经理电话干什么？”

营销员：______________________________

接线人：“哦，是这样，你不是说你是宏达公司的吗？”

营销员：______________________________

接线人：“是的是的。”

第九单元

现代介质沟通 2——网络沟通

任务一　使用电子邮件

■ 知识目标

1. 认识网络沟通。
2. 学会使用电子邮件。

■ 任务描述

刚刚大学毕业的李兴喜欢上网，熟悉电子邮件收发。公司最近要召开增加当地销售人员的会议，秦勉就把发会议通知的事交给了小李，他把会议通知的相关信息告诉了小李，要他拟写一封电子邮件，发给参会人员。

■ 任务分析

电子邮件属于书面沟通，但比纸质通知快捷、节省打印环节，也免了送通知的人挨个儿送到各部门：省时省力省费用。会议通知应交代地点、时间、参会人员、议题等信息，并且能够便于接收通知的人阅读，抓住主要信息。

■ 成果示例

李兴认为自己年轻，使用电子邮件有年头了，这项工作对他来说，小菜一碟。他拟好了通知，先发到秦勉的邮箱，请秦秘书过目。通知如下：

10 月 14 日星期二上午 9：30 在公司会议室召开有关增加当地销售人员议题的特别会议。会议涉及增加当地销售人员的目的和条件，以及在程序安装、客户服务、系统升级等不同方面如何能够发挥较好的作用。在本次会议中，每个与会人员都要领取一些工作安排。在我们的项目负责人李建经理审定之前，所有工作安排都有变动的可能。为了提高会议的效率、节省大家的时间，请每位与会者务必带来一份主要联系人名单，以便会后我们能够形成一份销售人员名单。

李兴

8562 分机

秦秘书作了修改，再发回给小李，请他群发给与会者。小李收到秦秘书修改的邮件，佩服得五体投地，从此之后，天天跟在秦后面，主动鞍前马后帮秦跑腿——以求得秦秘书的指点。秦勉修改后的邮件文本如下：

大家好，请读到这封邮件的您，前来参加会议：

宗旨：讨论增加当地销售人员的问题

日期：10 月 14 日星期二

时间：上午 9：30

地点：公司会议室

项目发起人：李兴，8562 号分机

项目负责人：李建经理，8111 号分机

日程大致安排：

- 增加当地销售人员的必要条件
- 各部分的需求
- 特别注意的事项
  - ◇ 安装
  - ◇ 客户服务
  - ◇ 系统升级
- 工作项目分工
- 与会嘉宾——来自信息管理部门的网管人员

■成果评析

通过两个文本的比较，可以看出概括性的单项罗列比整段的文字陈述要好得多，条理清楚，一目了然。所以应在计算机上编写简单、明了的分单项罗列的信息。

秘书要注意把握私人邮件与公务邮件的区别，朋友之间的邮件往来可以随意、散漫，而工作中的邮件目的明确，邮件的发送需要达到既定的沟通目标。由此看来，小李要学习的还很多。

■必备知识

一、网络沟通

(一) 网络沟通的定义

广义上的网络沟通指需要凭借现代信息科技手段，以电子介质实现的沟通。上一个单元的电话沟通，从广义范围说，和这里的网络沟通一样都属于电子沟通，都在信息网络中进行，所不同的是，电话沟通从凭借的语言符号角度说，属于有声语言沟通，网络沟通中的电子邮件、传真等以文字、图片居多，归于书面沟通，所以本书分在两个不同的单元中介绍①。

狭义的网络沟通指在互联网环境的平台上交互传递信息，除了电子邮件，传真也拓展了网络发送，MSN、QQ、微信、微博等形式的开发扩大了网络沟通的范围，使网络即时沟通走出“聊天室”的私人沟通领域，步入企业业务、政府公务领域，为秘书工作提供了更丰富多样的沟通手段。

（二）网络沟通的形式

网络沟通的形式有网上电子公告、论坛（BBS）、电子会议系统（EMS）、信息发布平台（OA办公系统）、网上聊天（IRC）、QQ和微信等，其中QQ和微信的功能多种多样——在线聊天、视频电话、点对点断点续传文件、共享文件、网络硬盘、自定义面板、QQ邮箱等，既能进行有声语言沟通，又能进行书面沟通。网络给人类创立了一个信息平台，大大提高了人们沟通的效率。

二、电子邮件（E-mail）

电子邮件是网络沟通里最常用、最普通、最广泛、最受欢迎的一种方式，它将计算机的文字处理功能与网络的通信功能结合起来，可以把信件通过网络传递到收件人的系统中。

（一）电子邮件的特点

电子邮件不同于其他通信方式，使用电子邮件有以下优点和不足。

1. 优点

（1）传递速度快。电子邮件可以在互联网上高速传输，邮件可以在瞬间内抵达，而且收件人还可以像处理信件一样，自由决定在什么时间回复，所以它具有电话和信件的共同优点。

（2）可以群发。电子邮件不只可以一次发送给一个人，它还可以一信多发。具有相同内容的邮件，如果要发送给若干个接收者，只要给出收件人的地址列表，这封邮件就会自动变成若干个邮件送达收件人的邮箱。

（3）价格低廉。这是电子邮件的一个突出优点。通常发一封特快专递要十几元钱，打一个长途电话至少也要几元钱，而发送一封电子邮件不过几分钱就可以了。

（4）传递的信息量大。由于电子邮件可以携带文件，因此完全可以用电子邮件传递包括文字、图形、图像等的多媒体信息，使电子邮件传递的信息具有了丰富的表现力。

（5）自动化强。由于电子邮件程序能够自动接收电子邮件，并自动根据发送者的要求回复电子邮件。所以，在互联网上建立了很多可以通过电子邮件接收请求，并自动响应的服务。

2. 不足

电子邮件有一个非常重要的不足之处：不可能很好地传递思想、感情。当你和对方要交流的是情感的时候，电子邮件这种方式就不利于沟通；业务上用电子邮件沟通的时间多了，面对面的商议减少了，感情联络不够，企业之间的感情渐渐淡化，应有意识地组织商

---

① 没有哪一种分类是无懈可击的，只是处于不同的观察角度或出于不同的使用目的。沟通类型的分类往往存在交叉现象，出于书面沟通表现出的共性，本书把移动电话短信息沟通（手机短信）与电子邮件、传真放在同一单元内。

务活动，增进当面交流，以弥补网络沟通带来的负面影响。

(二) 电子邮件的设置与收发

要收发电子邮件，首先应该拥有一个电子邮件地址。

1. 免费电子邮箱的申请

提供免费邮件服务的网站很多，只要在网页上单击申请免费邮箱，按要求填入资料，就可得到电子邮件地址。例如：×××@126. com、×××@163. com、×××@qq. com、×××@yeah. net、×××@sina. com、×××@sina. cn、×××@sohu. com、×××@tom. com、×××@21cn. com、×××@51. com、×××@gmail. com 等。

性能比较好的是：网易的 126 邮箱、腾讯的 qq 邮箱。

2. 收发电子邮件

申请免费邮箱后，就可以发送和接收电子邮件了。先进入申请电子邮箱的网页，使用用户名和密码登录，就可以进入你的邮箱写信了。填好收件人的地址，写好主题，也可以带附件（其他的文本、图片或应用程序），就可以发送。别人给你发的邮件，只要打开收件箱，你就能看到主题和发件人的地址及日期，单击主题，你就可以阅读邮件。

当然，也可以使用收发电子软件来收发电子邮件。

(三) 电子邮件在沟通中的注意事项

1. 避免论文式的电子邮件

电子邮件是一个效率极高的沟通手段，它可以以惊人的速度进行信息传播。由于速度快、性能可靠而且又经济实惠，电子邮件为我们的沟通提供了极大的方便。在编辑电子邮件时，必须尽一切可能避免有碍表达观点、看法以及快速沟通的因素，可使用以下方法。

(1)“主题”框。在“主题”框内，就把信息交代清楚。例如想跟李先生确定　下约会的具体情况，就完全可以在“主题”框内这样写“确定约会时间为星期二上午 11 时 15 分。谢谢!”收到邮件后，李先生肯定会看邮箱内是否还有其他内容。一旦发现没有，他就会知道发邮件者是一个注重效率的人，相信他一定会非常欣赏这种简洁、明快的做法。

(2) 即时贴。如果担心电子邮件太长，就找一张合乎规格的正方形即时贴，颜色随你喜欢。因为颜色无关紧要，大小规格才重要。合乎规格的即时贴就像手掌般大小，用它来把要发的文件的主要观点归纳一下。

在那张即时贴上归纳观点后，就可以放心地把它粘在显示屏上，对照着输入到电子邮件中，而不必担心这封邮件会太长。把即时贴贴在显示屏上，为发送邮件做好准备。如果想要说的重点内容用一张即时贴都写不完，那么毫无疑问，所发的电子邮件是太长了。避免的具体办法如下：在“主题”框内，邮件正文部分写下“我的××见附件”，然后打开 Word 程序来编辑邮件内容，最后将文件以附件的形式发送出去。

(3) 附件。附件作为电子邮件内容来发送，避免了正文的过长，尤其附件形式多样，受到人们的欢迎。但不做任何解释就把一个文件作为附件发送出去，就像将一叠周报或日报丢进别人的信箱里，然后溜之大吉，这是一种缺乏职业礼节的做法。所以，为了方便收件人阅读，务必在邮件正文中对附件内容做出概括。概括是发送附件时一个非常重要的内容，下面以一位叫周明的职员发送给他的上司彭经理的一封电子邮件为例。

主题：我对增加当地销售人员的看法

彭经理：

附件阐述了我要求在我们销售队伍中增加一名当地销售人员的观点。具体包括：

- 当地销售人员负责什么
- 当地销售人员为何能够促进销售
- 开销情况
- 时间安排

等候您的审批。

致谢！

周明

（4）分项简单罗列。在使用电子邮件这个现代化的沟通手段时为了避免电子邮件过长，可以用分项简单罗列的办法。例子请参阅本任务“成果示例”。

2. 避免语法与书写错误

一般文字录入软件如Word等都带有书写与语法自动检查功能，如果你完全依赖计算机的书写自动检查功能来确保邮件没有书写错误，那是不对的。发送前请仔细检查所写的内容，仔细核对收传人及抄送人的地址。

3. 避免发送带有强烈不良情绪的电子邮件

用电子邮件宣泄个人情绪是沟通误区。在工作或生活中遇到不愉快，会产生不良情绪。如果这时发送电子邮件很可能会将不良情绪带入邮件之中，影响沟通效果。所以，当情绪波动或低落时，需要自我克制一下，冷静下来之后再写发电子邮件，避免发送带有强烈不良情绪的电子邮件。

4. 发电子邮件的礼仪

（1）电子邮件要认真撰写。向他人发送的电子邮件，要精心构思，认真撰写。若内容杂乱、表意不清，这既不尊重对方也不尊重自己。

（2）主题要明确。就如写文章一样，发电子邮件也是要主题明确，使收件人一看到主题就大体明确了邮件的基本内容。

（3）语言要流畅。电子邮件的语言组织要流畅、便于阅读，不要措辞混乱、语句不通。尽量不要写生僻字、异体字，引用数据、资料时，最好标明出处，以便收件人核对。

（4）内容要简洁。由于上网费用的影响，网上的时间是极为宝贵的。电子邮件的内容应当简明扼要，以短为佳，但必须将想要表达的内容表达清楚。

（5）避免滥用。在信息社会中，任何人的时间都是非常宝贵的，要尊重他人，就要懂得替他人节省时间，电子邮件不要滥发，否则既浪费收件人的时间，又给收件人增添了许多烦恼，这是很失礼的。

实训任务

- **能力目标：**

能使用电子邮件进行有效沟通。

● **知识要求：**

网络沟通。

电子邮件沟通。

● **任务描述：**

作为秘书应该能够拟写邀请函、贺信（卡）、感谢信，并用电子邮件发送给对方，请你逐一练习。

● **操作说明：**

1. 在实验室中进行，学校或院系为学生提供网络环境，每位学生独立操作一台计算机。

2. 每两人一组，发送邮件——查看邮箱、接收邮件、回复邮件。

3. 向老师提交电子档案。

● **训练内容：**

1. 拟写信函并发送；收到邮件者，回复。

（1）邀请函：邀请对方公司董事长前来参加商务洽谈，时间地点等自拟。

（2）贺信（卡）：制作或使用邮箱贺卡，发送节日祝福、祝贺信（卡）。

（3）感谢信：感谢客户回答并发回调查问卷。

2. 云南盈江地震灾区恢复重建工作全面启动。请模仿下文，为你所在的市政府拟一份给云南盈江地震灾区捐款的通知。

（1）先发给秦秘书审核；然后发给各部门；同时发给宣传处和网络管理员，将通知挂在内网上。

（2）分别使用以下邮件功能：

A. 群发；

B. 已读回执；

C. 抄送；

D. 密送；

E. 标记重要邮件；

F. 急件。

关于做好部分党员交纳“特殊党费”用于支援抗震救灾工作的通知

各省、自治区、直辖市党委组织部，各副省级城市党委组织部，中央和国家机关各部委、各人民团体组织人事部门，新疆生产建设兵团党委组织部，中央各金融机构党委组织部，部分国有重要骨干企业党组（党委）、部分高等学校党委，解放军总政治部组织部：

四川汶川发生特大地震灾害后，全国广大党员心系灾区，发扬“一方有难、八方支援”的精神，纷纷为受灾地区捐款、捐物。近日，一些地方和基层党组织反映，部分党员希望通过交纳大额党费的形式捐款，请中央组织部转交地震灾区，用于抗震救灾。根据中央领导同志的指示精神，我部决定，尊重和鼓励党员通过党组织表达支援灾区的心愿，接受党员以党费捐款，作为“特殊党费”转送地震灾区。现将有关事项通知如下：

1. 鉴于抗震救灾工作时间极为紧迫，根据党费工作有关规定，党员自愿一次交纳1 000元以上党费用于支援抗震救灾工作的，地方的可由县级以上党委组织部代收后直接交中央组织部代转；在京机关单位、中管企业的，可由所在基层党委代收后，通过中央直属机关工委、中央国家机关工委、国务院国资委党委组织部交中央组织部，也可由所在单位党委代收后直接交中央组织部代转。

2. 交纳用于抗震救灾的“特殊党费”，可通过银行汇至中央组织部党费专用账户，也可直接送中央组织部。中央组织部党费账户户名：中共中央组织部，账号：89057668，开户行：工行北京长安支行。同时注明党员姓名、工作单位、联系方式等基本情况。中央组织部收到款项后即向本人出具“中共中央组织部党费收据”，交由有关党组织转本人。

3 党员自愿一次交纳1 000元以下“特殊党费”用于支援抗震救灾工作的，请各地各部门党委组织部根据实际情况办理。

请将本通知精神传达到基层党组织，公开发布。

联系电话：010××××××××

传真电话：010××××××××

中央组织部办公厅

2008年×月××日

3. 标注行程表（见表9－1）的关键词，使其醒目。群发给游客，设置邮箱自动发送已读回执，以确知每位游客收到该邮件。

表9－1　昆明大理丽江双飞双卧6日游行程表

散客出团日期：4人天天发班　　　　★★★特别说明：所有赠送景点未能游览不退任何费用！

日期	行程安排	早餐	中餐	晚餐	住宿
D1	南京乘机飞昆明（航班待定），入住酒店	/	/	/	住昆明
D2	游览天下第一奇观石林（120分钟），石林分大石林、小石林、乃古石林等，途游七彩云南（品云南名茶，约120分钟），火车至大理	含	含	含	火车上
D3	早接火车，乘感通索道（90分钟）游苍山，远观洱海。天龙八部影视城（60分钟）是我国西部最大的影视城，是大理省级旅游度假区为《天龙八部》影视剧拍摄投资兴建的一个大型影视拍摄基地。三塔寺（90分钟）三塔布局成鼎足之势，高耸入云，成为大理白族文化的象征，是我国南方最壮丽的塔群。蝴蝶泉（30分钟）位于苍山云弄峰下，泉水清澈如镜。每年到蝴蝶会时，成千上万的蝴蝶从四面八方飞来，在泉边漫天飞舞。游览丝绸南路的重镇、古南昭国的政治文化中心——大理古城，乘巴士至丽江	含	含	含	住丽江
D4	游览具有“东方瑞士”之称的玉龙雪山风景区（120～180分钟）（含玉龙雪山大索道及环保车），赠送大型原生态表演“印象丽江”（90分钟）。游览天然草甸牧场甘海子牧场、雪山融化而成的白水河、丽江之源的东巴圣地玉水寨（30分钟）、人神共仰的东巴谷（30分钟）	含	含	含	

续前表

日期	行程安排	早餐	中餐	晚餐	住宿
D5	游览世界文化遗产、“家家临溪，户户垂柳”的高原水乡丽江古城——四方街（3 小时），体验小桥流水人家的生活，乘巴士至大理，火车至昆明	含	含	含	火车上
D6	鲜花市场（40 分钟），结束愉快的行程，昆明飞南京	含	/	/	

注：除七彩云南、花市及途中店，其他不进店。
自费项目推荐：丽水金沙或纳西古乐 180/人（90 分钟）、吉鑫宴舞 238/人，民族村 70/人。
接待标准：
1. 房：昆明四星标准双标间、丽江五星标准双标间（若产生单男或单女，请现补单房差）。
2. 餐：标准团队餐（5 早 8 正，正餐八菜一汤）。
3. 车：空调旅游车。
4. 门票：景点首道大门票，含进山费，含玉龙雪山大索道及环保车，赠送印象丽江歌舞表演。
5. 火车票：非空调硬卧火车（实际操作中若使用空调硬卧，请游客现补差价 30 元/人/单程）。
6. 机票，含机建和燃油，不含航保。
7. 当地优秀导游服务。
散客若有正餐未用，我社认为客人自动放弃，费用不退。
大理、丽江段门票为套票，若未发生，门票不予退还。

任务二　使用传真

■知识目标

1. 复习现代秘书实用写作课程中关于信函、书面沟通的内容。
2. 了解传真机的使用。
3. 了解网络传真的发送。

■任务描述

马敏要发一份传真到深圳润发公司。秦勉告诉她到主任办公室去找机要员胡蓉，小胡会给马敏必要的帮助。马敏怎样顺利完成任务？

■任务分析

发传真需要使用传真机。要知道对方的传真号。发送之前，电话通知对方接收，发送之后，再次电话，确认对方收到。一个单位通常只有一台传真机，发送传真时，统一到主任办公室由秘书或其他专人操作。

■成果示例

马敏：小胡，你好！麻烦你帮我发一份传真。

胡蓉：好的。发给哪里？把对方的传真号码给我。

马：深圳，喏，号码。

小胡打电话给对方公司。

之后，把传真纸张放进传真机，开始发送。机器发出微小的声音。

马：这么方便！也挺简单的哦。

但是小胡打电话过去确认时，对方告知：他们的传真出了故障，传到一半，失败了。维修员出差了，一时半会儿还无法恢复使用。

马敏一听有点着急：呀，不是急件都不用发传真了，这可怎么办？

胡：你发网络传真不就行啦？

马：网络传真？

胡：对呀，你的电脑联网呢吧，在你的电脑上就能发了呀。来，我教你怎么操作……

成果评析

1. 马敏应当找时间学会办公硬件设施的使用，达到能够独立操作的程度（学生则可通过秘书专业必修的办公自动化技能课程学习）。

2. 机要秘书小胡能规范操作传真机。可惜，对方的传真机出了故障，导致信息传送失败。

3. 在信息技术迅速发展的当代，秘书应跟上这些发展的步伐，不断学习新技术，掌握网络沟通的各项技能。

必备知识

传真是通过电子信号交换传送文字，所以我们也可以把它看作信函的一种，这里，我们省略如何拟写传真的叙述，主要讲发、收传真。

一、传真

（一）传真的概念

将文字、图表、相片等记录在纸面上的静止图像，通过扫描和光电变换，变成电信号，经各类信道传送到目的地，在接收端通过一系列逆变换过程，获得与发送原稿相似记录副本的通信方式，称为传真。

（二）发送传真

把写好的文章或某文件，轻轻插入传真机文件输入口，拨通对方的传真机号码，对方回复后，按“开始”（有的是“发送”）按钮。

（1）先将手写的信函纸插进去，听到轻轻的“滴”声。

（2）拿起电话，拨对方号码，等候信号音。

（3）按传真键，挂电话。

（三）发传真时需要注意

（1）在文件上注明，传真件应该交给谁，并使用适当的尊称。即便你清楚收传真的只能是那个人，你也得那么做。

（2）在传真的文件上写字时注意位置，保证能够完整地传过去。试想，如果对方接到的传真件上，看到自己的名字只有一半或模糊不清，会有什么感觉呢？

（3）传真件上需要你手写的字不多，你应该格外认真。应该尽量工整一点，稍微大一点，笔画粗一点，让对方能够轻松地看清楚。

（4）由于所传文件纸型大小不一，所以文件尾行或顶头的内容有可能“传”不过去，因而重要内容要考虑另分一页传或电话核对传真文件。

（四）收到传真

（1）根据传真文本的要求，送相应部门。

（2）根据传真内容向领导汇报，并执行。

（3）及时归档。

二、网络传真

（一）网络传真的概念

1. 传送介质变化与更新

网络传真是传真传送方式的更新，比传统电话传真更快捷，而且弥补了传统纸质文本编辑困难的缺点，并有传真群发功能，使用网络传真系统后可简化工作环节、提高工作效率、节省设备的购置费用和维护费用、实现无纸化管理、使信息沟通更加及时通畅。

2. 运行传真

接入宽带网，使用电脑直接收发传真，收发传真就像收发 E-mail 一样简单。通过网上传真系统，用户可以使用 IE 浏览器直接发送传真。运营商会为每个账号分配一个当地的真实传真号码，其他用户可使用普通电话传真机向网上传真用户发传真。收到传真后，用户可以灵活地进行传真分发、转发工作。

（二）发、收网络传真

1. 设置传真机

（1）在 Windows 的默认安装方式中是没有传真机的，所以要先添加传真机。单击“开始”→“打印机和传真”，将会看到“打印机和传真”的对话框，单击“设置传真”，接下来 Windows 将安装和配置传真机的组件。

（2）安装完毕后，“打印机和传真”的对话框中有一个名为“Fax”的图标。双击此图标→看到“传真配置向导”→单击“下一步”。

（3）设置传真号码、电子邮件、电话号码等发件人信息。

（4）填好后，单击“下一步”，完成对传真的配置。

单击“完成”。此时 Windows 将弹出“传真控制台”对话框，此对话框与 Outlook 的界面非常相似，使用起来也大同小异。

如果你仍在使用 Modem 上网，那么就不需要设置，像以前拨号上网时那样重新添加一遍即可。

2. 发送传真

对传真机设置完成后，就可以准备发送传真了。

（1）单击“文件”→“发送传真”，将看到“传真发送向导”对话框。

（2）单击“下一步”，填写收件人的信息，主要包括收件人的姓名和传真机的号码，然后单击“添加”。

（3）填写完毕后单击“下一步”，将出现“准备首页”的对话框，在此对话框中设置首页的格式以及信息。

Windows 提供了四种模板，按照模板的格式来设计你的传真，单击“发件人信息”，填写一些你认为需要的个人信息，其他栏目只要根据提示填写就可以了。

（4）单击“下一步”，根据自己的需要选择发送时间以及优先级。

（5）单击“下一步”，可以预览一下传真的效果，满意后单击“完成”，完成传真发送向导。

（6）通过“传真监视器”查看传送，电脑通过你的 Modem 开始发送传真，“传真监视器”的对话框也将自动弹出来。至此，发送传真的全过程便结束了。

另外，Windows 提供了四个模板，我们也可以自己设计模板，在“传真控制台”的界面中，单击“工具”→“个人首页”→“新建”，即可自行设计传真的首页模板。

如果发送的是编辑好的 Word 文件或纯文本文件，必须先用 Word 或写字板进行编辑，然后单击“文件”→打印→选择 Fax 打印机→确定→进入到上文所说的传真过程进行发送。

如果你要发送的是你扫描后的图片，也须先用工具软件进行编辑，然后单击“文件”→打印→选择 Fax 打印机→确定→进入到上文所说的传真过程进行发送。

3. 接收传真

使用 Windows 接收传真的功能，在“传真控制台”中，单击“文件”→“立即接收传真”，即可接收到你的传真了；在“传真控制台”中的“收件箱”可阅读刚刚接收到的传真，也可用打印机打出来。

其实早在 Windows 95 时，微软就已提供了传真功能。Windows XP 在功能和稳定性上都有了很大的提高，现在的新版本就更不用说了。

■ 实训任务

- **能力目标：**

能使用传真机，发送、接收电话传真。

能在电脑上发送、接收网络传真。

- **知识要求：**

电话传真、网络传真。

- **任务描述：**

在胡蓉的操作示范、讲解之后，马敏跃跃欲试，先试水网络传真。她还叮嘱胡蓉，有文件需要传真时，通知她去主任办公室观摩、学习小胡发送电话传真。请和马敏一起上网发、接传真。

- **操作说明：**

1. 在实验室中进行，学校或院系为学生提供网络环境，每位学生独立操作一台计算机。

2. 每两人一组，发、接传真。

3. 向老师提交电子档案。

- **训练内容：**

1. 使用传真机发送文件。

2. 在网络环境下发送、接收传真（传真内容见附文）。

（1）制作文本。

（2）发送、接收。

（3）群发。

3. 用传真发送身份证、获奖证书复印件。

4. 列举出网络传真的缺点。

附文

标题：《扬州市职业大学 2018 年院（系）副科职干部竞争上岗报名表》

发布单位：组织（统战）处　发布时间：2018-03-30

发布人名：袁泉　签批人名：李宗瑜

传真内容：

各总支（直属党支部）、各部门：

《扬州市职业大学关于院（系）内设机构的设置意见》《扬州市职业大学 2018 年院（系）副科职干部竞争上岗报名表》在附件中，请及时通知报名参加本次竞争上岗的同志下载，并于 2011 年 4 月 2 日下午 17:00 前，将纸质报名表由本人签名后送至组织处（行政楼 325），同时请将电子稿请发至“zuzhichuyzh@163.com”。

扬州职业大学 2018 年院（系）
副科职干部竞争上岗工作领导小组
二〇一八年三月三十日

相关文件 1. 扬州市职业大学关于院（系）内设机构的设置意见［2009］71 号 .doc

2. 扬州市职业大学 2018 年院（系）副科职干部竞争上岗报名表 .doc

任务三　使用即时沟通工具 QQ、微信

■ 知识目标

1. 了解 QQ、Wechat（微信）软件与使用。
2. 网络留言。
3. 网络会议。

■ 任务描述

新秘书王鹏飞有个好习惯，一上班就打开电脑，浏览新闻。同时他的 QQ 一直挂在线上，但是他从不聊天。马敏很好奇：不聊天，用 QQ 干什么？王鹏飞告诉马姐，除了 QQ，还有微信，对 QQ/微信的认识不能肤浅，它们有很多办公功能，而非普通网民理解和使用的仅仅用于聊天。马敏有感于自己落后于时代，下班回到家，在网上搜寻关于“聊天工具”的更多的使用信息。

任务分析

网络即时文本对话、留言，始于网民在聊天室打发时间、用假面具宣泄内心情感等。形成普通人对微信、QQ 的第一印象就是聊天。将这些即时对话、留言软件引入办公环境，可以使沟通具有快捷、多边的特点，而且节省费用。

成果示例

下文列出“Orang”（个性签名）和“声声慢”在 QQ 上的文本对话，她俩在商议图书馆筹备的“书香满园”读书月活动。

Orang 19:16:13

看见你们图书馆发布的活动——俺愿意做那一名“自愿出席的教师读者”，参加你的一系列活动。

声声慢 20:23:13

我刚到家，也在干活，明天要交的东西，欢迎支持我们图书馆的活动，有空可以去李馆那坐坐，她想法多，你想法也多，你们可以谈谈的。

Orang 20:25:44

我忙死了，近期没空去。

声声慢 20:26:37

大忙人，你不是说要参加我们图书馆的活动吗？

Orang 20:26:59

是啊！

4 月份吗？

Orang 20:27:19

你们在校园网通知的。

声声慢 20:27:34

你是教师，提的建议可以给参考的，等你忙过了来吧！

声声慢 20:28:03

嗯，4 月份活动多，欢迎参加！

Orang 20:28:36

哦，明天下午你们几点下班？我下午有一二节课，顺便去你那儿？

声声慢 20:29:18

明天很忙，搬家（图书），最近你来了没人接待，过几天吧！

Orang 20:30:31

OK！

马敏：我知道了，把要说的话打出来，点击“发送”就行了。

王鹏飞：嗯，还有更多的呢，马姐，你看这些图标。

单击第一个，接通就可以进行视频对话，当然双方都要先装上摄像头。第二个，你点一下，听，在拨号了，你戴上耳麦，好，可以跟对方说话，对啦，就是打电话！要是你有大的附件，在邮箱里发送不了，现在单击第三个按钮，把附件上传上去，对方单击“接收”，瞬间就传过去了呢！

马敏：哟，这么多功能啊，还有其他按钮是干吗的？我来试试！

王鹏飞：嗯，好！但是记住，现在是上班时间，使用这些即时对话工具是为了方便工作哦……

■成果评析

1. 网络沟通最大的优势就是快捷、节能、省费用，办公室用以上软件实现即时对话给办事人员带来便利，也为企业省下可观的通信费用。

2. 作为办公人员，需要跟上时代前进的步伐，不断习得新技术，更新自己的沟通方法。

3. 网络是把双刃剑，使用者应当是自己居于主导地位，掌控自己使用网络的目的——就和使用电话是一个道理，上班时间借助网络用于办公、处理事务，不可在网上闲聊，更不能打游戏。

■必备知识

一、QQ、微信等即时沟通工具

(一) QQ

1. 使用 QQ 功能前的准备

第一步，软件下载与安装。选择腾讯 QQ 软件，在互联网下载软件，并运行于自己的电脑。

第二步，申请号码。例如在 http//www. qq. com 网站申请一个 QQ 号，然后登录到 QQ 服务器。选择一个能代表你形象的头像或 QQ 中的其他图标作为你的形象，起一个网名，把你的个人简单情况放到个人资料里。

第三步，建立联络对象。向联络对象询问号码或将自己的号码给客户，在网上发送好友请求，或者接受客户的好友请求，将其加为“好友”。至此，你与他人的联络关系成功建立起来了，完成了将“你”（客户）加入“我”（秘书）的行列，你可以使用 QQ 与之沟通了。

2. 使用 QQ 即时对话与留言等功能

功能之一，文本交流。如果你与“好友”都在线的话，就可以直接“对话”——在线时，可以用文字聊。用文字聊时，在发信息时可附加表情图片，来表达自己相应的说话态度。

如果“好友”不在线，你可以给他留言。他在之后上线时便能读到你的“信”。

功能之二，语音沟通。如果有耳机可以点击“开始语音会话”，有摄像头的话，可以点击“开始视频会话”，使用这些功能时可获得与打电话一样的效果，但是能够节省很多电话费用，尤其是长途话费。

功能之三，传送大容量附件。虽然各家不断推出 E-mail 邮箱容量升级、大附件传送，但是传递效果仍比不上 QQ，一些不适合通过压缩缩小附件（质量会受损）的图、音、影文件，能够快速地通过这一即时“聊天工具”传输。

功能之四，绑定手机。这项功能弥补了 E-mail 必须在互联网环境下才能沟通的缺陷，也弥补了 QQ 必须在电脑上线的不足，可以在你不携带电脑的情况下随时通过手机收到“好友”留言。

功能之五，与微信同步。微信出现后，其移动优势受到使用者的青睐，腾讯为应对 QQ 使用率下降，开发了“QQ-微信”的同步功能，无论哪个客户端有“好友”留言，你都不会错过发来的信息，便于即时应答。

（二）微信

1. 使用微信功能前的准备

微信与 QQ 不同的是所有操作首先在移动设备——手机上完成，其操作步骤则与 QQ 聊天工具一样：下载软件、安装→注册微信号、设置登录密码→建立联络对象。

2. 使用微信的移动“对话”等功能

由于微信的沟通介质是移动电话，手机的移动兼网络优越性突出，使得即时沟通更快捷便利。微信用户使用得最多的两个功能，是与 QQ 一样的文本交流、语音沟通/视频对话功能。随着智能手机品质的不断升级，手机像素越来越高，使用微信进行视频对话的频率较之 QQ，增长幅度颇大。

微信功能之三，传送附件。图、音、影文件，能够快速地通过这款即时沟通工具传输，例如秘书可将纸质文件拍照，上传、发送，微信比起传真更方便，更省时。当然，正式文件，在微信传送后，可视是否有必要用传真再发送。

功能之四，网络版微信沟通。它使微信的功能延伸至电脑进行操作，在电脑联网的情况下，与手机同步，将微信“好友”的留言接收到电脑。

另外，微信亦具有与 QQ 同步的功能。

（三）功能发展

随着信息技术的不断更新，QQ、微信这两款即时“对话”工具也不断被研发出新的功能，满足人们社会工作和人际交往的需要。

1. 聊天群

QQ 群和临时会话小组、微信群，突破了两两好友对话范围，可容纳多达 500 人，供群好友发布和接收群信息、发起群活动等，如图 9－1“QQ 群应用”所示。

2. 支付功能

QQ 和微信设有“钱包”支付功能，微信在该功能上开发得更好，支付安全性高，可满足线上转账、信用卡还款、生活缴费等。

3. 第三方服务

微信、QQ 还与第三方合作提供线上服务，发展了网购功能，例如点外卖、订酒店、购买车船机票等。图 9－2 所示为 QQ 与微信支付界面。

图 9－1　QQ 群应用

QQ 支付界面图例	微信支付与第三方服务界面图例	
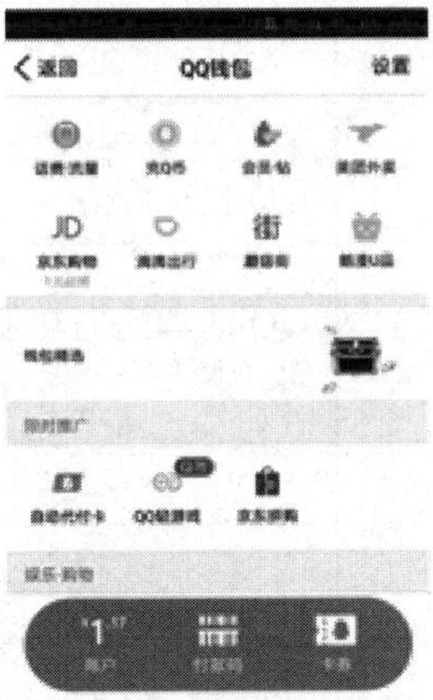		

图 9－2　QQ 与微信支付界面

QQ 和微信作为即时聊天工具，所发展的群沟通和支付与服务功能，不仅可以进行一对一沟通，还可以完成一对多（秘书在同一时间对多人）沟通，方便了秘书工作，使网络办公效率大大提高。微信开拓的移动支付功能，为秘书迎来送往接待客户的工作和组织商务活动提供了线上金融快捷平台。

（四）QQ、微信沟通功能的异同

微信与 QQ 是国内使用最为广泛的网络即时沟通工具，QQ 诞生于微信之前，微信又促进了 QQ 的发展，二者在网络沟通功能上各有千秋而并存。QQ、微信功能异同分析，见表 9-2，表中列 3、列 4 的“+”为具有的功能，“—”则为不具备该功能，列 5 指出二款沟通工具同中之异。

表 9-2　QQ 与微信功能异同分析

序号	功能项		QQ	微信	同中之异
1	发送信息-接收信息				
	文本		+	+	
	表情包		+	+	
	语音	音频	+	+	
		视频	+	+	
	图片		+	+	
	附件	文本	+	+	QQ 可传送超大容量文件；微信仅可传小于 20MB 文件
		图片	+	+	
		音频	+	+	
		视频	+	+	
2	沟通空间延伸		QQ 空间	微信朋友圈	
3	群沟通		QQ 群	微信群	
	群管理者	@全体成员	群主 管理员 （且可多名）	仅群主可操作	群管理的执行者，QQ 多于微信
		发布群公告			
		发起群活动等		—	
	群文件保存		永久保存	7 天	群文件的保存期，QQ 长于微信
	群活动	投票	如图 9-1 所示的各类活动	—	QQ 的群沟通功能多于微信
		直播		—	
		群会议		—	
4	支付服务				
	发红包	好友（含群）之间	+	+	微信的支付服务功能大于 QQ，支付安全也高于 QQ
	转账	好友（含群）之间	+	+	
	信用卡还款		—	+	
	生活缴费		—	+	
	网购等电子商务		+	+	

（五）使用 QQ、微信的注意事项

（1）遵守国家的法律法规，不得发布攻击党和国家的言论，保守国家秘密。网上“交谈”具有一定的传播性，如语言涉及违法乱纪或泄露国家机密，或制造传播计算机病毒，要负法律责任。

（2）不聊私事、不浏览黄色网站，在办公室上网以处理工作为内容。

（3）不轻信网上小道消息，不参与传播流言。

（4）网上留言在秘书与下属、同事之间的沟通中使用较多，最好不对上司使用，否则，有失礼仪，应该给上司打电话沟通。

二、网上会议

（一）Netmeeting会议功能

Netmeeting是一个网上聚会或开会的应用软件，可支持多人同时交谈，你与对方可以通过计算机“聊天”（沟通），利用画图的方法来表达想法，在两台计算机之间传递文件等。

在Netmeeting上的每台计算机都有自己的地址，Netmeeting根据这个地址来呼叫对方的计算机。目录服务器建立一个目前所有使用Netmeeting的用户目录。这个目录登录了用户姓名、上网的IP地址以及使用的硬件设备（声卡或视频设备）等信息。通过这个目录，用户可以很快找到要交谈的对象。同时为了让其他用户也能够找到自己，也必须指定登录的目录服务器，然后让这个目录服务器将自己的信息登入在目录中。

1. 使用Netmeeting与他人“对话”

（1）发送呼叫。想与某个对象会话时，用户必须先做一个通知的操作，询问他人是否愿意与自己对话，这个通知及询问的操作，称为“呼叫”。

（2）使用chat（谈天）程序。如果需要以文字方式来交换消息，可以随时打开“谈天”对话框来输入文字。

（3）使用“白板”程序。开会时可能需要在黑板上写一些东西或者画图来帮助发言人讲解，可以使用Microsoft Netmeeting中的“白板”来帮助实现。

（4）接收呼叫。有人呼叫自己时，你可以接收，也可以拒收该呼叫。

2. 召集会议

Netmeeting除了让用户进行网上交谈外，也可以用来进行多人的网络会议。

（二）电脑版QQ会议功能

电脑在联网环境下登录QQ，也能召开网络会议，在“我的群聊”或“我的多人聊天”中，点开图标（如图9-3所示之处），即可发起会议聊天。

图9-3　电脑版QQ会议界面

用电脑在 QQ 召开会议，需满足以下条件：

（1）该群的与会者，每个人之间都是 QQ 好友。

（2）与会者均需电脑在线。

（3）网络运行顺畅，网速快，最好是 200 兆。

（4）会议主持人点击“分享屏幕”或“演示白板”，等待与会者上线，待全体人员在线，方可开始会议。

（5）会议发言人应事先制作 PPT，便于参会者在自己的电脑上边收听发言，边在 PPT 的辅助下把握发言人传递的会议要点，提高远程会议传送信息的接收效率。

如果有人因特殊原因而缺席会议，主持人/主讲人/（会议群）QQ 好友可将会议录屏，将录屏文件传输给会议缺席人员。

实训任务

- **能力目标：**

能使用 QQ 群/微信群、QQ 空间/微信朋友圈建立与他人的沟通。

- **知识要求：**

QQ/微信的功能。

网络会议。

- **任务描述：**

马敏为王鹏飞介绍公司的内部人员和外部联络对象，为小王与之一一建立网络沟通提供地址、号码。除了电话、电子邮件，请你和马敏一起使用 QQ 或者微信建立即时“对话”关系网。

- **操作说明：**

1. 在实验室中进行，学校或院系为学生提供网络环境，每位学生独立操作一台计算机。
2. 每两人一组。
3. 向老师提交电子档案。
4. 除网络会议外，学生可用手机完成本实训任务。

- **训练内容：**

1. 为还没有 QQ/微信号的同学或好友申请号码，并加他们为好友，群发通知给他们——在网上教会他们修改登录密码。
2. 建一个 QQ 群/微信群，约定联络者定期举行一些活动。
3. 开通自己的 QQ 空间，发布三篇以上文章；在微信朋友圈分享三篇文章。
4. 列出 QQ、微信等网络即时“会话”沟通方式的缺点。
5. 组织内部沟通、外部沟通对象有哪些？上行沟通、下行沟通、平行沟通对象有哪些？其中有没有不适于使用 QQ/微信工具进行沟通？请列出来。
6. 登录网络，在网上使用相关企业的商务网站交互系统，预订机票、火车票，预订客房……
7. 拓展训练一。

用 QQ 主持一次网络会议。

8. 拓展训练二（选做）。

（1）开通自己的微博；（2）建设个人网站；（3）参与某个微信公众号的建设。

任务四　手机短信与邮箱免费短信

知识目标

1. 了解手机短信沟通。
2. 了解邮箱免费发送短信优惠。

任务描述

短信将手机的通话功能和寻呼功能合二为一，秦勉在工作中常常使用，但是每一种沟通方式都有利有弊，请总结短信沟通的优缺点，以便掌握发、收短信合适的时间和场合。

任务分析

办公室有固定电话，为什么还需要手机（移动电话）？因为手机克服了固话不能随身携带的缺点。可以发送 E-mail，为什么还要开发、使用手机短信？它一定有电子邮件所不具备的长项。微信和 QQ 投入使用了，为什么逢年过节还有人发送祝福短信？它一定有微信和 QQ 所传达不了的信息和情谊。每一种沟通方式都不能达到完美无缺，那么怎样让多样的沟通介质取长补短，达到成功沟通？这是每个秘书在选择沟通手段时必须思考的。

成果示例

以下是马敏、王鹏飞、秦勉使用手机发短信的体会。

马敏：手机除了是移动的电话，可以用来语音通话以外，还有编辑、发送文字信息的功能，还能接收运营商提供的登录互联网搜索信息的服务。它比电脑轻便易于携带，可以说是能够随时随地上网。

秦勉：短信有文字凭证，我喜欢在打过电话后，用短信发给对方，以便他随时核对细节。但是手机短信有字数限制，发不了长文，而且每条短信接收虽然免费，但是发送是要缴费的，即使是套餐，也需付费，没有网费便宜。

王鹏飞：我知道短信套餐可以节省费用，听说有些电子邮箱赠送给用户发免费短信呢。

秦勉：是的，小王，我也听说现在手机可以绑定邮箱呢，真是厉害！不过，邮箱赠送的免费短信，得在电脑上操作。

王鹏飞：是啊，免费是免费了，但是你必须使用计算机，还得联网，如果你在外边儿跑，就不如手机发送短信便利了，然而它要付费；呵呵，看来，甘蔗没有两头甜哦。

马敏、秦勉：就是！看来，各有千秋。得视具体情况，哪一种沟通有效果，就用那一种了啊！

秦勉（又追加了一句）：发了 E-mail，我总用微信或者 QQ 再发个信息，提醒对方查收。

马敏、王鹏飞（也呼应了秦勉一句）：对哒对哒，您总是对我们强调——虽然用微信的人越来越多，但是对客户中的那些特殊群体，还是短信传达效果到位。

■成果评析

1. 俗话说：三个臭皮匠赛过诸葛亮，三位把多种网络沟通方式的优缺点基本都列出来了。

2. 每种沟通方式都有不足，一种沟通方法的不足能够用另一种沟通方法来弥补，并且它的长处又能够去弥补另一种沟通方式之不足。

3. 秘书的功力应该在于知道什么情况下，用哪一种最恰当。

■必备知识

用手机短信进行沟通已经成为人们常用的沟通方式之一。经常用手机短语交流的人被戏称为“拇指一族”。

短信将手机的通话功能和寻呼功能合二为一。用户的手机如果开通短信后，即使当时关机或不在服务区，也可在开机后或重新回到服务区的时候，收到无线通信运营商的短信息服务中心存储并转发的短信。更具有优越性的是，由于统一、规范，手机即便漫游到外地或国外，也可收到来自国内外的中英文短信文本。据有关部门统计，每年春节有上亿条短信借助这个平台发送祝福短信拜年，短信是深受人们喜爱的一种沟通方式。

一、手机短信的特点

手机短信具有即时性、方便性、私密性、时尚性、费用低的特点，使得它在人际交往中公私皆宜，是较好实现工作、生活、娱乐等各方面沟通的一种通信方式。

手机短信实现的是文字的即时通信。手机终端的智能化，实现了文字输入由用户自己掌握。在移动网覆盖域内，手机短信基本实现随时随地的端到端通信。准确地说，它是新通信时代直接端到端的移动电报。由于是直接端到端，并且是文字信息而非语音信息，短信的私密性甚至优于电话。

手机短信的一些使用形式，如短信聊天、图文短信等，颇受一些人的喜爱。当前有不少电视台、电台开展短信互动节目，吸引受众参加。

二、常用短信的编写

短信，顾名思义就是内容含量小、文字字数少的信息。由于手机制造技术等方面因素的限制，一次所发的短信不可能有许多文字。因此，在编写短信时要注意短小精悍，概括力强，恰如其分地表情达意。

短信要根据发短信的目的和与接收人的关系来编写，根据短信内容大致可以分为：幽默诙谐型、讽刺奚落型、日常会话型、节日祝福型和爱情格言型等。

秘书工作中的短信编写应该与书面沟通中涉及的文本相类似，所不同的是，受字数限制，短信大多用在确认口头传递的信息、发简短的通知等内容上。

深深祝福，丝丝情谊，串串思念，化作殷殷祝福，留在你的心田，谨代表公司办公室向各位员工致以节日祝福！祝您和您的家人健康愉快！——×××敬贺

各位同人：兹定于明日（5 月 18 日）下午 2:00 在东会议室（318）召开全体会议。请准时参加。——通知发布人：×××

王主任，您好！邮件已发出，请查收。×××

鹏飞：我是×××。我们在国展中心南门等你，现在你到了哪里？请告知。

王师傅：你好！我是×××。张董的班机 CZ3957 今天上午 10:50 分到达，请准时前往机场接机。谢谢！

三、编写短信注意的问题

（1）遵守社会道德规范，使用文明用语。

（2）不用领导人作为短信内容的笑料。

（3）不编写发送黄色短信。

（4）文字和标点要规范、语法正确、篇幅不宜过长。

四、短信礼仪

（一）发短信一定要署名

短信署名既是对对方的尊重，也是达到目的的必要手段。

元旦前，秦秘书收到了 40 多条祝福短信，有 20 条没署名，秦也搞不清楚这些人都是谁。这种祝福发了等于没发。如果是正事，不署名更会耽误事。

（二）短信祝福礼尚往来

节日祝福短信，来而不往非礼也，所以别人发来短信，自己就要回一个短信。接到对方短信回复后，不要再发致谢之类的短信，否则对方一看，又得回过来。

（三）有些重要电话可以先用短信预约

有时要给身份高或重要的人打电话，知道对方很忙，可以先发短信“是否方便给您打电话?”如果对方没有回短信，一定不是很方便，可以在较久的时间以后再拨打电话。

（四）及时删除自己不希望别人看到的短信

一些人经常把手机放在桌上，如果出办公室办事或者去卫生间，也许有好事者就会顺手翻看短信。如果上面有一些并不希望别人看到，或者组织内部机密的短信，就可能引起麻烦。如果不幸被对方传播出去，后果就更严重，所以短信一定要及时删除。

（五）上班时间不要没完没了发短信

上班时间每个人都在忙着工作，即使不忙，也不能没完没了地发短信。否则就会打扰对方工作，甚至可能让对方违纪。如果对方正在主持会议或者正在商谈重要事项，闲聊天式的短信更会让对方心中不悦。

（六）发短信不能太晚

有些人觉得晚上 10 点以后不方便给对方打电话了，发个短信告知就行。短信虽然更加简便，但如果太晚，也一样会影响对方休息。

（七）短信是最好的提醒方式

如果事先已经与对方约好参加某个会议或活动，为了怕对方忘记，最好事先再提醒一下。提醒时适宜用短信而不要直接打电话。打电话似乎有不信任对方之感，短信就显得非正式亲切得多。短信提醒时语气应当委婉，不可生硬。

五、邮箱免费短信

用手机发短信/彩信，即使享受套餐优惠，也要花费以短信条数计的短信费；用短信又想节省费用，可学会使用邮箱发送免费短信，移动公司和中国电信等邮箱每个月都赠送30～50条免费短信，例如移动公司的139邮箱等。

享受邮箱短信的优惠（免费短信），发送平台是联网电脑PC客户端，以移动139邮箱为例：

（1）电脑联网，登录你的手机号码的139邮箱（可以用电脑先在移动网上营业厅登录个人手机账号，在个人中心找到你的邮箱）。

（2）邮箱编辑短信文本，操作过程如同写邮件。

（3）输入收短信者的手机号码，如果有常用联系人通信录，也可以在通信录里勾选号码。

（4）点击发送→邮箱将信息发送至对方手机→接收者阅读手机短信。

实训任务

- **能力目标：**

能用手机编辑言简意赅的短信。

能发送温馨的祝福、问候短信。

使用手机邮箱赠送的优惠，在网上发送免费短信。

- **知识要求：**

手机短信沟通。

- **任务描述：**

上网查询各家通信公司网上营业厅，了解移动、联通、电信提供的短信套餐优惠，并做比较。了解各通信公司赠送的邮箱短信优惠，使用邮箱给同学的手机发免费短信。

- **操作说明：**

1. 在实验室中进行，学校或院系为学生提供网络环境，每位学生独立操作一台计算机。

2. 每两人一组，发、收短信息。

3. 向老师提交电子档案。

- **训练内容：**

1. 课堂内手机短信沟通活动，在5分钟内，每人编写数条短信，同学间互发、最后评比。

（1）短信发布通知：有指定的时间、地点、人员、会议主题、内容。

（2）为传统节日编写祝福短信，以董事长的身份发给员工。

（3）发短信向同伴（分别）致谢、致歉……

2. 登录自己手机的邮箱，给同学群发短信。

（1）你的手机邮箱本月可以享受多少条短信优惠，将短信群发给相应数量的同学。

（2）群发短信为：清明节踏青通知（集合地点、时间、车型车号）。

3. 阅读下面两例：

（1）请从短信礼仪的角度做评价，选出较好的短信方式。

（2）说说你从中受到的启发。

第一例：

A. 有头有尾，有称谓有署名：如“秦秘书，祝您春节快乐，事业兴旺！张玉成敬贺”。

B. 无头但有尾：如“祝您春节快乐，事业兴旺！张玉成敬贺”。这种短信往往是群发，同时它具有自我营销能力，至少会让收信人记得是谁发的。

C. 无头也无尾：如“祝您春节快乐，事业兴旺！”

第二例：给老板回复短信：

老板：小王，明天上午我有事，10 点你去机场代我接客户张总；此外，你把 A 项目的总结报告给我看一下，署名：张总。

A：知道了。（张总看到回信，火冒三丈，你知道啥了？不行，我得电话告诉你）。

B：好的张总，这两件事我会去办，王鹏飞（张总读到回信：嗯，明天我得电话催一下小王）。

C：尊敬的张总，来信获悉。明天 9：30 我会抵达机场迎接张总，并转达您的问候，并备好张总最喜欢的碧螺春，接到后我短信通知您；A 项目的总结报告我已备好，明天 8：30 我先到公司，放到你的办公桌上，再去机场。近期您出差较多，请注意休息，有事请随时吩咐，王鹏飞（张总心里说：嗯，小王办事牢靠，我放心）。

4. 思考：

（1）和电话、手机语音沟通比较，短信沟通有什么缺点？

（2）和电子邮件比较，短信沟通有什么缺点？

（3）怎样将短信与电话/手机通话、电子邮件、微信/QQ 结合起来使用，尽可能弥补它们的不足。

第十单元
沟通基本技巧举隅

任务一　消除沟通障碍与冲突

■ 知识目标

1. 了解形成沟通障碍（乃至冲突）的因素；
2. 掌握消除沟通障碍、冲突的方法。

■ 任务描述

于东在汽车电子设计部，成泳在工程部。他俩是大学同班同学，都在同一公司任职6年，职位相同，薪水也相差不多，而且两人一直是多年的好朋友。主管生产的副总林峻对设计部和工程部的工作很放心，他常对别人说："于东和成泳都是非常优秀的，我完全信赖他们。"

最近于东与成泳的工作产生了危机，不合作、互相责备，发展到关系破裂。请帮助他们分析原因，并从中吸取教训。

■ 任务分析

两个工作出色的同伴以前相处很好，说明存在友谊基础，目前二人之间产生矛盾，其中很可能是沟通不及时而产生了误解，应该及时寻找产生不和谐情绪的原因，并妥善消除矛盾。

■ 成果示例

自从于东与成泳分别担任部门主管以后，由于工作职责与风格的不同经常发生一些矛盾。林峻对这一情况略有所知，但没有去过多地关注事态的发展，因为这一问题还没有提交到他面前由他处理。

于东最近为一款新的越野车设计电子安全装置，他将设计图纸递交给成泳，由其完成试制。这一项工作花费了350个工时。但是当于东从国外出差回来看到样品时，他发现了几处差错。这一工作需要重新做一次，不仅成本高，而且客户也催得很紧。

当林峻召集于东、成泳及其相关人员开会时，他们两人开始互相责备对方。于东说："我在出国之前都已对他说明了。当时走得急，我来不及校对。成泳如果细心一些的话，会及时发现问题并与我联系。"成泳则辩解道："这是于东的错，是设计部出了差错反而让我们背黑锅，我们是完全依据他们提供的图纸进行加工的。"

两人公说公有理，婆说婆有理，搞得林峻也很头疼，就请张秘书来帮着做思想工作。

张秘书指出，二人不能在主观上认可对方、不能主动放低姿态尝试沟通对方、不能意识到双方的共同目标是公司的利益（而一味将工作割裂为"为本部门而干"）是导致矛盾的原因，建议二人再续友谊，主动沟通对方，以达成共识。

■成果评析

1. 不从接受者的角度考虑问题，于东临走时将设计一交了之。
2. 成泳也没有与于东沟通的愿望，对设计中有疑问的地方，不去核实。
3. 正如张秘书的分析，两人的矛盾根源在于不能主动沟通。
4. 及时补救，否则不能达成共识，仍然不利于其后的产品重做，最终导致给公司带来损失的不良后果。

■必备知识

一、沟通中的障碍

从信息发送者到信息接收者的沟通过程并非都是畅通无阻的，其结果也并非总是如人所愿。沟通过程因为存在这样或那样的障碍，而会出现沟通失败或无法实现沟通目的的结果。

信息沟通的障碍，是指导致信息在传递过程中出现噪声、失真或停滞的因素或原因。以下各种沟通要素都有可能造成信息沟通的障碍。

（一）个人因素

1. 人们对人对事的态度、观点和信念不同造成沟通的障碍

知觉选择的偏差是指人们有选择地接受，例如，人们在接收信息时，符合自己利益需要又与自己切身利益有关的内容很容易接受，而对自己不利或可能损害自己利益的则不容易接受。

2. 个人的个性特征差异引起沟通的障碍

在组织内部的信息沟通中，个人的性格、气质、态度、情绪、兴趣等差别，都可能引起信息沟通的障碍。

3. 语言表达、交流和理解造成沟通的障碍

同样的词汇对不同的人来说含义是不一样的。在一个组织中，员工常常来自不同的背

景，有着不同的说话方式和风格，对同样的事物有着不一样的理解，这些都造成了沟通的障碍。

（二）人际因素

人际因素主要包括沟通双方的相互信任程度和相似程度。沟通是发送者与接收者之间"给"与"受"的过程。信息传递不是单方面，而是双方的事情，因此，沟通双方的诚意和相互信任至关重要。在组织沟通中，当面对来源不同的同一信息时，员工最可能相信他们认为的最值得信任的那个来源的信息。上下级之间的猜疑只会增加抵触情绪，减少坦率交谈的机会，也就不可能进行有效的沟通。沟通的准确性与沟通双方间的相似性也有着直接的关系。沟通双方的特征，包括性别、年龄、智力、种族、社会地位、兴趣、价值观、能力等相似性越大，沟通的效果也会越好。

（三）结构因素

信息传递者在组织中的地位、信息传递链、团体规模等结构因素也都影响了有效的沟通。许多研究表明，地位的高低对沟通的方向和频率有很大的影响。例如，人们一般愿意与地位较高的人沟通，因为信息趋向于从地位高的流向地位低的。信息传递层次越多，它到达目的地的时间也越长，信息失真率则越大，越不利于沟通。另外，组织机构庞大、层次太多，也影响信息沟通的及时性和真实性。

二、克服沟通障碍的策略

尽管存在上述那么多的沟通障碍，但是沟通现状并非那么令人绝望。俗话说"不怕做不到，只怕想不到"，只要认识到沟通障碍的存在，就给我们妥善处理并排除沟通障碍带来了希望。研究表明，沟通是科学与艺术结合在一起的问题。因而，解决沟通中的思路、理念上的问题和障碍以及沟通中的方法、手段等技术问题就显得非常重要。以下是如何克服障碍，实现有效沟通的策略。

（一）明确沟通目的

沟通双方在沟通之前必须弄清楚沟通的真正目的是什么、动机是什么、要对方理解什么。确定了沟通的目标，沟通的内容就容易规划了。因为从本质上讲，沟通意味着目标、价值、态度和兴趣的共识，如果缺乏共同的目标和感受，不仅失去了沟通的意义，更无法实现有效沟通。

（二）尊重别人的意见和观点

试着去适应别人的思维架构并体会他的看法。也就是说，不只是"替他着想"，更要能够想象他的思路。因此，无论自己是否同意对方的意见和观点，都要学会尊重对方，给对方说出意见的权利，同时将自己的观点更有效地与对方进行交换。需要注意的是，有效的沟通不是斗智斗勇，更不是辩论比赛。对接收者而言，沟通中的发送者扮演的角色是仆人，而不是主人。接收者握有"要不要听"的决定权。作为发送者，你或许可以强制对方进行沟通，但是却没有办法指挥对方的反应和态度。因此，在沟通中沟通双方都不能把自己的观点强加到对方身上，更不能不同意对方的观点而横加指责。

（三）考虑沟通者的差异

发送者必须充分考虑接收者的心理特征、知识背景等状况，依此调整自己的谈话方式、措辞或是服饰、仪态，要避免以自己的职务、地位、身份为基础去进行沟通。如上级在车间与一线工人沟通，如果穿得西装革履，且又咬文嚼字，势必给工人造成一道心理上的鸿沟；在与其他员工沟通时，也要尽量避免使用过多的专业词汇，否则不仅达不到应有的沟通效果，反而可能会弄巧成拙。

（四）充分利用反馈机制

许多沟通的问题是由于接收者未能准确把握发送者意思造成的，积极收集、获得反馈信息，确认接收者接收并理解了发送者所发送的信息，沟通过程才算完成。发送者要检验沟通是否达到目标，也只有通过获得接收者的反馈才能确定。因此，建立并充分利用反馈机制，无疑是实现有效沟通的重要环节。

（五）学会积极倾听

沟通双方能站在对方立场上，从对方的思维架构去理解信息。一般来说，要做到积极倾听，需要遵守专心、移情、客观和完整等原则（详见第二单元，此不赘述）。

（六）注意非语言信息

非语言信息往往比语言信息更能打动人。如果你是信息接收者，要密切注意对方的非语言提示，从而全面理解对方的意思、情感。高明的接收者精于察言观色，窥一斑而见全豹。

（七）避免说教

有效沟通是一种心灵交流，美国著名管理学家彼得·圣吉（Peter Senge）在《第五项修炼》中称之为“深度会谈”，即敞开心扉，彼此进行心与心的交流。这就要求沟通双方必须以开放的心态、平等的视野进行沟通。如果信息发送者总是居高临下采取教育或教训的口吻与人交流，那么，即使发送者传递的信息非常重要，也会因引起接收者不满和反感而不为接收者所正确接受。

（八）保持积极健康的心态

人的情绪、心态等对沟通过程和结果具有巨大的影响，过于兴奋、失望等情绪一方面易造成对信息的误解，另一方面易造成过激的反应。沟通双方在沟通前应主动调整各自的心态和情绪，明确自己的角色位置，只有做到心平气和，才能对人、对事、对物做出客观公正的评价。

（九）以行动强化语言

“言行一致”。语言上说明意图，只不过是沟通的开始，只有化为行动，才能真正提高沟通的效果，达到沟通的目的。如果说一套、做的又是一套，这种所谓的沟通的结果是可怕的。

在企业中，传达政策、命令、规范之前，管理者最好能够确定是否能真正化为行动。树立了以行动支持语言的信誉后，沟通才能真正达到通畅交流的目的，才能在公司内部建立一种良好的相互信任的文化氛围，并使公司的愿景、价值观、使命、战略目标付诸实施。

（十）使用恰当的沟通节奏

面对不同的沟通对象，或面临不同的情境，应该采取不同的沟通节奏，这样方能事半功倍，否则，可能造成严重的后果。如在一个刚组建的项目团队里，团队成员彼此会小心翼翼，相互独立，若此时采取快速沟通和参与决策的方式，可能会导致失败；一旦一个团队或组织建造了学习的文化氛围，即组建了学习型组织时，可以导入深度会见、脑力激荡等开放式的沟通方式。

（十一）选择最佳时间和地点传递信息

时间是决定沟通效果的重要因素。首先，不同人的生物钟也不一样，有的人早晨清醒晚上不清醒，而有的人晚上清醒早晨不清醒，一定要尽量选择对方清醒的时间传递信息。即使在一次信息沟通过程中，一个人也不可能一直保持精力高度集中，因此，在传递信息时也要有张有弛，做到疏密有秩，让接收信息的人既感到轻松愉快又能达到沟通效果。

地点的选择要注意两点：一是要使沟通双方感到轻松自然；二是尽量减少周围的干扰因素。

（十二）选择语言

选择接收者容易理解、接受和记忆的语言，既要清晰，又要容易被对方理解和接受。如果你的上司或者同事中有外籍人员，那么你就需要使用你和他们之间共通的语言进行交流。

三、沟通中的冲突

（一）“冲突”的内涵

为了使群体有效地完成组织目标和满足个人需要，必须建立群体成员和群体之间的良好和谐关系，即彼此间应互相支持，行动应协调一致。但是，现实的情况是，个人间存在着各种差异，群体间有不同的任务和规范，对同一个问题就会有不同的理解和处理，于是就会产生不一致，或是不能相容。也就是说，冲突在组织或群体内是客观存在的。

冲突是双方意见的对立或不一致，以及有一定程度的相互作用，它有各种各样的表现形式：如暴力、破坏、无理取闹、争吵等。此处所言“冲突”指严重的沟通障碍，专指起了消极作用的冲突。

（二）冲突的消极作用

冲突可能带来严重的后果，具体如下：

(1) 冲突可能分散资源。冲突可能分散人们为实现目标而做出的努力，组织的资源不是主要用来实现既定目标，而是消耗在解决冲突上，时间和金钱就是常被分散到消除冲突上的两种重要资源。

(2) 冲突有损员工的心理健康。有一些研究表明，置身于对立的意见中，会造成“敌意”、紧张和焦虑。随着时间的推移，冲突的存在可能使相互支持、相互信任的关系难以建立和维持。

(3) 要求内部竞争而引发的冲突，可能对群体效率产生不良影响。

(4) 内部竞争可能引发冲突，如当两个销售公司为了扩大销售额以赢得总公司的奖励，就可能因追求局部利益，在争夺资金、人员等方面产生冲突。如果处理不当，就可能对总公司整体效果产生影响。如果企业鼓励员工多做努力制定一定的产量目标，人们就可能重视产品数量，而牺牲产品质量。

（三）缓解冲突的方法

（1）审慎地选择要处理的冲突问题。

（2）评估冲突当事人。

（3）分析冲突原因和根源。

1）沟通差异。沟通不良容易造成双方的误解，从而引发冲突。人们往往倾向于认为冲突大多数是由于缺乏沟通造成的。

2）角色要求、决策目标、绩效标准和资源分配等不同而产生的立场和观点的差异。

3）人格差异。其结果使得有些人表现出尖刻、隔离、不可信任、不易合作，导致冲突。

（4）采取切实有效的策略解决冲突。

1）回避、冷处理。暂时冷却或中场休息，以避免过度激化的僵局。

2）强制、支配。迫使一方让步，也就是以牺牲一方为代价而满足另一方的需要。

3）迁就、忍让。先抑制自己的需求，满足其他人的需求，以便维持双方一种和谐的关系。

4）折中、妥协。冲突的双方各让一步，来取得妥协。

5）合作、协同。透过彼此公开而具诚意的沟通，来了解彼此双方的差异所在，并努力找出可能的双赢方案，使双方都获得最大的可能利益。

实训任务

- **能力目标：**

能根据不同的对象选择恰当的方式与对方沟通。

能分析沟通失败的原因并改正。

避免冲突与解决冲突的技巧。

- **知识要求：**

影响沟通的因素。

消除沟通障碍的方法。

解决冲突的策略。

- **任务描述：**

秘书在工作中需要和各种职位的人打交道，怎样和上下级、企业内外的人员成功沟通？如果产生了沟通障碍，怎样消除障碍？冲突时怎样调节当事人？请尝试与不同的对象沟通，并总结其中的成败。

- **操作说明：**

1．分组：每小组3～5人。

2．规定必须按照训练材料的要求与各类人沟通，不允许将练习仅限于在校内与同学、室友的范围进行，否则，不给成绩。

- **操作提示：**

1．教师事先布置训练内容，学生用课余时间完成作业，课堂时间用于交流经验。

2．依据本次实训文字稿和交流效果评定成绩。

3. 提交电子版文稿。

● **训练内容：**

1. 分别与不同职业、不同地位的人交流沟通。

（1）记下交流沟通的时间、地点、话题。

（2）分析研究沟通成功与失败的因素。

（3）将沟通心得体会供大家讨论。

要求：沟通对象不少于三名。分别职业不同、文化背景不同、年龄不同等。

（提示：分别与学校生活区小卖部的职员与老板沟通，看看她们对本店营业额的观点。分别与社会老年福利院的管理者和院内老人沟通……）

2. 选定一个假日在街头观察百姓的冲突现象。

（1）把你观察到的冲突现象描述出来（一天中有多少起？发生在哪些场所、哪些人之间？）

（2）分析为什么发生冲突？有哪些是因为鸡毛蒜皮的事情升格为冲突？

（3）进一步分析你视野中起冲突的人为什么不能大事化小、小事化了？

任务二　懂得跨文化沟通

知识目标

学习在跨文化情境中能够得体而有效地进行沟通。

任务描述

美国工程师给中国工程师的抗议信

赵工在一家跨国大公司中做软件部工程师，要和来自世界各国的同事一起工作。一天，赵工在浏览美国同事John（约翰）已经完成的部分时，发现了一个小错误，他当即进行了修正，并且细心地做了一个注释链接在上面。“所有的人都会先看注释，再打开程序文件。”但他下班之前收到了来自美国同事的邮件——严正抗议赵工擅自更改了他做好的程序。John还把邮件抄送了双方的上司。赵工没想到自己的好心换来这样的结果！一时间他不知该如何反应。这个跨文化沟通障碍怎样消除？

任务分析

赵的技术底子非常好，虽然刚进公司没多久，但已能独当一面，他的修改完全正确。但是他忽略了与之共事的团队成员来自其他国家（其他民族），大家的文化习俗和思维方式都不同，这才成了“好心办坏事”的根源。解铃还须系铃人，解决这个矛盾，使沟通障碍不至于引发冲突，赵需要从文化沟通差异中寻找策略。

成果示例

赵工马上找自己的经理商量。经理问清楚事情始末，问赵工打算如何解决。

赵工说："小不忍则乱大谋。我们还要一起继续工作，我索性不要睬他，今后不要去管他的工作就是了。"

经理笑着说："你的想法有道理，但John会怎样想？他会如何看待你？"

"我不知道。"

"John会认为确实是你做错了，而且你没有承认错误的任何反应。你这样做对你们今后的合作、将来的产品质量真的有帮助吗？"

在经理的鼓励下，赵工不再保持沉默，而是写信说清楚了整个事情，解释了自己的动机，并且说自己从这件事情中看到中国和美国工作风格的差异："中国人会认为'团队是最重要的'，我把你当作团队的一员，所以非常自然地改进了你的工作。但可能在你看来，你的工作是最重要的，如果需要更改，一定要先经过你的同意。"

信写好后，经理帮助他改了一遍，把那些"I Think"之类的句子改成第三人称，这样显得客观一些，并又把那些带有不满情绪的词都删掉了。赵工也把这封信同时抄送给了双方的上司。

John只发来一封邮件说自己收到了，没有任何其他回复。后来，赵工又一次发现了John一个程序上的小错误。这次，赵工不是直接动手改程序，而是写了封信给John，告诉他自己的发现，并把改正过的软件直接发给他。这次，John发了一封感谢信，并同时把感谢信抄送给了双方的上司。

赵工笑了。

成果评析

1. 赵工是在实际工作经验中不断提高自己的沟通能力。

2. 可能在中国同事看来，在第一次纠错时，赵工已做得尽善尽美了，但在跨文化情境中，适用于本文化情境的方式不一定适用于另一种文化。虽然John也看重工作结果，但他更看重自己在这个工作中的价值。赵工的改错威胁到他的个人价值，所以他会有这样激烈的反应。

3. 与外籍老板或员工沟通，必须首要考虑到跨文化因素，否则不仅沟通失败，而且还会升级为冲突。

必备知识

随着经济全球化进程的加速，跨国、跨文化的交往活动日益频繁，不同文化背景人员的跨国往来与日俱增，大量跨国公司的出现使得劳动力的文化背景多元化趋势日益明显。在这种社会背景下，跨文化沟通和交流显得日益重要。尤其是对于秘书人员而言，只有充分了解不同文化背景下的价值观，突破不同文化之间的交流障碍，才能实现有效的跨文化沟通。

一、跨文化沟通障碍及解决策略

（一）跨文化沟通及其意义

1. 跨文化沟通的含义

跨文化沟通是指来自不同文化背景，具有不同文化感知和符号系统的人们之间进行的相互沟通、交流的一种情境。

广义的跨文化沟通不仅只在不同文化环境内的沟通，还包括跨地域沟通、跨时代沟通和不同角色之间的沟通。

2. 跨文化沟通的意义

当代秘书人员应该具有的跨文化沟通能力包括：与来自不同文化背景的人有效交往的能力；能在不同文化背景中工作就像在自己的国家工作一样；超越本民族文化的能力。

（二）跨文化沟通障碍

1. 影响跨文化沟通的主要因素

（1）感知。

（2）成见。

（3）种族中心主义。

（4）共感。

2. 跨文化沟通障碍的主要表现

（1）语言沟通障碍。

（2）肢体语言沟通障碍。

（3）信仰及行为习惯差异。

（4）思维方式的差异。

（三）多元文化团队内部的有效沟通方法

（1）了解文化差异，发展文化认同。

（2）进行跨文化整合。

（3）增强员工的灵活性和耐心。

（4）积极利用“跨文化优势”。

（5）多元文化团队间的跨文化沟通策略。

1）把握共性，注意差异。

2）互相了解，相互体谅。

3）实施文化规避。

4）消除文化偏见。

5）实行本土化策略。

二、跨文化沟通语言的运用

随着经济全球化进程的加快，跨文化沟通也进入了一个全新的发展阶段。这种沟通包括通过语言的理解加深沟通效果；通过非语言方式表情达意；“非言语”同语言一样，都是跨文化沟通中不可或缺的一部分。

（一）跨文化沟通中非语言的表情达意

（1）身体动作。

（2）面部表情。

（3）目光接触。

（4）空间和距离。

（5）辅助语言。
（6）仪表。
（7）沉默。

（二）跨文化沟通中语言的表情达意

（1）选择正确的语言。
（2）适当的流利度。
（3）发音的清晰度。
（4）讲话的方式。
（5）用语的适当性。
（6）具备文化敏感性。
（7）保持幽默感。

■ 实训任务

● 能力目标：

掌握跨文化沟通的障碍及其解决策略。

学习跨文化沟通中语言和非语言的正确应用。

● 知识要求：

文化差异。

跨文化沟通的方法。

● 任务描述：

先查阅网络资料和书籍，了解跨文化交际的语言和非语言要求，结合秘书礼仪与职业形象设计课程、秘书英语课程中所学技能，完成与外商初次见面寒暄、简单交谈等沟通。

● 操作说明：

1. 分组：每小组 4 人。
2. 讨论任务在组内进行。两两小组之间组员一一结对子交流，重在体会。
3. 校外任务，每人独自完成练习。

● 操作提示：

1. 教师事先布置训练内容，学生用课余时间实施，课堂时间用于交流。
2. 本环节训练结束时提交纸质作业。

● 训练内容：

1. 分角色情景模拟，拜访外商并邀请他共进午餐。

要求：正确着装。正确使用肢体语言。

（1）与外商预约拜访的时间。
（2）准时拜访。见面寒暄、自我介绍（英语）、交换名片。
（3）邀请共进午餐。进餐时的就座、点餐（酒水）、简单交谈。
（4）喝下午茶（饮料的文化）。

2. 用表格把跨文化中的非语言交际禁忌列出来。

（提示：不同文化中手势、目光、空间距离等的禁忌。）

3. 假日到自己所在地的景区，为外籍游客做一天导游。

（1）用何种语言沟通？

（2）你与游客之间是否存在文化差异？表现在哪些方面？

（3）这一天给外籍游客做导游的体会。

（4）你的学校有哪些国家来的外教？他们的文化与你有什么分歧？

（5）假期计划去更多的地方接触其他文化（西方文化、少数民族文化等）。

任务三　学会组建团队

知识目标

1. 认识团队在工作中的重要性。

2. 团队成员中的有效沟通。

任务描述

企划部引进了个人才，但是这人清高得很，眼睛长在头顶，自认为鹤立鸡群。秘书章莉觉得他最难沟通了，给他起了外号“董老怪”。但是因为“董老怪”确实很棒，章秘书还是很希望能与他合作的，她相信企业要想成功，团队中少不了这种人才的。一次“董老怪”遇到了难题，小章乘机说服了他，此后，他对章的工作很支持。这支团队由于“董老怪”的加盟，成绩斐然。

任务分析

每个人都不是神，不会无所不能。一个团队的力量一定比一个人的要大。能人更应该加入团队，他才能取得大于预期的成就，而团队由于能人的加盟，才能够获得更好的结果。团队内的协作，其实是使每个人获益。

成果示例

章莉：小马，谁的计算机坏了？劳你大驾光临？

小马：企划部，怪怪的一个家伙。

章：问题大不大？

马：刚才看了，要换个小东西，我回去拿，嘿嘿，小菜一碟，手到擒来！

章：哦？来来来，帮我捣个鬼，我要治治这家伙，让他跟我们好好合作——我可是很期待他成为我们团队的一员呢。

马：哼，有点本事就了不起了！敢不遵你的命，看我收拾他！他急我不急，我慢悠悠给他处理……

董打来电话：章秘书，王主任说你跟那个小马关系比较好，能不能帮我催催他，我这急等着用计算机呢……

章：哦，董老……啊不是，那个，小董，神马很抢手的哦，他本事可大了，我们谁都缺不了他。话说呢，谁都不是万能的神，咱都有有求于人的时候哦。

董想起章那会请他帮忙，他一口回绝，觉得章大材小用，顿时无语。

章：您别急，您的事儿就是咱公司的事，对吧，我马上催他，立马就给您搞定!

5 分钟后，小马来了，再 5 分钟后，董可以工作了。

董也从章的话里懂得，同为企业效力，需要大家互相支持，组成团队工作才更有力。

成果评析

章和马合唱一出戏，目的是要让董认识到别人的长处，认识到自己不是万能的。

董在自己无法解决问题时求助于马（修计算机)，求助于章（帮助协调)，说明他是懂得团队的作用的，也是他能够接受章的建议的基础。

一个企业需要员工集体合作。秘书工作需要团队的支持，章成功说服董，正是马的帮助，显示团队互助的能量。

必备知识

一、团队概述

团队是指一种为了实现某一目标而由相互协作的个体所组成的正式群体，是由员工和管理层组成的一个共同体，它合理利用每一个成员的知识和技能协同工作，解决问题，达到共同的目标。

二、团队的构成要素

团队有几个重要的构成要素，总结为以下几点：

（一）目标

团队应该有一个既定的目标，为团队成员导航，知道要向何处去。没有目标这个团队就没有存在的价值。

团队的目标必须跟组织的目标一致，此外还可以把大目标分成小目标具体分到各个团队成员身上，大家合力实现这个共同的目标。目标还应该有效地向大众传播，让团队内外的成员都知道这些目标。

（二）人

人是构成团队最核心的力量。3 个（包含 3 个）以上的人就可以构成团队。目标是通过人员具体实现的，所以人员的选择是团队中非常重要的一个部分。在一个团队中可能需要有人出主意，有人订计划，有人实施，有人协调不同的人一起去工作，还有人去监督团队工作的进展、评价团队最终的贡献。不同的人通过分工来共同完成团队的目标，在人员选择方面要考虑人员的能力如何、技能是否互补、人员的经验如何。

（三）团队的定位

(1) 团队的定位。团队在发展过程中处于什么位置，由谁选择和决定团队的成员，团队最终应对谁负责，团队采取什么方式激励成员?

(2) 个体的定位。作为成员在团队中扮演什么角色?是制订计划还是具体实施或评估？

（四）权限

团队当中领导人的权力大小跟团队的发展阶段相关，一般来说，团队越成熟领导者所拥有的权力相应越小，在团队发展的初期阶段领导权相对比较集中。团队权限关系的两个方面：

（1）整个团队在组织中拥有什么样的决定权？比方说财务决定权、人事决定权、信息决定权。

（2）组织的基本特征。比方说组织的规模多大，团队的数量是否足够多，组织对于团队的授权有多大，它的业务是什么类型。

（五）计划

计划的两层面含义：

（1）目标最终的实现，需要一系列具体的行动方案，可以把计划理解成目标的具体工作的程序。

（2）提前按计划进行可以保证团队的顺利进度。只有在计划的操作下团队才会一步一步地贴近目标，从而最终实现目标。

三、团队的特征

（1）明确的目标。团队成员清楚地了解所要达到的目标，以及目标所包含的重大现实意义。

（2）相关的技能。团队成员具备实现目标所需要的基本技能，并能够良好合作。

（3）相互间信任。每个人对团队内其他人的品行和能力都确信不疑。

（4）共同的诺言。这是团队成员对实现目标的奉献精神。

（5）良好的沟通。团队成员间拥有畅通的信息交流。

（6）谈判的技能。高效的团队内部成员间角色是经常发生变化的，这要求团队成员具有充分的谈判技能。

（7）公认的领导。高效团队的领导往往担负的是教练或后盾的作用，他们对团队提供指导和支持，而不是试图去控制下属。

（8）内部与外部的支持。既包括内部合理的基础结构，也包括外部给予必要的资源条件。

四、秘书的团队合作

正确理解团队及团队精神的内涵，充分认识团队合作在办公室中的重要性。办公室中的秘书班子，需要团结协作，创造和谐的环境，要团结出凝聚力，团结出战斗力。只有团结才能步调一致、行动统一，才能真正把工作搞好。

（一）秘书团队合作的重要性

（1）秘书的团队合作应形成严密有序的集体组织和高效的团队协作，才能充分发挥个人的作用。团队精神的核心就是协同合作。

（2）秘书的团队合作，有利于提高企业的凝聚力。

(3) 秘书的团队合作，有利于提高工作效率。一个良好的团队，其成员努力的结果会使团队的绩效水平远远大于个体成员绩效的总和，即获得 1+1>2 的结果。办公室中的秘书也是如此。

(二) 提高秘书团队合作的措施

1. 秘书群体结构的优化

在一般的党政机关、企事业单位的办公室中，从事秘书工作往往不是一个人，而是由几个人或几十个人共同组成的秘书群体，即秘书班子。秘书团队结构的优化，有利于塑造单位的形象，有利于提高秘书团队的整体效能。

2. 合理配备，严格选拔

从人员配备方面考虑思想政治水平、知识水平、业务能力、学历年龄性别等因素，可对团队进行科学的组合，实现秘书团队心理结构的优化，达到能力、气质、性格上的互补。

3. 结构合理

从能力结构上来看，在一个单位的秘书团队中，既要有以写作能力见长的秀才型笔杆子，又要有以办事能力见长的管理型人才，还要有以提供技术服务为主的技能型人才，这样才能适应秘书工作分工的要求。不同行业的秘书应具备不同的知识内容结构。

实训任务

- **能力目标：**

能够组建团队去应对单打独斗无法完成的任务。

- **知识要求：**

团队的重要性。

团队合作。

- **任务描述：**

秘书工作有哪些工作无法由秘书本人一个人独立承担并完成？以举办一次大型会议为例，组建团队，分工合作，然后总结。

- **操作说明：**

1. 分组，每小组 10 人。
2. 组员分工到位，各司其职。
3. 角色扮演。

- **操作提示：**

1. 教师事先布置训练内容，学生用课余时间准备，课堂时间用于实施、交流。
2. 事先拟写表演脚本，完成试训后提交文本。

- **训练内容：**

第 32 届世界运河大会将于 2019 年 9 月在扬州市召开。会议除进行大会报告、专题讨论外，还将分旅游风情主题组、运输水利主题组等 4 个组对扬州进行考察。

扬州市拟将世界运河大会与运博会融合在一起，一方面加大运博会的宣传，向世界展示大运河开发与保护所取得的成就；另一方面通过汲取世界运河城市的宝贵发展经验，推进中国大运河联合申遗进程。根据初步安排，大会活动形式有专业活动、观光考察和专题活动等，主要会议地点最有可能放在京杭之心。主要考察地点有4处：旅游风情主题组——瘦西湖、古运河、古城古巷、大水湾、凤凰岛、邵伯渔业村；运输水利主题组——大运河、邵伯船闸、江都水利枢纽、高邮湖、高邮灌溉总渠、瓜洲入江口；文化遗产主题组——东关古渡、南门遗址、高旻寺、盂城驿、高邮南门大街、镇国寺；城市风光主题组——广陵区、新城西区、开发区、维扬区、江都区。

1. 10人组建一个团队，用表格列出个人的姓名、联系方式、具体分工等。
2. 书面写出会议策划书，含会议策划、会前准备、会间服务、会后落实全程。
3. 角色扮演模拟内外部的协调、联络工作。

任务四　注重有效细节

■知识目标

1. 理解秘书工作由多个细节构成，秘书工作等于无数细节。
2. 认识到注重细节即意味着成功。

■任务描述

细节本身并不存在于秘书工作，它其实是指秘书工作中的习惯，这些习惯影响着秘书工作的成败。比如办公室里要时刻保持清洁，说不准领导什么时候就会光临一下，兴许对你的好印象就毁在一个掐死在花盆里的烟头上。请对这蝼蚁般微不足道的细节（习惯）做深刻认识——千里之堤溃于蚁穴，细节虽小，却决定成败。

■任务分析

细节微不足道，正由于它太渺小，而往往被人忽视，但是如果你读过细节专家汪中求的《细节决定成败》，就会认识到那么不起眼的它竟然事关重大。

既然能够认识到细节的要紧之处，应该去做的也是和细节同性质的：一一细数，日日留心，时时提醒，桩桩不含糊——不经意间，你成为好秘书！

■成果示例

当你轻叩领导办公室的门准备进去请示工作时，侧耳听到领导在里面正打着电话，要马上回避到估计打完电话再试。

赶在天色渐黑时进领导的办公室，首先是要为领导打开灯……

一位将细节之处的服务做到极致的秘书：一次有200多人参加的规模较大的专题报告会，领导在台上讲至兴头，忘记了喝水。水杯原本是由秘书从领导的办公室带来，里面泡的是领导喜欢的那个牌子的茶，讲话中间往杯里续热水的工作通常都是由会议厅里的服务员完成。那位细心的秘书却发现了问题，领导已经很长时间没有喝水，茶杯里水位尚高，纵有热水续入因先前冷水过多喝来也一定是温吞不适的。随即他将服务员叫至一边，如此这般地吩咐后，但见服务员取过领导的水杯，在秘书的监督下将残水倒至合适的水位，续满热水后再行放回。

此时无声胜有声……

成果评析

诗云“润物细无声”，秘书心细如发注重细节有利于工作的顺利进行。习惯成自然，刻意去注意细节可能很累，但是养成良好的习惯便轻松了。

必备知识

一、细节的含义

词典中解释“细节”，意义为“细小的环节或情节，琐碎而不重要的小节”。此处所言“细节”与词典的意义不同，这里所说的“细节”指貌似琐碎、细小但事实上却非常重要的环节。

二、为何说细节非常重要

看不到细节，或者不把细节当回事的人，对工作缺乏认真的态度，对事情只能是敷衍了事。这种人无法把工作当作一种乐趣，而只是当作一种不得不受的苦役，因而在工作中缺乏工作热情。他们只能永远做别人分配给他们做的工作，甚至即便这样也不能把事情做好。

考虑到细节、注重细节的人，不仅认真对待工作，将小事做细，而且注重在做事的细节中找到机会，从而使自己走上成功之路。于是有人说：“把细节做到极致就是完美。”

注重个人生活细节，保持好的细节习惯，是让自己表现得更出色，更能得到别人认可的一大关键，将对个人日后的发展有着不可忽视的帮助。若能注重培养好的生活细节习惯，以饱满的热情去完善自我，那么，将有助于自身前途的发展。

小李是个非常有潜力的员工，一直未得到重用。有一次，上司带着他和另外几名职员与客户洽谈生意，可惜客户面对着满桌的美味佳肴和详尽的计划书仍不为所动。眼见生意谈不成了，上司开始泄气，于是建议结账。此时节俭的小李坚持提出将桌上的剩菜打包，不要浪费。其他职员见状十分不解，更暗中埋怨他太“抠门”，有损公司的形象。可是，僵局却在这个时候被打破了！那客户竟然立刻同意与小李的公司签约，原因是小李的节俭风度令客户大为赏识，让他感受到这个公司拥有这样的员工，应该是值得信任和肯定的，先前的疑虑可以消除了。这个意外的“胜利”让上司对小李赞不绝口，并在日后提升了他。

由此可见，生活细节本身就潜藏着很好的机会，只是很多时候都被忽略与遗忘而已。一旦你能敏锐地发现别人没有注意到的空白领域或薄弱环节，让细节闪耀出光芒，你的工作绩效就有可能得到质的飞跃。

三、促进注重细节的习惯培养

（1）逐渐培养起自身的细节观念，多留心身边的人和事，及时发现有价值的事物或捕抓到瞬时的灵感，学习和保持良好的生活细节，摒弃不良的生活细节。

（2）在工作中注意保持办公桌以及周围物品的整洁有序，切勿让凌乱冲淡自己的工作热情，干扰自己的心绪。这也是提高工作效率，给别人一个好印象所不可忽略的。

（3）做正经事情的时候一定要专心致志，不要心猿意马；不要占用办公时间去处理私事，更不能假公济私，以工作掩护上网、玩游戏、听音乐，或是用公司资源去谋取私利。那样一来影响工作的情绪与积极性，二来会给同事和上司极为不好的印象，更是不诚实的表现。在其位就应谋其职，这不仅仅是职业道德，也是做人的原则。

（4）下班时不要急于想着回家。最好能够静下心来，将一天的工作做个简单的总结，制订出第二天的工作计划，并准备好相关的工作资料。

离开办公地点时，也最好能检查一下是否关灯和关窗，有无遗漏的东西，做到一切都心中有数而非冒冒失失。

（5）培养高度的时间观念。一定不要小看迟到、早退与请假。随便地迟到早退是不负责任、原则有问题的表现，除了会让上司不满，也会让别人诟病的；尤其是你和外籍上司或客户有约时，守时是成功的开端，不守时是失败之源。

请假在工作中往往会影响工作进度，给整个集体造成不便，也会给上司不好的印象，应该能免则免。

对于细节给予必要重视的人，必定是有着敬业精神与较强责任心的人；反之，对细节马马虎虎，不以为然的人，是不可能在竞争中具有优势的。

秘书要在工作中乃至自己的生活中培养、保持重视细节的好习惯。

实训任务

- **能力目标：**

能在秘书日常工作中处处事事追求细节。

- **知识要求：**

细节的重要性。

培养细节的方法。

- **任务描述：**

从反面认识细节的重要性，认识忽略细节将会直接导致失败。寻找一些尺度把握得不好导致工作失误的秘书案例，从中吸取经验教训。

- **操作说明：**

1. 分组，每小组 4 人。
2. 讨论任务在组内进行。两两小组之间组员一一结对子交流，重在体会。
3. 校外任务，每人独自完成练习。

- **操作提示：**

1. 教师事先布置训练内容，学生用课余时间实施，课堂时间用于交流。

2. 本环节训练结束时提交纸质作业。

● **训练内容：**

1. 收集“细节”的名言，用以“吾日三省吾身”。

示例：天下难事，必作于易；天下大事，必作于细。——老子

夫祸患常积于忽微，而智勇多困于所溺。——欧阳修《伶官传序》（祸患常常是由一点一滴极小的不良细节积累而酿成的，纵使是聪明有才能的和英勇果敢的人也多半沉溺于某种不良的嗜好中，受其迷惑而结果陷于困穷。）

不矜细行，必累大德。（平时不注重小节，必将有损于品德修养，以至于犯下大错误。）

勿以恶小而为之，勿以善小而不为。

一屋不扫，何以扫天下。

泰山不拒细壤，故能成其高；江河不择细流，故能就其深。

千里之堤，溃于蚁穴。

不积跬步无以至千里，不积小流无以成江海。——荀子《劝学》

大礼不辞小让，细节决定成败。——汪中求（细节专家）

2. 阅读这个例子，从中认识不重视细节的危害。

领导去基层调研，一行人坐的是一辆面包车。前来迎接的当地领导秘书，待车子停稳后，为表示热情急急地上前拉车门。那位仁兄估计是太过紧张，对着门上醒目的黑色字母“AUTODOOR”（自动门）居然视而不见，几次用力拉拽之后，总算看到了车内司机示意后退的手势。本来简单的一个程序变得无比复杂，领导下车后，第一句话就是：“都是你们这帮秘书，好好的一个车门……”这个秘书因细节尺度把握得不好而被领导训斥。

某位大家都一致看好的秘书，他很有才华与能力，没想到居然很快就被弃用了，后来才知道，原因在于他的体态——他总是吊儿郎当的，也不重视仪容。

3. 阅读下文：

（1）举出作者用以论证的具体例子。

（2）联想自己学习、工作、与人相处时发生的因细节而导致不同结果的事例，并像该文作者那样试做分析。

秘书工作的成败在于细节

“秘书”一词源自拉丁文，意即“可靠的员工”。纵观天下事，必作于细，必成于细，秘书工作更是如此。

有人说，秘书是好行当苦差事，对秘书工作的要求可谓多多，既要有老黄牛的精神，还要有千里马的本事；要政务见水平，会务见特色，事务见效率；办文要规范，办会要周全，办事要得体；要想干事、能干事、会干事、不出事；要常怀热心、诚心、细心、耐心、公心……难怪有人戏称：秘书不是人。这虽然只是个玩笑话，但至少说明，要真正做个好秘书，实非易事。有社会学家专门撰文，认为一个人欲成大事，必须体验三种角色：一是军人，因为军人有强烈的纪律观念和效率意识；二是秘书，因为秘书最大的特点是“配角”和服务；三是产业工人，因为流水线作业要求每个产业工人具备强烈的配合意识。我想，不可能让每一个人都去体验秘书一职，也不是所有成大事的人都曾经做过秘书，但

是有一点却是肯定的，那就是一个人如果没有秘书精神，不在一定时期、一定范围内甘当“配角”，那他一定很难在社会上立足，更谈不上有什么大的作为。

现代社会，心态浮躁的人多了，平常心情的人少了，人人都想做大事、做主角。在工作和生活中，甘于默默耕耘，不求名利，尤其在与人的合作中甘做“配角”的人越来越少了。而事物发展总有一个过程，每一位元帅都曾经是士兵，每一次成功都是对细节的正确处理，每一项伟大都体现为对细节的生动把握。

衡量秘书工作的标准有许多，但归结起来，我认为主要有以下两方面：一是在人与人的互动中体现和谐；二是在人与事的互动中体现效率。做好秘书工作，关键在于从细处着手，从细处着想。秘书工作做对了都是小事，办文、办会、办事都是秘书分内的事情，无论办得多么出色，在外人看来都是理所当然的，但万一出了差错，就是大事情了。例如，发文时，如果有一个错别字，尤其是关键的内容中出现了错别字，那就是原则性的大事。我的一位朋友在某党报供职，由于工作疏忽，他在一篇报道中，将泰国总理写成了泰国总经理，一字之差让他丢掉了这个饭碗。还记得有一次，是我刚到办公室做秘书工作不久，我单位请来一位老红军给机关干部上党课，我给他整理了 6 页纸的发言材料，可是在装订时将第 6 页给漏掉了，那位老红军在台上读完第 5 页后，就一个劲地自言自语地说：第 6 页到哪去了？……那场报告会的最终效果大家可以想象。那件事情在我的心中一直无法忘却，它时时在提醒着我：要细心、更细心地去对待每一项工作。

“泰山不拒细壤，故能成其高；江海不择细流，故能就其深。”秘书工作事多量大，十分繁杂，而且要求十分高，只有在工作中向实践学习，向群众学习，彻底改变心浮气躁、浅尝辄止的毛病，提倡注重细节、把失事做细、把小事做实，才能够让秘书一词的含义：“称职的员工”名副其实。

4. 列举出秘书工作中的细节，可以根据秘书工作的主题依次列出。

示例：电话沟通：

（1）接电话手里是否有支笔；

（2）手机上有个未接来电，是王总的，是否立即回电去询问；

（3）桌上的两部座机和你的手机同时有电话呼入，先接哪一个来电（长途优先）；

（4）想给对方打电话，是否每次一下就能翻出他的号码；

（5）外出时，手机是否总充足了电；

（6）开会时，是否主动将铃声调为静音……

参考文献

[1] 檀文茹，郝杰．沟通和项目管理［M］．北京：中国人民大学出版社，2002.

[2] 柳青，蓝天．有效沟通技巧［M］．北京：中国社会科学出版社，2003.

[3] 王义宁，刘立是，张庆国．人际沟通与社交礼仪［M］．北京：石油工业出版社，2005.

[4] 严文华．跨文化沟通心理学［M］．上海：上海社会科学院出版社，2008.

[5] 谭一平，吴良勤．秘书人际沟通实训［M］．北京：中国人民大学出版社，2008.

[6] 高雅杰．实用口才训练教程［M］．2 版．北京：清华大学出版社，北京交通大学出版社，2016.

[7] 惠亚爱．沟通技巧［M］．2 版．北京：人民邮电出版社，2013.

[8] 汪念明．实用口才教程［M］．2 版．北京：电子工业出版社，2016.

[9] 赵颖．秘书沟通协调与谈判技巧［M］．2 版．北京：中国人民大学出版社，2014.

[10] 陈雅．秘书沟通技能［M］．杭州：浙江大学出版社，2009.

[11] 高铁军．卡耐基口才学［M］．3 版．北京：北京燕山出版社，2010.

[12] 靳西．卡耐基人际关系学［M］．3 版．北京：北京燕山出版社，2010.

[13] 王瑞成，柏莹．现代实用礼仪［M］．南京：东南大学出版社，2011.

[14] 卢海燕．演讲与口才实训［M］．大连：大连理工大学出版社，2009.

[15] 陈丛耘．口语交际与人际沟通［M］．2 版．重庆：重庆大学出版社 ，2015.

[16] 蒋红梅，张晶，罗纯．演讲与口才实训教程［M］．3 版．北京：清华大学出版社，2016.

[17] 黄伯荣，廖序东．现代汉语：下册［M］．6 版．北京：高等教育出版社，2017.

[18] 柏莹．导游口才教程［M］．北京：中国物资出版社，2012.

[19] 孙汝建．口语交际艺术［M］．武汉：华中科技大学出版社，2013.

图书在版编目（CIP）数据

秘书口才与人际沟通/柏莹主编．—2版．—北京：中国人民大学出版社，2019.9
21世纪高职高专规划教材．现代秘书系列
ISBN 978-7-300-27207-8

Ⅰ.①秘… Ⅱ.①柏… Ⅲ.①秘书学-口才学-高等职业教育-教材 ②人际关系学-高等职业教育-教材 Ⅳ.①C931.46 ②C912.11

中国版本图书馆CIP数据核字（2019）第161239号

高等职业教育文秘专业“十二五”规划教材
21世纪高职高专规划教材·现代秘书系列
秘书口才与人际沟通（第二版）
主　编　柏　莹
副主编　崔　言　马思斯
Mishu Koucai yu Renji Goutong

出版发行	中国人民大学出版社			
社　　址	北京中关村大街31号		**邮政编码**	100080
电　　话	010－62511242（总编室）			010－62511770（质管部）
	010－82501766（邮购部）			010－62514148（门市部）
	010－62515195（发行公司）			010－62515275（盗版举报）
网　　址	http://www.crup.com.cn			
经　　销	新华书店			
印　　刷	北京七色印务有限公司		**版　　次**	2011年6月第1版
开　　本	787 mm×1092 mm　1/16			2019年9月第2版
印　　张	14.5		**印　　次**	2025年7月第5次印刷
字　　数	340 000		**定　　价**	38.00元